本书由山东政法学院出版基金资助出版

新闻作品版权研究

翟 真 著

知识产权出版社

全国百佳图书出版单位

图书在版编目（CIP）数据

新闻作品版权研究/翟真著. —北京：知识产权出版社，2015.4
ISBN 978 - 7 - 5130 - 3418 - 0

Ⅰ①新… Ⅱ.①翟… Ⅲ.①新闻—作品—版权—研究—中国 Ⅳ.①D923.414

中国版本图书馆 CIP 数据核字（2015）第 070007 号

内容提要

本书尝试建构版权法视野下的新闻作品版权保护的理论基础。首先，分析新闻作品的版权性特征，梳理新闻作品版权的发展简史以及普通法系、大陆法系主要国家和地区对于新闻作品版权的相关规定。其次，讨论新闻作品原创性的来源和认定原则，阐述各类新闻作品的版权性。再次，论述新闻作品的精神权利和经济权利的特征，着重分析雇佣新闻作品的认定条件。最后探讨新闻作品版权的边界——新闻作品的合理使用和法定许可制度。

责任编辑：崔　玲　　　　　责任校对：孙婷婷
装帧设计：品　序　　　　　责任出版：卢运霞

新闻作品版权研究
XINWEN ZUOPIN BANQUAN YANJIU
翟　真　著

出版发行：	**知识产权出版社** 有限责任公司	网　　址：	http：//www.ipph.cn
社　　址：	北京市海淀区马甸南村 1 号	邮　　编：	100088
责编电话：	010 - 82000860 转 8121	责编邮箱：	cuiling@ cnipr.com
发行电话：	010 - 82000860 转 8101/8102	发行传真：	010 - 82000893/82005070/82000270
印　　刷：	保定市中画美凯印刷有限公司	经　　销：	各大网络书店、新华书店及相关专业书店
开　　本：	787mm × 1092mm　1/16	印　　张：	16.25
版　　次：	2015 年 4 月第 1 版	印　　次：	2015 年 4 月第 1 次印刷
字　　数：	310 千字	定　　价：	48.00 元

ISBN 978 - 7 - 5130 - 3418 - 0

摘　　要

　　新闻作品是指版权法视野下的一切与新闻有关的作品，即新闻从业人员在新闻采写、制作、刊播、解读、研究过程中创作的作品、最终作品及其他相关作品的总和。按照《世界版权公约》和世界主要国家版权法对作品的分类，版权法意义上的新闻作品包括：文字作品、录音作品、视听作品、美术作品和摄影作品、其他新闻作品；职务作品、汇编作品和合作作品。新闻作品是事实作品和易碎作品，是追求传播效果的产品，以雇佣作品居多，具有历史认知价值和审美价值。新闻作品的版权具有下列特征：存在版权原创性悖论、作者权利被挤压、邻接权较多、版权限制较多、维权难度大。

　　新闻作品版权的演进过程可分为新闻版权形成时期、新闻版权权利时期、世界新闻版权权利时期。自新闻作品诞生至 1709 年《安娜法令》颁布为新闻版权形成时期。在新闻版权权利时期，世界主要国家不断建立作者权和邻接权制度。1886 年《伯尔尼公约》签署之后，进入世界版权权利时期。该公约的修订过程反映了新闻作品版权制度化的演进过程。世界各国关于新闻作品版权的立法进程各异，美联社诉国际新闻社案和英国论说被窃案反映了当时版权保护的状况。

　　1840 年至 1910 年《大清著作权律》的制定颁行是中国新闻版权意识的形成时期。近代报业兴起之后，在传教士的版权启蒙和中外商约的推动下颁布了《大清著作权律》。1910 年至 1990 年为中国版权权利时期。以 1949 年为界，又可以分为版权法初创期和行政政策版权期。版权法初创期的新闻版权特点是寓政府舆论控制于版权保护之中，以注册和合法作为版权保护的前提。在行政政策版权期，新闻版权的管理、法律法规和维权等环节的行政色彩浓厚。1990年中国《著作权法》颁布之后进入世界新闻版权权利期，国际版权条约影响、推动着版权法体系的构建和修订。

　　《伯尔尼公约》不保护每日新闻或单纯报刊信息性质的各种事实，成员自行规定政治和诉讼演讲的版权，允许有条件引用新闻作品、转载时事性报刊文章，为报道新闻可附随性使用任何作品。新闻作品的版权期限与同类的一般作品相同。

摘　要

英国、美国、法国和德国等主要国家均未将新闻作品排除在版权客体之外，甚至原创性标题、标题链接都可能有版权。普通法系国家中，如无相反约定，雇佣新闻作品的第一版权人是雇主。版权法主要保护版权人的经济权利，作者的精神权利中只剩下抵制虚假署名权❶。大陆法系国家中，新闻作品的精神权利永远属于作者，享有发表权、追悔与收回权、结集出版权（仅属于作者），新闻作品的使用权有条件地转让给雇主，作者享有获得报酬权。世界主要国家对于版权的限制大同小异，为了报道新闻，附随性使用和合理引用不受版权限制。

中国大陆新闻版权法中的规定主要存在下列五个问题：一是无版权的"时事新闻"的概念存在疑问，根本原因在于中国《著作权法》中的概念使用前后矛盾，与《伯尔尼公约》的影响有关。二是雇主对于一般职务新闻作品的权利与其投入不相称。雇主承担产品生产、流通、管理和社会责任的巨大风险，付出工资、奖金或福利的代价，雇佣新闻从业者从事新闻创作活动，却只得到两年内优先使用的权利，其他权力受制于作者。三是关于既是法人作品又是特殊职务作品版权主体的规定存在矛盾。如果认定为法人作品，版权归属于法人；如果认定为特殊职务作品，则作者有署名权，其他权利归雇主。四是广播电视等视听新闻作品的版权难以实现。中国早在 1990 年颁布的《著作权法》中就规定了付酬，但是截至 2012 年 2 月付酬标准仍未出台。五是非职务作品地位尴尬、稿酬偏低。稿酬标准与职务作品相同，并且因货币贬值而严重滞后。华声月报社诉农民日报社侵犯版权纠纷案说明了独家新闻维权的艰难。

中国香港地区报纸、杂志雇员专门为报刊撰写或制作的作品的版权归属于该期刊所有人，其他版权权利如演出、改编等仍旧归原作者所有。中国澳门地区版权条例规定，第三人在合法使用不能成为版权保护标的的日常新闻及纯信息性报道时，应限制在达到发表作品目的所需的范围之内。雇佣新闻作品，如标明作者身份，则其著作财产权推定归作者。中国台湾地区不受保护的新闻作品包括单纯传达事实的新闻报道之语文著作和公务员的职务新闻稿、讲稿，宗教内容时事性文章不能自由转载。

新闻作品的版权性是指作者建构新闻话语时源自叙述技巧的原创性，以及选择、判断等精神投入和资金投入。版权法意义上的新闻作品构成要件包括：人类的精神内容、符合法定表达形式和原创性。如果对新闻事实进行选择、协调、编排、调查、推测、分类、评价和预测等处理，产生了原创性的结果并凝

---

❶ 抵制虚假署名权指抵制虚假署名的权利，其中，"虚假署名"指非作者的别人在作者自己的作品中署名或把自己的名字署在他人作品上。英国版权法第 84 条 "False attribution of work" 和美国版权法第 106A 条 "Rights of certain authors to attribution and integrity" 均规定了禁止在作品中虚假署名的权利。

结于作品中，新闻作品就具有无可置疑的原创性。新闻原创性源自于新闻话语的建构和表达过程。

一般采用作者导向型分析和作品导向型分析新闻作品的原创性。前者用来考察创作行为的有无，后者用来判断原创性的有无或侵权是否成立。新闻作品原创性的认定原则有层次性原则、合并原则、公用因素排除原则、整体概念和感觉原则、新闻采访原则。认定原创性的办法主要有三个：一是考察作品的表达是否具有可选择性，二是判断新闻作品中最低原创性的内容是否由作者引发，三是分析两部作品是否具有可区别性。

世界主要国家和地区关于新闻作品版权客体的规定各异。文字新闻作品中，记录性新闻、预告性新闻基本上被排除在版权保护之外；采用原创性表达的调查性新闻作品可以成为版权客体；解释性新闻作品在事实性新闻作品中版权性最强；评论性新闻作品的版权受到较大限制；预测性新闻作品有可能受到版权保护；汇编新闻作品可以就汇编成果本身享有版权；系列、连续和组合报道可单独享有版权；新闻附随作品和专业论文的版权性与新闻无关；独立成篇的新闻伴生作品和新闻标题均可能成为版权保护的对象，新闻伴生作品片段的版权性较弱。新闻标题、名称、电视节目表等在对抗竞争时完全可以享有版权保护，演绎作品就其原创性投入享有版权。录音、录像原始新闻材料和录音新闻、广播电视新闻、电视专题片、记录片、新闻记录电影等由于录音、录像技术形成的原创性表达或技巧、资金投入使之可以成为版权客体。原创性的新闻美术、摄影作品因技术、艺术因素而获得版权性。口述新闻作品的版权性较弱。

新闻作品的精神权利和经济权利均受到较大限制。无论是在普通法系国家还是在大陆法系国家，署名权和发表权等精神权利在雇佣作品中归根结底掌握在传播媒介手中，作者几乎只剩下署名抵制权❶。有些国家为新闻作品提供一般人格权保护。时事报道作品没有保护作品完整权，特定情况下该权利由作为版权人的雇主拥有和行使，与该作品的创作者无关。大陆法系为作者保留了一定条件下的作品收回权；自由职业者的新闻作品署名权、发表权、保护作品完整权等精神权利和经济权利均由合同约定。绝大多数新闻作品的经济权利主体以新闻媒体为主，新闻作品因数量庞大而更容易遭受侵权，汇编权对于新闻作品的作者来说具有特别重要的意义。

雇佣新闻作品的版权归属通常有三种情况：只归作者（法、德）；如无相

---

❶　署名抵制权包括抵制虚假署名的权利（如别人在自己作品中署名或把自己的名字署在他人作品上），也包括是否在自己的作品中署自己名字及署名的形式（比如署真名、笔名、假名）等权利。此处论及世界范围内的版权法，不局限从一国的版权法规定去解释。

反约定则归雇主（英、美）；部分归雇主，部分归作者（澳大利亚、巴西、中国大陆）。认定雇佣作品时首先从约定，如无约定，则需要同时满足下列三个条件认定雇佣作品：作者与雇主之间必须存在雇佣关系；作品必须是该单位业务范围内，且符合雇佣作者的目的；必须是执行工作任务。如无明确约定，雇佣作品的署名决定权归属于雇主，但是无权错误署名❶。雇佣作品的发表权属于雇主，但雇主媒体经营范围之外的其他权利仍归作者。

　　新闻源，编辑和审稿者，对新闻作品创作起发起、推动作用的人，附随作品的作者，采访对象的口述作品的作者等均不能成为合作作品的权利人。合作作品的权利由合作者共同享有。结合作品❷的各位作者继续保留各自作品的版权。汇编作品的版权归属于汇编者，但不得侵犯原作品的版权。新闻作品版权的合理使用和法定许可制度构成了新闻作品版权的主要边界。

　　关键词：新闻作品　版权　原创性

---

❶　错误署名指不符合客观创作事实或者违背作者本人意愿的署名；虚假署名指不符合客观创作事实的署名。

❷　结合作品是指两个或者多个可以独立利用的作品在征得各自作者的同意的条件下结合在一起的作品，每一个作者都能够单独进行商业利用，并不产生共同版权。德国使用这一术语，但是国内翻译为"汇编作品"，笔者认为其与中国《著作权法》的"汇编作品"意义不同，后者产生共同版权。本书的"合作作品"术语采用世界知识产权组织的狭义概念，指中国著作权法中不可以分割使用的作品，即由两个或两个以上作者合作创作的作品，在该作品中，各作者的贡献无法彼此分开。

Abstract

The term "news works" in the thesis means all the news – related works under copyright law vision, which is composed of final news products and all the works in the process of the news writing, producing, publishing, broadcasting, interpreting and studying of the works, including final news products and other news – related news works. Works of the press, in accordance with the *international copyright conventions* and the works' classification of the world's major national copyright laws, include: written works; recordings; audio-visual works; works of fine art and photographic works; other works of the press, works made from employment, compilation work and work of joint authorship. As a product with a historical cognitive and aesthetic value which brings the communication effect, news works are factual and fragile. Most of them are works of made from employement. The copyright features of news works are original paradox of copyright; little authors' rights; more neighboring rights; more restrictions of copyright; more difficulty in the copyright protection.

The history of news copyright can be divided into three periods: formation period of news copyright; news copyright period; global news copyright period. News copyright has come into being since *Anna Act* in 1709. The major countries of the world have established a system of authors' rights and neighboring rights in news copyright period. After the signing of *Berne Convention* in 1886, news copyright entered the third period. The revision process of the convention reflected the history of the establishment of news copyright system. We can learn from the news copyright in that time from the cases, such as Associated Press v. International News Service and British newspaper discourse.

China's news copyright came into being from 1840 to 1910. After the rise of the modern newspaper, the first copyright law *Copyright Law in Qing Dynasty* was promulgated in 1910 under the impacts of foreign missionaries and commercial treaties. This period can be subdivided into two parts: early copyright law period before 1949 and administrative policies copyright period. In first period the government protected the copyright of legal news works in case of registration in order to control public opinion. And in the second period our country protected news copyright by using administrative policy. The global news copyright has come since *Copyright Law* was promulgated in 1990. Nowadays international copyright treaties are promoting establishment and revision of the copyright law systems in China.

Berne Convention does not protect the news of the day, or to miscellaneous facts having the character of mere items of press information. The members on their own determine the conditions in which the works delivered in public may be reproduced by the press, broadcast, communicated to the public by wire and made the subject of public communication as envisaged of this Convention, when such use is justified by the informatory purpose. Nevertheless, the author shall enjoy the exclusive right of making a collection of his works mentioned in the preceding paragraphs. It will be a matter for legislation in which are delivered in public. It will also be a matter of legislation in the members to determine the conditions under which, for the purpose of reporting current events by means of photography, cinematography, broadcasting or communication to the public by wire, literary or artistic works seen or heard in the course of the event may, to the extent justified by the informatory purpose, be reproduced and made available to the public. The term of protection of news works' copyright is the same as kinds of common works.

Major countries in the world, such as UK, USA, France and Germany, do not exclude the news works from copyright objects, even the original title and the title super links may own the copyright. Where a news work is made by an employee in the course of his employment, the employer is the first owner of any copyright in the work subject to any agreement to the contrary, and he has the moral rights only against false attribution of work in common law countries. In civil law countries, the author always enjoys the moral rights of news works, in which the right of compilation only belongs to the author, while his right to use the works is transferred to the employer on certain conditions; the author has the right to remuneration. Many countries in the world have established copyright policy on the limitations on right, such as fair use or fair dealing for the purpose of reporting current events, the incidental use and reasonable reference.

There are five different problems in provisions about news copyright in mainland China copyright law: the concept of "current events" does not be clearly defined because of the translation of *Berne Convention*; the employer invests more capital in news products, but does not get enough rights; it's difficult to decide who own the copyright of both corporative works and special works made for hire; it's very difficult to protect the copyrights of audio – visual works, such as broadcast and television works; freelance works have few little economic right.

In Hong Kong, newspapers', magazines' employees specifically written for newspapers and produced works copyrighted attributable to the owners of the journal, while other rights, such as performance, adaptation is still owned by the original author. *Macau Copyright Ordinance* place restrictions on the scope of the copyright of the day – to – day news and pure informative reports. The employment news works, such as marked authorship, the economic rights presumption owned by the author. Taiwan unprotected works of journalism simply convey facts, news stories and literary works and civil servant of the press release, and cannot be reproduced free speech, religion, the contents of the current event articles.

The copyrightability in news works means the originality from the narrative techniques, and from the capital investment in the news works. The copyright law protects the news works which contain moral contents with legal expression and the originality. The originality in news works comes from the author's original judgment, choice, compilation, investigation, evaluation, classification about facts. The originality of news works come into being in the process of news discourse and its expression.

We can use two approaches to determine the originality of news works: "the author-focused analysis" and "the work-focused analysis". The former helps us to judge whether the creative act exists or not; the latter to determine whether there is a copyright or an infringement or not. Many doctrines can help us to find the originality in news works, such as principle of multi-levels, merger doctrine, subtraction of public factors, reductionism, principle of total concept and feel, principle of news gathering. We can use three methods to determine the originality in news works: the original content which is initiated by the author; selectivity in expression of news works; difference between two similar works.

The major countries and regions in the world have different provisions on the copyright object of the works of the press. In written works of the press, documentary news reports largely been excluded from copyright protection; investigative reporting with original expression can be a copyright object; there is the most possibility of copyrightability protection of the interpretive reporting, compared with other factual works of the press. The copyright in works derived from compilation of some preexistent news reports or parts, or other news works without copyright, shall vest in the compiler on the compilation of the outcome itself copyrighted. Predictability of news reports may be subject to copyright protection. the accompanying press works, such as original interview notes, layout design, web design and the original headlines of news works are likely to become the object of copyright protection, while copyright in TV listings, news headline, commentary and other parts of works, is weak or difficult to be copyrighted. Sound recordings, raw new films and audio news, radio, television news, Television feature films, documentaries, newsreel film due to the original expression in the original recording, video technology can be copyright objects; news fine arts, news photography due to art factors the original expression in the works have copyrightability. The copyright in the work of oral news is weak. The copyright in the accompanying news works is decided by its own originality. The news research is likely to be the copyright object. The works for the purpose to reporting current events haven't right to integrity of the work generally; in certain circumstances the works may be protected, but the right to integrity shall be vested in the employer.

The copyright of news works made from employement vested only in the author (France, Germany); in the employer subject to any agreement to the contrary (the United Kingdom, the United States); part in the employer, and part in the author (Australia, Brazil, mainland China). If a news work is treated as a work made from employent, the work should meet three conditions: the employment relationship must exist between the authors and employers; the work must be made within the scope of business of the unit, and the work meets with the purpose of employment of; the work must be made as tasks. If there is no clear agreement, the authorsthip right of employment works shall be vested in the employer, who has no right to give false attribution of work. The employers media own the right of disclosure in works made for hire, but the other copyrights beyond the scope of media management still are vested in the author.

News sources, editors and reviewers of news reports, the improver of the works' creation, the authors of incidental inclusion of copyright material of news works and oral works of interviewed people cannot be treated as the author of joint works. Each joint author may independently enjoy copyright in his contribution, the exercise of his copyright, however, may not infringe the entire copyright in the collective work. Collaborative works shared by the partners. Copyright in a combination work shall be vested in the compiler, however, may not infringe the copyright in the preexistent work. The systems on fair use and non-voluntary licenses show the copyright boundary in news works.

Keywords: news works copyright originality

目　　录

绪　　论

一、研究对象、意义和目的

（一）概念说明

新闻作品的概念因使用领域不同而稍有差异，有狭义和广义之分。狭义的新闻作品是指新闻作品成品，即新闻采访写作（制作）全过程的最后形成品。广义的新闻作品是指版权法视野下的一切与新闻有关的作品，即新闻从业人员在新闻采写、制作、刊播、解读、研究过程中创作的作品、最终作品及其他相关作品的总和，包括狭义的新闻作品即新闻作品成品和新闻相关作品两类。新闻相关作品又可以细分为新闻附随作品、新闻伴生作品、新闻演绎作品、新闻研究作品四类。本书中的新闻作品是指广义的新闻作品。

"版权"一词源自日文汉字，是日本学者福沢谕吉根据英文"copyright"创造的，❶ 最初的含义是指出版者的权利。明治二年（1869 年）的日本出版条例中，"版权"是指官方特许给图书出版者的一定期限的专卖权，以补偿其出版费用。随着作者权日益受到重视，明治二十年（1887 年）的版权条例中，"版权"的含义已经转变为作者的专有出版权。❷ 中国在 1901 年翻译东洋经济新报的文章《论布版权制度于支那》时最先引进"版权"一词，收录在《清议报全集》第 5 集《外论汇议·论中国》中。❸ 在 1903 年的《中美续议同行商船条约》第 11 项中"版权"首次作为法律术语使用，❹ 其含义仍为"印书之权"。现在意义上的"版权"是英语"复制权"（copyright）的对译，是英美法系的概念，指作品的使用权和处分权，强调保护作者的经济权利。

"著作权"的概念源于大陆法系的"著作权"传统，是法语（Droit d'auteur）、德语（Urheberrecht）、俄语（Авторское право）中的"作者权"

---

❶　萧雄淋. 新著作权法逐条释义 [M]. 台北：五南图书出版股份有限公司，1996：29.
❷　刘春田. 知识产权法 [M]. 北京：高等教育出版社，2003：41.
❸　吴汉东. "著作权"、"版权"用语探疑 [J]. 现代法学，1989（6）.
❹　吴汉东. "著作权"、"版权"用语探疑 [J]. 现代法学，1989（6）.

的对译，强调作者权无法分割或一体两权，植根于作者的精神权利。"著作权"一词同样来自日本，最初是由法学博士水野炼太郎由西方的作者权概念转译时创造的术语。1899 年，日本为了参加《保护文学和艺术作品伯尔尼公约》（以下简称《伯尔尼公约》）而修改国内法，认为"版权"容易被误解为"出版人的权利"，而将版权法正式更名为"著作权法"。"著作权"一词正式进入中国法律，是从清政府民政部起草《大清著作权律》开始的。对于政府在立法时使用了"著作权"而没有使用"版权"，当时的无锡人秦瑞玠在《著作权律释义》中这样解释："盖版权多出于特许，且所保护者在出版，而不及于出版物所创作之人，又多指书籍、图画，而不足以赅雕刻、模型等美术物，故自以著作权名之为适当也。"❶ 还有一个原因，是受日本、德国著作权法的影响。当时主持立法的法律大臣沈家本坚持邀请日本法学家参与，并参照日本的著作权法起草了《大清著作权律》。同时，在《大清著作权律》的内容上也表现出德国大陆法系的影响，详细规定了作者的精神权利，故而使用了"著作权"一词。

由于二者含义的侧重点不同，在 20 世纪 30 年代的法律辞典和 1995 年的《中华法学大辞典》中被作为两个词条分别解释。❷ 虽然从中国第一部版权法 1910 年《大清著作权律》开始，经 1915 年北洋政府的《著作权法》，到 1928 年国民政府的《著作权法》，再到新中国第一部版权法，政府的正式法律都称《著作权法》，但是在 1990 年新中国版权法颁布之前，调整著作关系的行政法规和规章却广泛使用"版权"一语，如 1984 年文化部颁布的《图书期刊版权保护试行条例》，1986 年广播电影电视部会同国家版权局颁布的《录音录像出版物版权保护暂行条例》，1986 年国家版权局颁布的《关于内地出版港澳同胞作品版权问题的暂行规定》和 1987 年国家版权局颁布的《关于出版台湾同胞作品版权问题的暂行规定》等。在新中国版权立法初期和 1990 年《著作权法》颁布之前都曾就这部法律的名称定为"版权法"还是"著作权法"发生过激烈争论，❸ 两个术语互相混用的情况可见一斑。为了避免争议和引起误解，1986 年通过的《中华人民共和国民法通则》（以下简称《民法通则》）的知识产权部分使用"著作权"术语时，其后附加括号注明"版权"二字。据参与制订中国版权法的专家回忆，1990 年颁布《著作权法》之前，"主张使用'版权法'的人最多，现在采用了'著作权法'，是上面领导拍板的结果"。❹

---

❶ 李明山. 中国近代版权史 [M]. 开封：河南大学出版社，2003：110.

❷ 费安玲. 著作权法教程 [M]. 北京：知识产权出版社，2003：10.

❸ 周林. 中国版权史研究的几个问题 [J]. 知识产权，1999 (6).

❹ 江平，沈仁干，等. 中华人民共和国著作权法讲析 [M]. 北京：中国国际广播出版社，1991：121.

1990 年的《著作权法》附则中规定"本法所称的著作权与版权系同义语"；2001 年和 2010 年修订后的版权法则直接规定"本法所称的著作权即版权。"有人做过研究，在术语使用方面，目前使用"版权"的多属中国社会科学院法学研究所的专家学者们，使用"著作权"的主要是几大政法院校。称谓上的不统一反映出这两类学术团体不同的用语习惯和学术视角。前者更强调学术的个性，而后者更强调学术的共性。❶ 尽管中国的专门法称为《著作权法》，但是学界使用"版权"和"著作权"的比例大致旗鼓相当。笔者做了一个调查，在某知名售书网站分别输入两个关键词，得到的书籍数目居然均为 50 本，并且使用"著作权"的多为法律文本及其相关规定。

随着时间的流逝，两种法系有合流的趋势，均同时兼顾两种权利的保护，但是法律理念的不同远非概念规定就可以解决的，二者的侧重点以及由此引发的分歧仍然存在。

本书之所以选用"版权"一词，并非没有考虑中国的版权立法和司法的大陆法系色彩，而是基于下述原因。首先，从概念的内涵来看，"版权"一词的涵盖面广。目前的版权法中的"版"字已经不是最初的"印刷""出版"之意了，版权（copyright）变成了复制（copy）之权；不仅作者的权利是基于图书的复制，而且后来的表演者权、录音制作者权、计算机软件和数据制作者的权利无一不与复制权相关，德国版权学家迪茨认为，甚至翻译权、改编权在一定程度上都可以被视为复制权。❷ 版权概念不仅可以包括狭义的著作权、邻接权，而且还可以涵盖版权与工业版权等其他工业领域交叉的更广的权利。即使广义的"著作权"一词的含义也仅能覆盖邻接权，存在广义和狭义的概念转换之虞。并且，正如秦瑞玠所言，书籍小说、论文等文字作品可以称为著作，而美术作品、电影作品、杂技作品、建筑作品、计算机软件等如果也称著作，则不太符合中国人的语言习惯，但无论什么类型的作品都可以使用复制权意义的"版权"。

其次，符合国际惯例和中国的社会习惯。英美法系一直使用"版权"一词，《世界版权公约》规定作为版权保留的符号"©"已被不少并未参加《世界版权公约》的"作者权法"国家接受，普遍用来表示版权所有。世界知识产权组织（WIPO）在 1996 年 12 月主持缔结《世界知识产权组织版权条约》时广泛使用了"版权"这一术语。中国宋代即有"禁止复版"的告白，与当今的版权意义相同，符合中国的历史传统。该法实质上保护的是版权，版权出现的频率相对更高，如称"版权所有，翻版必究""盗版"等，几乎无人说

❶ 王兰萍. 近代中国著作权法的成长 1903—1910 [M]. 北京：北京大学出版社，2006：2.

❷ 郑成思. 版权法 [M]. 北京：中国人民大学出版社，2009：18.

"盗著作"。美国传教士林乐知发表了译述版权的文章，梁启超、严复也曾提出过版权问题。从 1985 年至今，国家各级主管作者权益事务的机构名称一直为版权局或新闻出版局的版权处，故使用"版权"一词可与国家相关行政管理部门的名称保持一致。从行政执法主体来看，整个系统从上到下都称版权局，使用"版权"一词可与执法主体保持一致。当今社会生活中，从"版权所有""版权公告""版权登记""版权注册"，到"中国版权协会""中国版权保护中心""版权经纪人""版权代理"等，"版权"一词随处可见。

最后，与"著作权"相比，"版权"的文字表述更经济、简约。这不仅表现在一字之差上，更表现在言简义丰上。由于"著作权"一词在字面上主要强调作者的权利，难以涵盖越来越多的版权法主体，所以现行的法国版权法不得不使用"作者权及表演者权、音像制品生产者权、音像制品传播者权法"如此烦琐的名字来给其版权法命名。更为重要的是，大多数新闻作品属于职务作品，新闻作品的版权更多的是经济权利，尤其是新闻组织机构的基于"复制"的财产权，作者的精神权利受到较多限制，故而使用"版权"一词似乎更恰当。

（二）研究对象

新闻作品是否具有版权性？新闻作品的原创性何在？新闻作品是否应该受到版权法的保护？新闻作品版权的边界究竟如何界定？对于这些问题，法学界和新闻界有着不同的回答。法学界最直接的回答体现在现行版权法中。从 1990 年起，中国版权法首先把时事新闻排除在版权保护之外，在明文规定了新闻作品的版权限制的同时，也规定了尊重作者权利的具体要求，为新闻作品的版权保护打下了坚实的基础。然而，由于"时事新闻"这一法律概念的模糊性和静态性，具体的司法实践千差万别，再加上中国社会公众的版权意识亟待提高，新闻版权几乎成为版权保护的盲区，给人一种"新闻无版权"的印象。新闻作品的版权虽有法律规定，但是其保护现状很不乐观，版权侵权的状况用"比比皆是"来形容也不为过。加之大众传播技术的飞速发展，催生了全新的新闻作品形态、传播媒介和传播方式，使本来就不尽如人意的新闻作品版权保护雪上加霜。甚至有些法学界专业人士也坚信："新闻就应该无版权"。

新闻从业者对于新闻作品版权的保护现状极为不满。许多学者也在探究新闻作品的版权性，寻求版权保护的良策，但是难免有失零散，同时还存在个别重复研究的现象。面对难以计数的侵权事件，新闻业界曾多次呼吁尊重知识产权。1999 年 4 月 15 日，包括《中国计算机报》互联网站 infoweb、新华社、《人民日报》《中国青年报》在内的国内 23 家新闻界网络媒体通过了《中国新闻界网络媒体公约》，呼吁联合抵制新闻版权侵权，凡未签署《公约》的其他网站，如需引用公约单位的信息，应经过授权，并支付相应的费用；在使用时，或注明出处，或建立链接等。尽管其在忽视新闻作品作者版权方面受到了诟病，但是也不失为一次维权的努力，同时也反映了维权的艰难。人们不禁要问，新闻作品版权的法理依据何在？新闻作品的客体、主体究竟是什么？为何在世界上别的国家未出现类似问题？如何找到可以攻玉的他山之石？这些问题均为本书的研究对象。

（三）选题意义

处于版权产业核心层的新闻产业及其衍生产业、相关产业在整个社会经济中所占的比重不断加大，逐渐成为后金融危机时代促进经济平稳增长的重要行业之一。随着内容产业和渠道产业的快速发展，新闻作品日渐成为大众文化、消费意识的重要载体，在当今的知识经济和消费社会中扮演着日益重要的角色。但同时，中国新闻业的发展正处在由新闻事业向新闻产业过渡的过程之中，新闻业的市场化发展过程仍未摆脱计划经济惯性思维的影响，新闻从业者及社会公众的新闻版权意识尚处于启蒙阶段，版权侵权现象时有发生；作者及其他版权人的权利几乎消弭于"新闻无版权"的观念之下，新闻产业很难像其他国家那样充分发挥核心版权产业的重要作用。新闻产业的发展面临着与相关技术行业、公共利益、政治利益之间错综复杂的利益博弈。

由于互联网、手机通信网等媒介肆意掠夺报刊的原创内容，造成新闻的滥刊乱载，新闻作品侵权现象越来越频繁，乃至司空见惯。对于报刊、通讯社的新闻作品，网络转载采取完全的"拿来主义"，不但隐去文章的出处、任意删除作者姓名，还换上自己的姓名和名称，或者虽然在转用时标明了出处，但未向原传播媒介或作者支付稿酬。在网络、都市报与地方电视频道的传播中，存在严重而普遍的新闻业界侵权行为，信息转载时被曲解或割裂。这种不公平的、无序的竞争致使注重内容创新、抢发独家新闻的报纸逐渐式微。而报纸转载网络新闻却被告上法庭而败诉。网络新闻作品由于复制成本几乎可以忽略不计而难逃被盗用的厄运。传统媒体之间、网络媒体之间、传统媒体和网络媒体之间随意转载，无视版权人合法的精神权利和财产权利，引发了不同媒体之间的不正当竞争。

现行中国版权法把时事新闻排除在版权法保护之外，虽然在《著作权法实施条例》中规定"时事新闻，是指通过报纸、期刊、广播电台、电视台等媒体报道的单纯事实消息"，但是由于"时事新闻"和"单纯事实消息"之间的关联不紧密，人们还是按照"时事新闻"的一般概念认定新闻作品的版权范围，并且"单纯事实消息"的界定也似是而非。概念的模糊使得新闻作品的版权保护显得名不正言不顺。加之不同的版权政策、规定之间存在互相龃龉之处，有些规定显失公平。计划经济时代的免费转载、刊播政策已经难以适应网络传播背景下新闻产业发展的需要，也不利于新闻事业的健康发展，亟须国家从版权法层面建立较为完善的新闻作品的版权制度，调整版权人、作品传播者和使用者三方的利益。

　　由于立法的滞后性，现有的法律体系很难适应快速发展的新闻产业的需要和新闻事业的改制、搞活，对新闻产业和新闻事业内部以及与其他行业之间的利益纠结的处理显得力不从心，这就需要重新审视、评价新闻业在整个国民经济中的作用。在经济地图中恰当摆放新闻业的位置，理顺新闻业与信息产业、出版业等相关产业的关系以及新闻业内部产业之间的关系，需要从国家立法层面划定新闻作品合理使用的范围，做到既保护新闻作品版权人的正当利益和新闻业内部的公平竞争，又能兼顾其他相关行业的相关权益以及公共利益，找到合适的平衡点。平衡利益关系的前提就是进行新闻作品版权的基础研究，而新闻作品的版权研究现状却不尽如人意。为数不多的新闻侵权类书籍仅仅论述新闻传播活动和新闻作品侵犯他人权利的内容，而对于新闻作品自身遭受侵权的情况却较少涉及。面对新闻作品版权侵权日益严重的情况，研究者往往处于被动应战的境地，局限于质疑新闻作品版权的有无，保护自己的作品版权等不太宽广的范围之内，系统论述相关问题的硕士论文仅发现寥寥几篇。法律界也有涉及新闻作品版权问题的学者，但是往往囿于中国版权法的规定，解释现存新闻版权法律规定的合理性。在中国现有的新闻刊播转载政策尚待完善的情况下，尤其需要系统的法理分析，在借鉴世界各国的新闻作品版权司法实践的基础上，进一步探讨适合中国国情的新闻作品版权制度。因此，本书从理论上仔细地梳理新闻作品版权问题，尽力厘清其理论基础，以期抛砖引玉，为将来的新闻作品版权立法尽一份绵薄之力。

二、研究现状和文献综述

（一）国际研究现状

　　目前，国外研究新闻作品版权问题的系统性专著并不多见，并且比较陈旧，比如德国诺伊曼·杜斯贝格的《新闻报道，新闻著作权以及法律对新闻消息的保护》（1949 年），德国林德弗莱士的博士论文《法律对广播电视与新闻报道的保护》（1965 年），至今均已有半个世纪的历史了。雷炳德的论文《作为语言作品的新闻》（2000 年）与上述德国文献一样，目前均无英文、中文译本。英文文献中直接论及新闻作品版权的很少，只发现一篇克莱默·大卫·H 的《谁可以使用昨天的新闻？视频监控和公平使用原则》（1993 年）。多数英文成果是关于"事实作品"或"信息作品"的版权保护的，比如罗伯特·戈尔曼的《事实的采集和陈述的版权保护》中关于包括新闻作品在内的事实作品的版权保护，但也仅限于案例陈述和分析等。一些新闻传播法律方面的译著不同程度地涉及新闻作品的版权问题，比如美国人奥弗贝克的《媒介法原理》，唐·R·彭伯的《大众传媒法》、约翰·D·泽莱兹尼的《传播法：自由、限制与现代媒介》，德国人 M·雷炳德的《著作权法》，英国的《媒体法》等。新闻作品版权保护研究还散见于世界各国版权法案例分析的文献中，比如《美国版权法》《美国知识产权要案精编》等。

（二）国内研究现状

自 1910 年的《大清著作权律》至 20 世纪 90 年代，版权法的立法史已有80 余年，但由于相关研究中断了 40 年，国内关于新闻作品版权研究的历史也就只有十几年。

1. 新闻界较早关注新闻版权问题

国内较早论及新闻作品版权问题的是研究新闻法的学者和从事新闻实践工作的研究者。其主要专著有：顾理平的《新闻法学》（1999），主要讨论了新闻记者和新闻媒体的版权以及新闻作品的合理使用；顾理平的《新闻侵权与法律责任》（2001），论述了记者和新闻媒体的版权及行使，认为新闻作品侵权的形式有剽窃和抄袭，侵权者应承担民事责任和刑事责任；魏永征的《新闻传播法教程》（2002），论述了新闻传播活动中涉及的版权；郑保卫的《新闻法制概论》（2009），较为详细地论述了新闻作品作者权的内容；张诗蒂的《新闻法新探》和《新闻市场的规范与法治》，结合新闻作品的构成要件分析了新闻作品版权的认定；程德安的《媒介知识产权》（2005），从传播媒介角度论述了版权的内容及其权利归属；曹瑞林的《新闻法制前沿问题探索》（2006），刘建明的《当代新闻学原理》（2003），谈到抄袭与剽窃的认定、新闻作品的转载和禁载、新闻作品的作者和法人或非法人单位的双重主体。期刊论文有：钟心廉的《新闻作品著作权初探》（1997），总结了新闻作品版权的特点，认为在精神权利和财产权利方面应有更多的限制，但基本否定了新闻作品的二次使用权。此外，还有宋素红、罗斌的《新闻作品著作权的保护原则》（2004）和段佳的《新闻作品著作权保护的限制》（2001）等。

早期相关文献的内容主要集中在质疑新闻作品版权的有无上。比如曹瑞林的《时事新闻不适用著作权法质疑》（1997）认为，时事新闻的版权亟待重视，时事新闻不受保护的三个原因是：时事新闻没有独创性；公众需要了解时事新闻；不适等同于不保护。李方的《偷文章就是偷钱偷正义偷良心》（1999）谴责某周刊剽窃《中国青年报》8 篇文章的不法行为。张烨华的《免费新闻大餐？——网络传播中的版权管理难题（一）》（2001）列举、分析了中外网络媒体侵犯传媒媒体版权的典型事例，对时事新闻的概念提出了质疑。周安平，黄小栩的《论当前中国新闻著作权认识上的几个误区》（2006）认为，时事新闻应该界定在客观报道范围以内，其他新闻作品则应享有版权；解释性报道、调查性报道、精确新闻报道、特写不属于客观报道，应该享有版权。向淑君的《浅谈新闻作品著作权问题的三个认识误区》（2001）认为，新闻作品享有版权的标准模糊不清，"时事新闻"概念认识有误区，"平衡利益原则"未起作用。此外，还有孙月沐的《传播：辐射与限制——关于新闻作品著作权的几则"正名"》（1996），李靖、汤华的《著作权的保护：新闻作品不该例外》（1997），张大昕的《著作权法与新闻作品的保护》（2001）等。

2. 研究成果以期刊论文为主

新闻版权的研究尚处于初级阶段，多数为期刊论文，硕士论文只有寥寥数篇。

期刊论文主要有：柯冬英、麻剑辉的《新闻作品著作权问题研究》（2002），讨论了普通新闻作品和职务新闻作品、委托新闻作品和新闻汇编作品的版权归属；曹瑞林的《怎样依法保护自己的劳动——论新闻作品版权的几个问题》（2007），分析了雷锋的新闻照片的版权问题，认为新闻作品的形态（形式）和电视栏目不应被垄断，新闻作品的转载权应归作者所有，而不是媒体；赖洪川的《把握著作权法保护新闻作品》（2005），分析了包括广播电台、电视台的新闻信息在内的时事新闻不享有版权的原因，认为应区分时事新闻和一般新闻作品，而衡量新闻作品的标准是作为主体信息的新闻5W要素和新闻信息所处的媒体和版面（比如日报的新闻版面）。

孔洪刚的《平的世界与数字化的边界——浅论新媒介传播环境下的新闻版权保护》（2011）认为，新媒介传播环境需要强化新闻版权保护，时事新闻不受法律保护，但应注明出处；同时，还分析了其他新闻题材的"合理使用"和"法定许可"原则。张力燕、崔丽的《论新闻稿件作品的著作权保护》（2003）和周详、曾小武的《浅析新闻作品的版权保护》（2004）主张区分时事新闻与时事新闻稿件，认为前者是内容，后者是形式；中国版权法不保护时事新闻，但保护时事新闻的载体——新闻稿件（指新闻作品的文字表达方式）。王靓的《美国对新闻报道著作权的保护》（2002）认为，美国引入《反不正当竞争法》保护新闻作品的版权，评估合理使用时重在商业影响。董斌、郑原的《新闻作品版权的国际保护》（2006）探讨了新闻作品（不包括时事新闻）版权的定义和内容，以及国际保护的原则和权利限制。程德安的《新闻作品剽窃与不正当竞争》（1998）认为，新闻作品剽窃不易为受众所注意，剽窃的新闻作品仍然具有市场竞争性，剽窃查证困难；剽窃的认定，看是否为独家新闻、独家采访，看是否深入采访，看作品的构思、风格；剽窃行为适用于反不正当竞争法，确定损害时看传播是否交叉及交叉程度，看新闻的时新性。崔明伍的《新闻作品剽窃的规制》（2005）认为，新闻作品剽窃盛行的原因是版权法语焉不详，受害人举证困难；新闻作品剽窃的条件或依据：立法明确"新闻作品"的概念，增强新闻的可信度。杨立川的《论我国当前新闻媒介的不正当竞争现象》（2000），分析了侵犯报纸新闻作品版权造成的不正当竞争现象。

　　研究新闻作品版权的硕士论文有3篇。陈婧的《新闻作品的著作权问题研究》（2008）从中国版权法入手，在分析中国时事新闻的立法现状、国内理论争议和其他立法案例的基础上，最终认定时事新闻是不属于版权法规定的作品，并探究了其他新闻作品的权利归属、版权行使及限制等问题。孙怀君的《新闻作品法律保护问题研究》（2009）梳理了世界主要国家关于新闻作品版权的法律规定，分析了新闻作品的保护原则以及记者、媒体的主体权利。王伟亮的《我国报刊（网站）间转载、摘编之著作权问题研究》（2003）分析了包括新闻作品在内的作品转载、摘编的版权问题。

　　3. 研究范围逐步扩大

　　由于中国版权法明确将时事新闻排除在版权法保护之外，时事新闻的版权问题被最先论及，成果较多，几乎可以占所有成果的半壁江山。其内容主要探讨世界各国法律对于时事新闻的保护现状，分析时事新闻不受法律保护的原因以及保护的合理性和必要性，提出用反不正当竞争法和版权法模式加以保护。但是，一定程度上存在重复研究的现象，比如徐东沂的《时事新闻著作权保护》（2005）、刘政传的《时事新闻报道法律保护问题研究——以时事新闻作品的著作权保护问题为重心》（2008）、孙金龙的《时事新闻保护问题研究》（2011）等。

　　自1997年开始，探讨新闻版权问题的期刊论文开始增多，其中不乏真知灼见，但是往往囿于版权法条文，在时事新闻的概念上做文章。比如，陈奇恩的《正确理解著作权法不适用于时事新闻》（1997），魏永征的《时事新闻为何不适用著作权法——一说新闻媒介与著作权》（2000），林金康、忻志伟的《时事新闻的使用和保护》（2004），朱与墨、刘欣欣的《时事新闻著作权正当性之辨》（2006），朱与墨的《传媒产业化催生时事新闻著作权（2006）》，阎庚的《时事新闻作品应该纳入著作权法调整范畴》（2006），周一杨的《浅谈时事新闻的著作权保护》（2007），段安平的《对"时事新闻"不使用著作权法的"检讨"》（2009），牛静的《浅谈时事新闻著作权的法律保护》（2009）等。

自 2004 年起，研究者开始跳出时事新闻版权的范围，逐步向其他领域挺进。田灿的硕士论文《关于新闻作品的版权限制制度研究》（2006）研究了新闻作品合理使用制度，指出合理使用的范围有缩小的趋势、新闻作品版权的保护范围和力度在加大。姜淮超的《试论新闻作品著作权的享有》（2004），探讨了新闻记者对于职务作品和非职务作品所享有的权利；新闻媒体对编辑作品的整体享有版权，可以通过合同约定获得具体作品的版权，在享有和行使汇编作品的版权时，不得侵犯具体作品作者的版权。赵双阁、李扬的《论新闻作品著作权法律保护的价值选择》（2009）认为，宏观层面的版权保护应注意私人利益与公共利益的平衡；微观层面，版权法中存在财产利益的保护与专有传播权的退缩，需保障公众知情权、增进民主、促进权利的合理配置和效益最大化。此外，还有顾理平的《试论新闻作品著作权主体的权利》（1999），宋素红、罗斌的《新闻作品著作权的保护原则》（2004），罗卓群的《新闻编辑中署名权问题的思考》（2004），姜淮超的《试论新闻作品著作权的享有》（2004）等。

网络新闻的版权是最近几年的研究热点，有 4 篇硕士论文论及。季锋的《网络媒体新闻著作权问题研究》（2007）分析了与网络相关的新闻作品版权侵权表现及法律救济措施，对暂时复制等问题提出了建议。闻硕的《网络新闻侵权初探》（2007）分别从网络新闻记者的职业、组织、行业和制度化 4 个层面探讨网络新闻侵权的规则、制度，并针对各个层面可能出现的问题提出预防和治理措施。项树润的《关于目前网络新闻作品原创性的研究》（2007）认为，网络新闻的原创性不高，中国商业网站在没有新闻采访权的情况下采取了许多变通的方法来实现原创性：通过在线访谈、现场直播报道等大型活动；商业网站与传统新闻机构资源共享等。王婷的《网络新闻的著作权保护》（2008）探讨了包括新闻作品在内的网络所有有价值的信息的版权保护。此外，张晓艳的硕士论文《手机出版传播特征引发的著作权思考》（2009）讨论了所有通过手机媒体传播的包括新闻作品在内的作品的版权问题。

期刊论文的论述范围包括网络、广播电视、手机、博客等更加具体的内容。冯春鸣的《网络新闻版权：地方媒体竞争中的盲区》（2010）认为，网络媒体尽享免费午餐，有偿网络新闻成为大势所趋，宜从地方媒体重点突破，抵制网络新闻被侵权。赵宇楠的《新闻作品网络转载版权难题探究》（2009）认为，网络传播冲击传统媒体，司法审判遇到难题，版权意识亟须提升，呼吁网络转载尊重版权。牛静的《视频分享网站传播新闻作品的版权问题》（2010）探讨了视频网站传播新闻作品版权侵权认定，分析了 Youtube 案的启示。石月平的《广播电视新闻作品著作权之我见》（2011）提出了加强广播电视新闻作品版权保护的建议和措施：广播电视组织建立内部的版权管理机构和制度；积极发挥广播电视行政管理部门和广播电视协会、学会等行业群团组织的协调、维权职能，逐步向版权集体管理组织发展、过渡。黎妮晓宇的《博客转载新闻作品的著作权问题研究》（2009）认为，博客的版权归属不一，包括博客写手和博客托管服务的网站；美国不再放任博客转载新闻，中国规定了信息网络传播权；新闻作品链接的版权尚无定论，建议博客写手和博客托管服务网站均应加强版权意识，采取措施避免版权纠纷。

综上所述，现有文献对新闻作品版权问题的论述，从最初的质疑阶段就开始从不同角度在法理上探讨新闻作品的保护问题。

三、研究方法、框架与创新

（一）研究方法

本书主要采用法学、哲学、政治学、经济学、新闻学、传播学、社会学等学科的理论和视野，运用文本分析、个案分析、历史比较分析和文献分析等方法探讨新闻作品的版权问题。

文本分析法：研究世界各国的新闻版权法律规制，结合司法实践综合分析新闻作品版权的历史和现状。

比较法：借鉴已有的研究成果，从纵向和横向两个维度探讨中外新闻作品版权保护的差异。从版权史的纵向角度探讨新闻作品版权的发展历程，尤其是《世界版权公约》和《伯尔尼公约》对于新闻作品版权保护的演进过程；从《伯尔尼公约》和《世界版权公约》及主要国家的新闻作品版权保护现状中探求其立法和司法的合理性，为分析所有新闻作品版权的应然状态打下基础。

案例分析法：通过案例分析，在新闻作品版权保护的司法实践中探讨世界主要国家对于新闻作品版权的保护经验。

文献分析方法：从知识产权法哲学角度、采用法学与经济学交叉的方法探求新闻作品的法理基础，借鉴已有的文献精华，廓清新闻作品版权的适用范围。

（二）框架结构

本书由 8 个部分组成。

绪论部分介绍新闻作品、新闻作品版权的概念使用和国内外研究现状，以及研究思路和创新点。

第一章为新闻作品版权的概念和特征。首先界定版权和新闻作品的概念，再把新闻作品放在版权视野下进行审视，分析新闻作品版权的概念和特征。

第二章探讨世界和中国新闻作品版权的演进过程，根据新闻作品的发展状况和版权发展特点，把新闻作品版权的发展史划分为新闻版权形成时期、新闻版权权利时期、世界新闻版权权利时期。

第三章从《伯尔尼公约》入手，详细考察普通法系和大陆法系主要国家和中国新闻作品的版权保护现状和存在的问题。

第四章详论新闻作品的版权性。探讨了新闻作品版权性的实质要件：原创性的来源，认定路径，认定原则和认定策略。

第五章在新闻作品版权的原创性的基础上，参照世界主要国家的版权法律制度的规定，论述了新闻作品版权的客体、主体、版权归属。

第六章中讨论新闻作品版权的边界。

结语部分指出新闻版权保护任重道远。

（三）突破与创新

本书在尽量拓宽理论视野的同时，通过综合运用多种分析方法，拟在下列方面有所突破和创新。

其一，选题具有创新性。在互联网飞速发展的信息时代，新闻作品遭受版权侵权的现象已经危及新闻产业和新闻事业的良性发展，新闻作品的版权保护现状堪忧，这与新闻版权的研究基础薄弱不无关系。论述世界范围内的新闻作品版权问题的研究成果往往仅在各国版权法研究文献中稍稍触及，难免失之零散，缺乏系统的梳理，目前国内尚无系统论述新闻作品版权的专著问世。

本书尽力跳出专业本位的藩篱，自始至终贯穿法本身所应具有的客观、公平、正义的精神，探讨新闻作品版权存在的法理基础。目前，研究新闻作品版权的学者可以分为两部分，一部分来自于法学界，另一部分来自于新闻界。法学界的学者对于新闻作品版权的研究不乏真知灼见，稍显不足的是往往囿于中国版权法关于新闻作品的法律规定，未能详细探究新闻作品的版权性；新闻界的研究者立足于新闻作品的创作实践，急于改变新闻作品版权遭受侵权的尴尬现状，极力在新闻作品的原创性上做文章，甚至不恰当地论证时事新闻的原创性，走向了另一个极端。本书尽力站在公正立场，从平衡新闻作品的作者、传播者和公众之间的利益的角度进行思辨，尝试系统观照新闻作品版权的历史发展脉络和现状，总结新闻作品版权保护的实然状态，进而探讨其应然状态，厘清新闻作品的版权性及其边界。

其二，从历时性和共时性两个维度，系统梳理了世界主要版权公约、两大法律体系代表国家，以及包括中国香港、澳门、台湾地区在内的中国新闻作品版权保护的立法演进过程和现状，探讨了中国新闻版权法规定中存在的问题。中国对于世界版权史的研究还有很多不足之处，甚至连美国版权史之类的国别版权史著作都阙如，仅仅处于世界各国版权概论的层次，更不用说关于新闻作品版权史的专门论述了。本书几乎搜遍能够找到的所有材料，利用外文网站直接阅读英文、俄文的法律文件和案例材料，探求世界新闻版权发展的脉络；力图遍览中国大陆和中国台湾、香港、澳门地区的关于新闻作品版权的文献、史料，从版权立法的进程中摸索中国新闻版权的特点和版权规定中存在的问题。

其三，详尽论述了新闻作品版权的法理基础。本书从版权作品构成要件开始，集中论述了新闻作品版权性最核心的要件：原创性的来源，认定路径，认定原则和具体的认定方法。在批驳"新闻无原创性"的基础上，认为新闻作品的原创性来源于新闻话语的建构，提出了"新闻专业平均人作品"的概念，并以此作为判断新闻作品有无原创性的基础。根据原创性的认定策略，分析了不同类型的新闻作品的版权性，划分了版权性等级，说明获得版权的可能性的大小；重点分析了雇佣新闻作品的版权主体和版权归属；梳理了世界范围内新闻作品版权的合理使用和法定许可的大致范围，划出了新闻作品版权的边界。

第一章　新闻作品版权的概念和特征

第一节　版权和新闻作品的概念

一、版权的概念

"版权"是知识产权的重要组成部分。知识产权来自英文"intellectual property"，是基于创造性智力成果和工商业标志依法产生的权利的统称。知识产权的内容包括专利权、商标权、版权、反不正当竞争权和商业秘密权等。知识产权保护的对象是"知识"本身，知识的本质是"形式"，不具有实体性，尽管依赖一定的物质载体而存在；时间上具有永存性的特点，在空间上可以无限地再现或复制自己。知识产权是附着于无体的知识之上的民事权利，反映和调整平等主体的公民、法人之间的财产关系，分为版权和工业产权两类。知识产权法律是制度文明的典范，也是激发创造力和促进社会进步的加速器。知识产权法律制度公益和私益的辩证统一，是高度的私益性与高度的公益性的完美结合；公益性是私益性的基础，而私益性是实现公益性的手段。知识产权法律制度可以将知识产权的交易成本控制在一定范围内，使得知识财产成为人们愿意拥有的财产。

知识产权和知识产权法律制度的形成是多重社会利益和广泛复杂的人的各种权利交互作用，亦即利益博弈的结果。古今中外的法学学者利用洛克自然法的财产权劳动理论、人格理论和激励理论论证了知识产权的正当性，劳动者有权占有自己的智力劳动成果，把财产看作者自身人格的延续和自我表达。知识产权制度的重要目标在于激励创造者投资有创造性的智力产品的生产和传播。

作为知识产权重要组成部分的版权，又称著作权，是指文学、艺术和科学作品的创作者对其所创作的作品享有的权利。版权具有无体性、专有性、地域性、时间性、可复制性等特征。国内外法学界对于版权的认识存在两种理论：人格权论和无形财产权说。人格权论强调版权的精神权利及其保护，以此为出发点保护版权作品的经济利益，构成大陆法系国家的版权立法特点；无形财产说则认为版权是无形的财产权，强调版权的经济利益，把作品看作一般的工业产品，不太关注创作者的精神权利，成为英美普通法系版权立法的哲学基础。中国的立法框架融合了大陆法系的人格权论和英美法系的无形财产权说，试图兼采两者的优点。

版权是作者的精神权利与经济权利的合一。精神权利是指作者就作品中所体现的人格或者精神所享有的权利。精神权利与作者密不可分，在绝大多数情况下只能由作者本人享有和行使，包括发表权、署名权、修改权、保护作品完整权，有些国家还保护作品收回权。经济权利，是指作者或者其他版权人所享有的利用作品并获得相应的经济利益的权利，可以由作者行使，也可以由其他人行使，包括复制权、发行权、出租权、展览权、表演权、放映权、广播权、信息网络传播权、摄制权、改编权、翻译权、汇编权及其他应当由版权人享有的权利。大陆法系国家又把版权分为作者权和邻接权两部分。作者权仅指作者就其所创作的作品而享有的权利。邻接权，或称相关权，指作品的传播者如表演者、录音制品制作者和广播组织的权利。

版权与同属于知识产权领域的工业产权的区别首先表现在二者的标的所处的领域和作用不同。工业产权保护的是一定的产品、工艺方法以及标记，在物质生产和生活的实用性及商品流通方面满足人类的物质需求。版权保护的文学艺术作品则可以让人获得审美愉悦，科学作品则提供知识帮助人们认识、理解人与自然。其次，与工业产权相比，版权的独占性和排他性相对弱一些，会把偶然巧合的作品纳入保护范围。最后，版权通常是自动产生，而工业产权必须履行一定的注册手续，经过特定机构的鉴别、审查、授权。

版权设计的初衷在于，通过给予作者或作品传播者一定期限的垄断权力，鼓励作者的智力创作和资本的投入，达到促进经济增长、增进知识传播、提高社会福利的目标，是平衡作品作者、传播者和消费者利益的工具，目的在于维护秩序和正义。盎格鲁·撒克逊版权的兴起其实是一种维持行业垄断而通过行政审查维持皇权政治的混合物。国家利用版权进行社会教育、舆论控制，根据自己的政治目的和经济发展战略赋予某些资本家以经济实力。版权制度实质上是作者、传播者与国家之间的契约：国家给予作者和传播者短期的垄断权力以补偿作者的创造性努力和传播资本的投入，实现促进科学和文化进步的长远利益。版权的演进过程时刻存在着垄断与市场公平，作者、传播者与公共利益之间的矛盾冲突。

二、新闻作品的概念

（一）新闻作品的含义

通常情况下，新闻有三种内涵：一是指关于事件、事物或人的新信息；二是指播报新闻的（电视或广播）的节目类型；三是指新闻稿，如广播、电视或报纸上发布的最近发生或发现的变动事实的报道，其本质特点是真实、新鲜、及时、公开，其功能是传播信息和观点。新闻理论界认为新闻作品是一种新闻作品成品，并不区分作品和作品承载物。比如邱沛篁等人认为，新闻作品是新闻采访写作（制作）全过程的最后形成品，也是新闻报道的直接依据；新闻作品包括纯视觉的文稿和照片、纯听觉的录音磁带和视听组合的声像磁带。❶人们在新闻业务中使用"新闻作品"这一概念时，很少对其下定义，直接指新闻作品成品。例如王灿发在《新闻作品评析》中便未加解释，直接使用"新闻作品"这个概念，只是总结了新闻作品的特点。顾理平认为，新闻作品是指新闻记者或新闻采写者在新闻活动过程中，通过采访等形式反映新闻事实的作品；从中国新闻作品现有的形式看，新闻作品主要有两类通过纸质媒体传播的文字、摄影作品，另一类是通过电子媒体传播的录音、录像作品。❷

不同领域对于新闻作品的概念界定不同。

本书的新闻作品包括版权法视野下的一切与新闻有关的作品，即新闻从业人员在新闻采写、制作、刊播、解读、研究过程中创作的作品、最终作品及其他相关作品的总和，包括新闻作品成品和新闻相关作品两类。新闻作品成品是指新闻采访写作（制作）全过程的最后形成品，可以分为文字作品、录音制品、视听作品、美术、摄影作品和其他作品（详见表2：新闻作品分类总表）。

新闻相关作品可以细分为新闻附随作品、新闻伴生作品、新闻演绎作品、新闻研究作品四类。新闻附随作品是指新闻作品成品中附随使用的、已有的可能拥有版权的作品，如新闻背景、新闻资料、引用作品音像资料、影片资料、视听资料、新闻图表、新闻照片的文字说明、插图照片等。

新闻伴生作品是指新闻采制、编播、解读过程中形成的可能拥有版权的作品，包括记者作品和编导播作品两类。记者作品有新闻素材、新闻采访策划书、草稿、采访笔记、采录音响素材、电视、网络新闻素材、新闻美术作

❶ 邱沛篁，等. 新闻传播百科全书［M］. 成都：四川人民出版社，1998：123.

❷ 顾理平. 新闻法学［M］. 北京：中国广播电视出版社，2005：9.

品手稿、拍摄计划、备选新闻照片、未发表的作品（内参除外）等。编导播作品有新闻标题，报纸版面，报纸专栏、专版、专页和期刊栏目设计；广播电视新闻节目编排，广播电视节目脚本，电视导演的分镜头脚本，广播电视新闻节目提要、解说、串联词、串联单、电视字幕、故事板、插播词、收播词和电视节目表等；网页设计和网络新闻标题；新闻节目制作人作品、播音员作品和主持人作品；编导、制作人和主持人作品；新闻标题，版式、封面、刊头设计、题图、专栏和画刊等装饰性作品；新闻美术作品手稿和拍摄计划等。

新闻演绎作品是指以新闻作品为基础进行改编、翻译、注释、整理生发出来的版权法意义上的衍生作品。

新闻研究作品主要指所有与新闻的采制、编发、刊播、管理有关的研究作品。

（二）新闻作品的类别

1. 新闻界的新闻作品分类

新闻学界和新闻业界的"新闻作品"是指新闻作品成品。

根据刊播新闻的新闻媒介类型可以划分为：报纸新闻作品，广播新闻作品，电视新闻作品，期刊新闻作品（多为深度报道），网络新闻作品（文字、录音、电视新闻、flash 动漫、说唱形式作品，超链接的标题）；手机新闻作品；新闻电影；书籍（传记、报告文学）。

按照报道领域分为政治、经济、军事、法制、科技、文教、卫生、体育、文艺报道等。按报道内容的特性分为动态新闻及非动态新闻、事件新闻及非事件新闻、软新闻及硬新闻等。❶ 根据载体符号可以分为文字、照片、录音、录像作品、数字作品、多媒体作品等。

根据新闻作品的体裁不同，国外和国内新闻界的划分方法众多，如新闻体裁二分法、三分法、七分法、八分法、九分法和多元交叉分类法等。

综合考虑各类划分方法，新闻界根据体裁把新闻作品分为下列八种类型。❷

① 消息类：简讯（包括特讯、专讯、电讯），标题新闻，短消息，长消息，综合消息，号外，答记者问，发言与谈话；

② 新闻通讯类：特写，速写，旅行记事，经验介绍，小故事，调查报告，报告文学；

---

❶ 邱沛篁，等. 新闻传播百科全书［M］. 成都：四川人民出版社，1998：127.
❷ 邱沛篁，等. 新闻传播百科全书［M］. 成都：四川人民出版社，1998：127.

③ 新闻评论类：社论，评论员文章，编辑部文章，短评，编者按，编后；

④ 新闻述评类：新闻综述，新闻述评，新闻解说，访问记，新闻了望，新闻展望，新闻举要或大事记，报刊述评（报刊动态、报刊文摘、版面介绍、文章推荐），记者述评，采访札记，记者来信，通讯员来信；

⑤ 新闻公报、文件类：新闻公报，文件发布；

⑥ 新闻照片；

⑦ 新闻资料；

⑧ 副刊文字。

2. 中国官方对新闻作品的分类

官方对新闻作品的分类以中国新闻奖的划分最为典型。中国新闻奖是经中央宣传部批准的全国性年度优秀新闻作品最高奖，由中华全国新闻工作者协会主办，每年评选一次，每届出版《中国新闻奖作品选》一书。中国新闻奖设28 个评选项目，分为报纸、通讯社作品，广播电台、电视台作品，网络新闻作品，新闻名专栏和新闻论文五部分。与新闻界的划分不同，可以申请中国新闻奖的新闻作品除了划定的新闻机构的新闻作品成品之外，还包括报纸副刊作品和新闻论文，实际上是指所有指定新闻媒介发表的全部作品和研究新闻的作品。

中国新闻奖对于新闻作品的分类（括号内为新闻作品制作、刊播或转载的新闻媒介）：

① 消息（报纸、新闻期刊、通讯社、广播电台、电视台、网络）；

② 通讯（报纸、新闻期刊、通讯社、广播电台、电视台、网络）；

③ 深度报道、解释性报道、调查性报道、新闻特写、新闻综述；

④ 评论（报纸、新闻期刊、通讯社、广播电台、电视台、网络）：包括社论、评论员文章、署名时评、述评、短评等，不包括杂文；

⑤ 新闻专题：包括广播电台和电视台的深度报道、解释性报道、调查性报道、新闻特写、新闻综述，以及网络新闻专题等；

⑥ 系列、连续和组合报道（报纸、新闻期刊、通讯社、广播电台、电视台）：新闻访谈节目（广播电台、电视台、网络），新闻现场直播（广播电台、电视台、网络），报纸版面（不包括摄影、漫画等专版、专刊版面），新闻节目编排（广播电台、电视台、网络）；

⑦ 网页设计：新闻网站首页，新闻频道首页或新闻专题首页；

⑧ 新闻摄影（报纸、新闻期刊、通讯社、电视台、网络）；

⑨ 新闻漫画（报纸、新闻期刊、通讯社、电视台、网络）；

⑩ 副刊作品（报纸）；

⑪ 新闻名专栏（报纸、广播电台、电视台、网络）；

⑫ 网络专栏；

⑬ 新闻论文（报纸、期刊、广播电台、电视台、网络）。

3. 法学界的分类

中国加入的《伯尔尼公约》和《世界贸易组织与贸易有关的知识产权协议》（以下简称 TRIPs 协议）均要求各成员必须遵守《伯尔尼公约》第 1～21 条及其附件的规定，除非另有规定。

《伯尔尼公约》第 2 条规定："文学艺术作品"一词包括科学和文学艺术领域内的一切作品，不论其表现方式或形式如何，不过在第 2 条第 8 款规定不保护每日新闻或单纯报刊信息性质的各种事实。

《中华人民共和国著作权法实施条例》❶（以下简称《著作权法实施条例》）第 2 条规定："著作权法所称作品，是指文学、艺术和科学领域内具有独创性并能以某种有形形式复制的智力成果。"

《最高人民法院关于审理涉及计算机网络著作权纠纷案件适用法律若干问题的解释》❷ 第 2 条规定："受著作权法保护的作品，包括著作权法第 3 条规定的各类作品的数字化形式。在网络环境下无法归于著作权法第 3 条列举的作品范围，但在文学、艺术和科学领域内具有独创性并能以某种有形形式复制的其他智力创作成果，人民法院就应当予以保护。"

法学界从不同的角度对于版权客体进行多种分类：依作品的创作与职务的关系，可分为职务作品和非职务作品；依作品的创作人，可划分为自然人作品、法人作品和非法人单位作品；依作品有无委托他人创作，可分为委托作品和非委托作品；依作者的人数，可分为个人作品和合作作品；依创作行为分类，可分为原作和演绎（衍生）作品；依作品的表达形式和表现形式，分为文字作品、口头作品、音乐作品、舞蹈作品、影视作品、美术作品、掩膜作品等。

这些分类的目的和功能在于界定作品的性质，厘清附着于作品上的法律关系，为版权保护打下理论基础。

4. 本书的新闻作品分类

结合新闻作品的特点，本书按照法学界的方法对新闻作品进行分类。

依作品的表达形式和表现形式，分为文字作品、录音作品、视听作品、美术作品、摄影作品和其他作品等（见表 2）。

---

❶ 2002 年 8 月 2 日发布，2011 年 8 月第 1 次修订，2013 年第 2 次修订，效力级别为行政法规。

❷ 2000 年 11 月 22 日最高人民法院审判委员会第 1144 次会议通过，2003 年 12 月 23 日第 1 次修正，2006 年 11 月 20 日第 2 次修正。

（1）文字作品

文字作品是指音像作品以外的以数字、文字或其他语言、数字符号或标记表现的作品，无论其载体（如书籍、期刊、手稿、录音制品、胶片、磁带、磁盘或卡片）的性质如何。❶

根据制作、刊播新闻作品的大众传播媒介不同，文字新闻作品成品划分为下列类型。

① 报纸、通讯社、新闻期刊作品：消息，通讯，新闻评论，系列、连续和组合报道，副刊作品，报纸新闻专栏、专版、专页和报纸版面等。

② 广播电台和电视台作品：口播广播电视消息，口播广播电视新闻专题，口播广播电视评论的文字稿，电视字幕新闻，广播电视新闻节目编排。

③ 新闻网站作品：本书的新闻网站是指经国务院新闻办公室批准的由新闻宣传主管部门、新闻单位主办的具有登载新闻业务资质的新闻网站。网络新闻作品是上述新闻网站上原创、转载的新闻作品，包括电子报、报刊网络版、电台和电视台上网栏目发布的各类新闻作品。其中，全文转载的网络新闻作品的来源媒体有报纸、新闻期刊、通讯社、广播电台、电视台等大众传播媒介，其版权情况依照原刊播媒体部分确定，此处仅论及新闻网站自身的原创性新闻作品。按照体裁形式，新闻网站文字新闻作品分为网络原创新闻（文字稿）、网络原创新闻评论（文字稿）、网络新闻专题、网络新闻访谈（文字稿）、网络新闻专栏、网络编辑新闻的文字稿，网页设计；网络新闻标题，电子报、报刊网络版、电台和电视台上网栏目发布的各类原创新闻作品和电子邮件新闻作品等。

④ 不公开发表的作品有内参和新闻伴随作品两类。媒体内参作品由于其特殊的功能不宜在大众传播工具上公开发表，主要有三类作品：新闻评论、通讯和消息。新闻评论类以述评和评述性作品为主，譬如获得 2005 年度山东新闻奖的媒体内参类作品《仗义执言一句话》《一条黄金水道缘何险情不断》等。通讯和消息主要是如《"亮点"的背后》《状告律师》《小沽河畔惊现毁林案》之类的批评性报道和调查性报道。媒体内参类作品虽然不能公开发表，但是丝毫不会影响这类新闻作品的版权，故将其纳入论述范围之内。

⑤ 新闻相关文字作品包括除新闻作品成品之外的、所有与新闻相关的文字作品，主要包括四类：新闻附随作品，新闻伴生作品，新闻演绎作品和新闻研究作品。

---

❶ 美国版权法第 101 条。

（2）录音作品

新闻作品中的录音作品包括广播新闻、电视录音新闻、网络录音新闻、广播新闻专题、广播评论、广播新闻访谈节目、现场直播新闻（录音）、伴随录音作品、广播新闻素材（如音响资料、新闻音乐资料）以及新闻节目制作人、播音员、主持人作品和采访对象口述录音等。

（3）视听作品

视听新闻作品根据传播媒介分为新闻记录电影、电视新闻、电视新闻专题、电视评论、访谈节目、网络新闻、网络原创评论、电视现场直播新闻以及编导、制作人、主持人的作品等伴随视听作品。其中的网络新闻作品包括网络原创新闻（音像）、网络原创新闻评论（音像）、网络新闻专题和网络新闻访谈（音像）等。

（4）美术作品

新闻美术作品指报刊、通讯社、电视台、网站等新闻媒体上刊发的除新闻照片之外的新闻图片，根据体裁可以划分为两类：一是具有新闻价值的、直接或辅助报道、评价新闻事实的图片，如新闻漫画（包括人物漫像）、电视图片报道、图片专栏、画刊、新闻速写（包括国际风云人物肖像速写）、宣传画、新闻连环画、版式设计、新闻图表等，具有传播信息、证明事实、图解诠注的功能；❶ 二是具有美化版面、装饰图像作用的标题、饰线、颜色、版式安排、题图、题饰、刊头、封面设计（期刊）、电视片头设计、电视舞台美术设计等，历史上还有过木刻、绘画、篆刻等❷新闻美术作品。

新闻美术作品可以分为新闻作品成品和新闻相关作品两类。在新闻美术作品成品中，根据新闻作品的性质分为记录性、评论性作品和汇编作品。记录性新闻美术作品主要包括新闻漫画，图片、画刊、宣传画、电视图片报道，新闻速写，图片专栏，电视漫画，电视片头，舞美设计，网络新闻动画、漫画，新闻图片，新闻记录片、画刊，宣传画；新闻连环画，新闻图表，新闻标题，版式设计，封面设计，新闻装饰性作品，新闻记录片和专题片的单张画面等。评论类美术作品包括评论性新闻漫画、宣传画和新闻速写等。新闻相关美术作品主要有新闻图表、新闻标题、刊头以及题图（饰）、饰线、绘画、篆刻等装饰性作品和演绎作品等。

（5）新闻摄影作品

新闻摄影的意义有广义和狭义之分，广义的新闻摄影除新闻照片外，还包括新闻记录电影和新闻电视；狭义的新闻摄影主要指报刊上发表的、展览会上

❶　甘险峰. 新闻图片与报纸编辑［M］. 福州：福建人民出版社，2008：2.

❷　刘璇. 现代形势下的新闻美术发展刍议［J］. 临沂师范学院学报，2009（2）.

展出的新闻照片。根据新闻摄影的体裁可以分为图片新闻、特写照片和摄影通讯三大类。

根据刊播媒介，新闻摄影作品可以分为包括报纸刊载的插图照片、图片新闻、特写照片、专题照片、图片故事、装饰性照片、图片专栏、画刊等，新闻期刊、通讯社、电视台刊播的新闻照片和网络原创新闻照片。

（6）其他新闻作品

口述新闻作品指未经任何物质载体固定的、以口头语言形式表现的新闻作品，如采访对象的口述作品、记者现场报道、主持人作品等。

手语新闻节目：专门为聋哑人士制作的电视新闻节目或一般电视新闻的手语表达部分，表述主要依靠手语。手语一般会受地方区域和词汇数量的限制。

（7）职务作品与非职务作品

职务作品占新闻作品的绝大多数，主要包括纸质媒体和电子媒体两大类。纸质媒体中的职务新闻作品包括报纸、新闻期刊和通讯社的消息、通讯、评论、系列、连续和组合报道、新闻论文、新闻照片、新闻漫画、版面、专栏，报纸的专版、专页、副刊，新闻采编过程中的作品等，其作者为自然人（记者、编辑、演讲者、表演者、采访对象）和法人（报社、期刊社、通讯社、互联网络、手机网络）。电子媒体中的职务新闻作品包括广播电视的消息、通讯、评论、系列、连续和组合报道、新闻专题、新闻现场直播、广播新闻访谈节目、广播新闻节目编排、广播电视新闻栏目、新闻记录电影、网络评论、访谈节目、网页新闻编排、新闻网页设计、新闻论文、新闻采制、播出过程中的作品等，这类作品的作者为自然人（记者、编辑、新闻主持人、制片人、采访对象、演讲者、表演者）和法人（广播电台、电视台、互联网络、手机网络）。

非职务作品也分为纸质媒体和电子媒体两类。纸质媒体非职务作品主要有报纸期刊的投稿、约稿（委托作品）、新闻素材。具体新闻体裁为消息、通讯、评论、新闻漫画、新闻论文、新闻照片、特约编辑作品、新闻作品采制过程中的作品。其作者为特约记者、专栏作家、特约评论员、通讯员、自由摄影者、采访对象、演讲者、表演者。电子媒体非职务作品较少，主要有自由撰稿人作品，自由摄影者照片，特约编辑作品，新闻采制、播出过程中的作品。其作者包括特约记者，专栏作家，特约评论员，通讯员，特约编辑、特约新闻主持人、录音像素材作者、采访对象、演讲者和表演者（见表1）。

表1　新闻作品及其版权人

性质\形式	职务作品		非职务作品	
	纸质媒体	电子媒体	纸质媒体	电子媒体
作品类型	报纸、新闻期刊和通讯社的消息、通讯、评论、系列、连续和组合报道、新闻论文，新闻照片，新闻漫画，版面，专栏；报纸的专版，专页，副刊，新闻采编过程中的作品	广播电视的消息，通讯，评论，系列、连续和组合报道，新闻专题，新闻现场直播，广播新闻访谈节目，广播新闻节目编排，广播电视新闻栏目，新闻记录电影，网络评论、访谈节目、网页新闻编排、新闻网页设计、新闻论文，新闻采制、播出过程中的作品	报纸期刊的投稿、约稿（委托作品）、新闻素材：消息、通讯、评论，新闻漫画，新闻论文，新闻照片，特约编辑作品，新闻作品采制过程中的作品	特约记者作品，自由撰稿人作品，自由摄影者照片，特约编辑作品，新闻采制、播出过程中的作品
版权人 自然人	记者、编辑、演讲者、表演者、采访对象、相关权利的继受人	记者、编辑、新闻主持人、制片人、采访对象、演讲者、表演者、相关权利的继受人	特约记者，自由撰稿人（专栏作家，特约评论员，通讯员，自由摄影者），采访对象、演讲者、表演者、相关权利的继受人	特约记者，专栏作家，特约评论员，通讯员，特约编辑、特约新闻主持人、录音像素材作者、采访对象、演讲者、表演者、相关权利的继受人
版权人 法人	报社、期刊社、通讯社、网络	广播电台、电视台、互联网络、手机网络	报社、期刊社、通讯社、网络	广播电台、电视台、互联网络、手机网络

（8）汇编作品和合作作品

汇编作品是指汇编若干作品、作品的片段或者不构成作品的数据或者其他材料，对其内容的选择或者编排体现出独创性的作品。职务新闻作品中，纸质媒体上刊载的汇编作品有报纸的专栏、专版、专页、副刊和期刊的专栏等，其作者主要是记者、编辑。电子媒体刊播的职务汇编作品有广播电视新闻栏目，作者为记者、制作者和编辑。非职务新闻作品数量较少，纸质媒体和电子媒体制作、刊播的特约编辑作品。非职务新闻作品的作者有特约编辑、作者和制作者。

根据作者的人数，可分为一人创作的作品和合作作品。电子媒体的新闻作品往往需要文字记者、录音摄像记者合作完成，以合作作品居多。

（三）新闻作品的特征

新闻作品的特征是由媒介生态、媒体品质和记者个性等多种因素决定的。媒介生态包括社会媒介体制、社会政治面貌、社会文化及社会心理；媒体品质包括媒体定位、媒体价值观、媒体的新闻制作标准等；记者个性包括记者的人格结构、自我印象、群体规范等社会环境。

1. 事实作品和易碎产品

新闻作品基于新闻事实采访活动产生，具有真实性和务实性，主要用来传播信息和观点。同时，新闻作品的时效性和时机性极强，是"机遇产品"，受到新闻事实是否发生，是否有较高新闻价值，是否有机会去采访，是否有机会发表等诸多因素的限制。整个创作过程只能在有限的新闻事实中选择，从报道选题、新闻事实到采访对象，再到新闻素材，无一不是根据新闻框架进行选择的结果。一般的文学作品重在创作，而新闻作品重在选择，是"选择产品"。❶并且，由于报刊版面、广播电视的时段等传播资源有限，必须配合整体新闻稿件的报道情况才能发表。这些因素决定了新闻作品创作的"抓活鱼"性质，机会稍纵即逝，得之不易，保鲜期短。

2. 追求效果的传播产品

新闻作品是快速、广泛传递信息和观点的具有务实性的"传播产品"，具有传播信息、整合社会的功能，传播效果集中，社会影响明显。新闻作品是新闻业最重要的产品，具有商品和文化属性，是报刊、通讯社、广播电台、电视台、网站等大众传播媒介安身立命的根本。媒体要想在激烈的竞争中立于不败之地，就必须追求独家新闻、独特视角、独家的议程设置，发出自己的声音，发出不同的声音，发出负责任的声音。❷

3. 以雇佣作品居多

新闻作品从采集到编辑、制作、刊播，如没有报纸、广播电视、期刊、电影制作等企业组织在管理和资金方面的投入就很难完成，绝大多数新闻作品的采制者和刊播者是新闻单位的职业传播者（记者、编辑和主持人等），分别隶属于报刊、通讯社、广播电台和电视台等新闻传播机构。尤其是对于广播电视作品来说，往往是集体创作和制作、播出的结果，其雇佣作品的性质更是毋庸置疑。因此，绝大多数新闻作品属于雇佣作品。

4. 具有历史认知价值和审美价值

每篇新闻报道都是历史发展过程中凝固了的瞬间，多姿多彩的文字、录

---

❶ 艾丰. 新闻写作方法论［M］. 北京：人民日报出版社，1994.

❷ 赵德群. 今天的新闻如何赢在"原创"［J］. 传媒观察，2011（3）.

音、录像、美术、多媒体新闻，为后人再现当时的图景提供了宝贵的记忆，让人重新体悟行为发生的当时、当地的境况。新闻最初的价值就在于尽可能快、尽可能广地传播给需要的人们，实现当时的信息传播价值。当时的新闻报道不能苛求彻底的真知、全面的图景和完全客观公正的评价。但是，随着报刊等新闻媒介的有机运动，新闻的历史认知价值开始逐步显露出来，组成事件的链条和多彩多姿的全景面貌，让后人有机会重温当时的情景。新闻记录了人类探索新知、真知的漫长历程，无限靠近事件的真相。时间的淘沥让一个个定格的瞬间被重新审视、综合解读，不断更新和加深人们的认知，丰富人类智慧的宝库。

从文本角度来讲，新闻作品具有新颖、典型和简洁的美学特征，讲究新闻事实基础上的原创性，追求"真、善、美"的品格，具备思想性、意境美、人文关怀，弘扬正确的、高尚的"善"的公平和正义；有些新闻作品讲求叙述策略等文学表现手法的运用，给读者以"美"的审美感受。❶"新闻是明天的历史，历史是昨天的新闻"。新闻作品应有意识地记录、分析、评论时代风云，因而具有时代性。埃德加·斯诺的《西行漫记》报道了中国的苏维埃运动，预见到中国革命的前途，产生了世界性和历史性的影响，成为中国新闻史和报告文学史上的经典新闻作品。邹韬奋、邵飘萍、范长江等很多知名记者的作品早已失去了新闻价值，但历史认知价值和审美价值却经久不衰。

第二节　新闻作品版权的概念和特征

一、新闻作品版权的概念

新闻作品的版权是指新闻作品的作者或其他版权人依法对其创作或投资的科学、文学、艺术作品所享有的精神权利和经济权利的总称，是创作者或投资者的专有权。不同法系对新闻作品版权的态度不同。

英美普通法系国家通常把新闻作品视为一种产品，强调新闻作品的经济属性，或者不承认新闻作品的版权，采用保护产品的《反不正当竞争法》加以保护（如美国）；或者承认其版权性，但是受到较大限制，尤其不重视作者的精神权利。

大陆法系的国家则把新闻作品视为一种真正的"作品"，强调作者精神权利基础上的经济权利。由于版权的实现是基于复制传播的一种权利，无传播就

---

❶ 巍然. 论新闻作品的审美特性 [D]. 济南：山东大学，2005：12.

无权利。对于新闻作品来说尤其如此，新闻作品的传播速度和广度直接决定了新闻的生死和价值。过于强调新闻的版权而保护版权人的垄断权利，会阻碍新闻作品的传播价值的实现；而过于强调新闻的信息属性和公共利益性质，则版权人的合法权益得不到保障，不能起到激励创作和创新、鼓励传播投资的作用，进而会影响新闻作品版权权利的实现。与一般作品相同，新闻作品的版权也可以分为经济权利和精神权利两部分。

二、新闻作品版权的特点

新闻作品的版权性，首先源于其原创性。其次，为版权新闻作品进行的资金、智力、劳务投入也有可能使新闻作品具有版权性。与一般作品相比，新闻作品的版权具有以下特征。

（一）原创性悖论

亚里士多德把"人工技艺"一分为二：对生活必要的艺术；为了消遣或快乐的技术。借用他的思路，可以把作品分为两类：提供信息的功能性作品和以文学形式提供审美快乐的作品。这种分类代表了人类智力成果的两极：实用价值的功能性作品和审美价值的作品。功能性作品或称事实作品（Works of Fact），是指对物质世界进行真实描述并代表它（representation of reality）的作品，比较典型的形式有地图、电话号码本、数据库和新闻记录等。其中的新闻作品的特点是，其价值不是由于作者的创作而产生，而是因为作者对信息、事实的采集而产生。其价值不在作品本身，而在于其记载的内容信息本身，在于对时间、地点、人物、过程等的真实描述，例如科学记录电影。作为事实作品，其中的新闻事实不属于版权保护的范围，新闻作品的原创性主要体现在新闻事实的表述和表达上。这类功能性新闻作品占据新闻作品成品的绝大部分。具有审美价值的作品以文学作品为代表，其中也包括以文学形式为公众提供审美快乐的新闻作品，如报告文学、新闻通讯，以及部分解释性报道和调查性报道等。

就知识产权法的客体来看，具备实用价值的功能性作品由专利法和商标法保护，具备审美价值的作品由版权法保护。二者的界限是相对清晰的，因此基本上也可以各得其所。然而，不幸的是，新闻作品兼其实用价值和审美价值，在权利保护方面落在了两者之间的盲区：既不能适用于保护功能性作品的专利法和商标法，也较难适用于保护审美作品的版权法。

首先，新闻作品具有极大的实用价值，是人类获得即时信息的最主要的手段，也是公众实现知情权利的基础，具有极强的经济价值。在美国，新闻业已经稳居版权产业的核心层。可是，新闻作品不像专利法、版权法保护的对象那样具有生产工具和手段的价值，其经济价值仍然稍逊一筹；新闻作品不可能适用于专利法和商标法，否则新闻作品不能公开传播，无法实现自身的价值。

其次，功能性新闻作品也较难适用于版权法，因为存在着原创性悖论。新闻作品是随着新闻业的发展从文学叙述中脱胎而来的，从文学书面语到新闻公报、客观报道中具有实用性的简练语言，再到深度报道、报告文学，再到新闻报道的借用小说手法写新闻，经过了一个循环，似乎有回到文学原点的倾向。但是，毕竟客观报道仍然是新闻作品的主流。由于新闻的实用性，决定了其真实性与审美作品的虚构性是天然死敌。而版权法所要保护的恰恰是基于内容虚构性基础上的原创性，毕竟表达方式创新的余地非常有限。这样，新闻作品的真实性与版权法保护的原创性形成了一个悖论：一方面，真实性要求新闻作品拒绝原创性，原创性越少越好，最好进行纯客观报道，因为真实性是新闻作品安身立命的根本，越真实越具有新闻价值；另一方面，版权保护的正是新闻作品的原创性，新闻作品的原创性越高，被版权保护的可能性就越大。尤其是处于新闻作品核心的事实性新闻作品，极端排斥内容的原创性；新闻作品越具有原创性，离真实性就越远，新闻价值就越低，甚至会自掘坟墓，走入死胡同。新闻作品的真实性几乎封死了内容的原创性的路径，新闻作品版权的原创性不得不在真实内容的表达方面寻找出路。由于新闻事实和事实表达之间的界限模糊，功能性新闻作品的原创性较难确认。

功能性新闻作品版权的这种原创性悖论是由新闻作品的专业特性决定的。新闻作品的创作源局限于单一的新闻事件上，忠于事实、忠于真理的客观报道理念不允许有任何合理想象和虚构；真实性、事实与观点分开被奉为新闻工作者的金科玉律，是新闻安身立命的根本。新闻作品的作者需要彻底放弃、隐藏自身的倾向性和想象力，给人以真实、客观、公正的印象，视创造性为雷区。加之，新闻作品作为一种易碎品，时效性很强，多数新闻作品的创作都有较严格的时间限制，这使得记者在创作过程中个性思维的发挥受到很大的限制，也造成新闻作品在原创性上低于其他作品类型。而版权法要保护的恰恰是新闻作品极力避免的原创性，正是这一悖论让"新闻作品一直徘徊在《著作权法》保护的边缘"。[1] 正是基于上述原因，新闻作品的原创性主要体现在距离新闻事实较远的新闻作品上。文字新闻作品的原创性主要集中在新闻美术作品、新闻摄影作品、新闻视听作品上，体现在汇编作品、新闻专业论文方面。新闻作品原创性的大小，依次为新闻专业论文、演绎作品、汇编作品、新闻记录电影、新闻美术作品、解释性报道、广播电视专题等。

不仅如此，由于历史的原因，不同国家对原创性的含义的理解和要求不

---

[1]　张诗蒂. 新闻法新探 [M]. 成都：四川大学出版社，2008：219.

同，原创性的认定变得非常复杂，需要综合各种因素来准确界定原创性的含义以及判定特定作品中原创性的有无。

（二）作者权利被挤压

新闻作品版权的主体以新闻传播组织为主，作者权利被挤压而流向传播机构。由于绝大多数新闻作品为雇佣作品，新闻作品版权的保护与雇佣作品的法律规定密切相关。普通法系规定雇佣作品的原始版权归属于雇主即媒介组织，作品被当作一般的产品对待，就像工厂里的产品属于工厂主一样，没有任何争议。产品的创作者、生产者和传播者像一般工人那样，只是拿到工资；产品的归属与生产者无关，根本谈不上作者的署名权和保护作品完整权等版权权利。作者不可能在雇主的产品上署上自己的姓名，作者的所有权利都失去了根基。媒介组织被视为作者，享有各种版权法赋予的权利；作者仅仅依靠雇佣合同获得报酬，作者的版权权利几乎可以忽略不计。

大陆法系虽然重视作者权利，但是往往首先站在媒介组织的角度限制作者权利的行使，作者权利的空间也非常有限，雇佣新闻作品的署名权和保护作品完整权也得不到保障。新闻作品的署名需要遵循新闻业的行业惯例，不便署名的新闻作品不强制要求署名。由于新闻作品发表资源和时效性的限制，编辑拥有较大的删改权，甚至会改变作品的体裁，由通讯改写为消息，或者仅仅是摘编成综合消息的一部分，很难保证作品的完整权。行使收回权也是不太可能的，因为新闻一经公开传播，基本上就丧失了主要价值，收回的必要性不大。

功能性新闻作品存在着版权原创性悖论，新闻作品中真实性越高，作者的原创性就越低。可以享有版权保护的新闻作品多为集体作品、汇编作品、美术作品、摄影作品等边缘新闻作品，每种作品涉及两个甚至多个版权主体，并且大多与邻接权有关，作者的各项权利被弱化难以避免。

（三）邻接权较多

有不少新闻作品需要智力投入，这些劳动要求相关人员具备科学技术、艺术或组织方面的能力，但是他们对作品的表现活动却不产生任何具有原创性的智力成果，比如新闻记者的调查研究、录音报道的制作、新闻记录片的拍摄、新闻作品的广播电视播放、转播、新闻媒介的编审等。这些精神投入行为与精神创作不同，后者把个人的智慧体现在表达形式上并获得具有原创性的、独立的智力成果，产生了作者权保护的客体。精神投入行为则未能把自己的精神付出表现在成果中，仅仅具备区别于其他成果的客观上的特征，不包含精神智力创作的成果。区分新闻作品中被保护的智力原创性和为新闻作品付出的劳动投入的关键在于，付出的人是否能够被替换。如果付出投入的人可以被替换，他做出的成果别人同样也可以为之，这就属于精神方面的劳动投入；如果不可替换，就属于精神创作。智力投入的新闻作品应该享受邻接权保护。精神投入和新闻作品所包含的原创性一起构成新闻作品版权性的基础，如无其他法律规定，均应得到版权法保护。

（四）版权限制较多

由于新闻作品承担着传递信息的社会功能，世界各国的版权法纷纷根据现实需要，使保护的天平更倾向于公众利益，做出了众多的版权限制；把新闻事实、新闻事件、新闻内容乃至纯事实新闻作品成品排除在版权保护之外，设置了较多的合理使用的条款和法定许可范围。除了评论、教育、科研、公共机构等合理使用的一般条款之外，世界各国的版权法中几乎都为新闻作品的创作特别放宽了合理使用的条件；新闻作品在创作过程中合理使用其他版权作品的机会增多，所占的比重增加，其中也包括与之有竞争关系的新闻作品，这进一步削弱了新闻作品的版权性。与一般作品相比，无论是精神权利还是经济权利都被大大削弱。

（五）维权难度大

新闻作品的数量庞大，分布广泛，时效性极强，公开传播的速度快、地域广，更容易遭受侵权；侵权救济的时间性要求较高，期限较短，维权难度很大。占绝大多数的职务新闻作品的原始版权在很多情况下属于或让与新闻媒介，新闻媒介面对数量众多的侵权，很难针对被侵权的新闻作品逐一要求版权保护，往往转而寻求反不正当竞争法的保护。与此同时，由于部分作品被排除在版权保护之外，作者的精神权利的保障就存在法律适用上的困难。无版权的新闻作品同样需要其他法律协助保护。本应由版权法进行调整和平衡的新闻产业内部的传媒产业之间的经济竞争关系，不得不求助于反不正当竞争法、民法等其他法律的效力。即使版权保护水平较高的美国和德国，也不得不求助于反不正当竞争法，维权的困难程度可以想见。

在中国，由于新闻媒介的政治定位、经济属性、市场地位的影响，在新闻版权意识欠缺的大环境下，维权需要付出高昂的时间、精力和经济成本。即使胜诉，获得的赔偿也往往不能抵消维权的成本付出，所以媒介组织或新闻作品创作者等版权人常常放弃正当权利的保护。这也从反面说明了新闻作品版权研究和保护的紧迫性和重要性。

本 章 小 结

版权法框架下的新闻作品的概念与一般新闻作品不同，包括一切与新闻有关的作品，即新闻从业人员在新闻采写、制作、刊播、解读、研究过程中创作的作品、最终作品及其他相关作品的总和；除了新闻作品成品之外，还包括新闻附随作品、新闻伴生作品、新闻演绎作品、新闻研究作品等。新闻作品是事实作品和易碎作品，是追求传播效果的产品，以雇佣作品居多，具有历史认知价值和审美价值。由于存在着版权原创性悖论，新闻作品的版权更多地表现为对版权人权利的限制，作者权利被挤压，邻接权较多，版权限制较多，维权难度大。

第二章　新闻作品版权的历史

新闻作品诞生之后，依次经历了口头新闻、手抄新闻、印刷新闻、电子新闻和网络新闻阶段。新闻作品版权意识的萌芽可以追溯到手抄新闻时期，版权的形成是伴随着印刷术的广泛应用开始的。根据新闻业的发展历程和版权的发展特征，在世界范围内都可以将新闻作品版权的演进过程划分为新闻版权形成时期、新闻版权权利时期和世界版权权利时期，❶ 只不过时间区间不同。

第一节　世界新闻作品版权的演进历程

一、新闻版权形成时期

在世界范围内，新闻版权形成时期指从新闻版权萌芽到 1709 年《安娜法令》颁布的阶段。

欧洲在经历了文艺复兴、宗教改革、罗马法复兴运动之后，这些国家的市民阶层以自然法理论为基础，在自由资本主义经济土壤里孕育了保护知识产权的法律制度。由于政治、社会、经济和文化意识的差异，在版权保护领域形成了风格迥异的法律传统。普通法系国家在"财产价值观"的基础上，奉行"商业版权"学说，认为版权是一种可以转让的财产。大陆法系国家则将"人格价值观"作为版权立法的哲学基础，在注重作者的精神权利的同时保护其经济权利。

新闻作品版权是版权保护制度发展到一定阶段的产物，与整个版权保护水平密切相关。新闻作品版权产生的前提和基础是新闻作品的出现。从新闻活动到新闻意识再到新闻作品，经历了漫长的形成过程。从内容上看，新闻作品所记录的新闻信息由一般信息与其他信息不分的混沌状态逐步过渡到二者分离的状态（杨保军，2008）。当然，这是一个渐进的过程，很难为这种分离找到一个截然分开的时间点。"可以看作世界上最早的日报"的是公元前 59 年的罗

---

❶　周林，李明山. 中国版权史研究文献［M］. 北京：中国方正出版社，1999：17.

马《每日纪闻》。根据《牛津辞典》的解释，将"新闻"解释为"新鲜报道"之义则是 1423 年的事情。

尽管"版权是随着印刷技术、市场经济以及占有性个人主义的古典自由文化发展而产生的特殊的现代构造物（modem formation）"，● 但是，新闻作品版权意识的产生却远远早于印刷新闻时代，可以追溯到文字新闻出现之后的手抄新闻时期。在手抄新闻时期，新闻作品尚未从一般文学作品中分离出来；手抄新闻信等新闻作品作为一般文学作品处于特许法令的保护之下，开始了新闻作品版权意识的萌芽。在中世纪中叶（1000—1400 年），牧师和贵族通常通过新闻信和书籍表达感情，交流思想。12 世纪时先后在巴黎和欧洲其他大学城中出现了长期的新闻信手稿和书籍交易，出版商在大学严格的管制下组织文本的再生产，由大学的权威们检查文本、控制价格并且要求把书借给那些想要复制或者想要专门为自己制作一份复本的人。❷ 他们的版权意识已经见诸行动。

随着资本主义萌芽的出现，新兴资产阶级的文化需求让出版商嗅到了商机，印刷术的广泛引用开启了向版权制度时代过渡的大门。1450 年（一说 1455 年），约翰内斯·古登堡（Johann Gutenberg）在资本家商人的赞助下，在德国梅因茨把酿酒压榨机改装为印刷机，被欧洲人奉为印刷术的诞生。1469 年，威尼斯共和国授予印刷商冯·施贝叶（J. von Speyer）为期五年的印刷书籍的特权经营权。1504 年，英王亨利七世加以效仿，任命威廉·福克斯（William Facques）为皇家印刷商，授予其负责印制皇家发布的公告宣言书、成文法及其他文件之专有权。此后，又颁布《星法院法》，仅授予特许"出版商公司"以印刷出版特权。1662 年，英国颁布《特许证法》，建立了特许制度。由于 1694 年的《特许证法》续展时未能获得议会通过，造成图书盗印活动猖獗，出版商强烈要求通过不用续展的专门法律保护其翻印特有权。

与此同时，作者对其所著之书享有权利的要求也日益受到重视。早在 1525 年，德国宗教改革的领袖马丁·路德（Martin Luthet）在一本题为《对印刷商的警告》的小册子中指责盗印者的行为与拦路抢劫的强盗毫无二致。1707 年，图书业的 13 位成员在向下议院提交的提案中指出，"文学产权"应当属于作者或者其受让人或者复制本的购买人。

鉴于图书出版商、作者和自身政治舆论控制的多重需求，1709 年，英国议会通过了世界上第一部版权法《安娜法令》，目的是防止印刷者不经作者同意擅自刊印、出版作者的作品，鼓励有学识的人创作高质量的作品。《安娜法

● 周林. 知识产权研究·第 19 卷 [M]. 北京：知识产权出版社，2010：81.
❷ 贝蒂格. 版权文化：知识产权的政治经济学 [M]. 沈国麟，韩绍伟，译. 北京：清华大学出版社，2009：15.

令》从主要保护印刷出版者转为主要保护作者，成为版权概念近代化的标志。❶

随着印刷术广泛应用于新闻报刊，新闻业快速发展壮大。然而，印刷技术促进新闻报刊业发展的同时，也给不法商贩盗印新闻作品打开了方便之门。作为在自由市场竞争中的无形的知识产品，时刻面临着被盗用的问题。英国至少在1711年就已经开始保护作者对其新闻作品的所有权利。是年颁布的《饮料和纸张征税法》（*Duties 013 Sope and Paper Act*），被视为《安娜法令》的重要历史性注释。该法规定提高"内容包含公共信息、情报、突发事件的新闻和报纸的"普通税（general duty），并且规定，如果所征税款未予缴清，"那么，作者就会丧失对作品的所有权利"，任何人都可以"自由印刷、出版"这些材料。❷ 这项规定说明当时的法律已经保护作者自由印刷、出版新闻作品的所有权利。《安娜法令》以及同年颁布的《饮料和纸张征税法》说明，新闻版权已经开始走上制度化的进程，进入新闻版权权利时期。

二、新闻版权权利时期

新闻版权权利时期指从1709年《安娜法令》颁布到1886年《伯尔尼公约》签订。这一时期的新闻版权客体主要是印刷作品，世界主要国家均站在各自国家的利益上保护自己的新闻作品，版权保护的范围逐步扩大，不断出现作者权和邻接权制度，为国际版权保护体系的形成打下了基础。

随着新闻业的发展，新闻作品变成了新闻业的核心产品，新闻人开始面对产业利益的流失和更多的版权问题，不得不寻求版权的保护。各国对于报纸新闻作品的版权保护颇有歧异。

（一）英国曾保护所有新闻作品

英国1842年的版权法规定，"一切文学著作，国家准予版权"。各种报纸因为登载各种事实，与一般公众密切相关，如果不予版权，那么报界就很难见到有特色的新闻作品，因此，由英国"爵臣曼斯斐议定，（将新闻作品）永远载在法律之内"。国家既然有此法律，则报馆亦应享有其权利，"政府遂特许之"。"无论普通专门论说，紧要新闻"及"一切极难探听之事"，"须阅久时、耗重资，乃能得其要领者"，"皆在保护版权之例"。❸ 因此，"圣哲姆斯报不能将泰晤士报机迫林所著的论说改头换面，抄录到自己的报纸上"，"魄尔墨尔

❶ 郑成思. 版权法 [M]. 北京：中国人民大学出版社，2009：14.
❷ 周林. 知识产权研究·第19卷 [M]. 北京：知识产权出版社，2010：75.
❸ 斯克罗敦，普南，罗白孙. 版权考 [M]. 周仪君，译. 北京：商务印务馆，光绪二十九年九月（1903年9月）. 转引自：周林，李明山. 中国版权史研究文献 [M]. 北京：中国方正出版社，1999：67.

报所登之澳洲赛拍球的电报新闻，其他报也不得抄袭"。据此，在 1842 年的英国，不仅报纸论说可以享有版权，而且"澳洲赛排球"之类的纯新闻也在版权保护之列。

然而英国于 1886 年签署的《伯尔尼公约》却规定，不保护"每日新闻和纯属报刊性质的事实"，这就造成了法律适用上的矛盾。1900 年发生阑痕之案时，"有议员问一千八百四十二年所定之著作权，是否将人演说之文章，概括在内"，当时的 4 名法官中只有"劳白生爵臣独不谓然"。❶

（二）美国采用版权二元保护模式

在美国独立时代，大多数州就参考 1709 年的英国《安娜法令》制定了本州的版权法。1787 年通过的《美国宪法》规定了版权保护条款："国会有权赋予作者及发明者对由其所创造的作品和发明享有一定期限的专属权利，以达到促进科学与实用技术进步之目的。"❷ 1790 年 5 月 31 日，美国第一届国会同样参照《安娜法令》制定了第一部版权法，开始沿着联邦成文法与各州普通法两个方向发展，形成"二元化保护"的立法传统。

普通法保护未刊行的新闻作品。报馆及报会所采集的新闻，如果未经刊行，则按照普通法保护，被视为作者的一种财产，就像家具器物一样，他人不得擅自窃取。

版权法（成文法）保护的前提条件是在刊行之前履行注册手续。新闻文稿一经刊行，普通法律的保护便立即终止。如果再想获得保护，需求助于版权法，否则就会进入公共领域，变成公众业产。刊行的标准是将原稿付诸排版印刷，出售给社会公众；无论出售数量，均视为刊行。刊行之后，新闻文稿即为公共财产，任何人皆可重印发售，原作者以及他人均不得请求版权保护。❸

日报杂志之类的作品也可以请求版权保护，只是每出版一次必须重新请求版权。如果著述只是"作告白之用"则无版权，即不保护纯信息、公告性质的新闻。新闻著述如有文学或美术方面的趣味则可以依照版权法要求获得版权。

即使无版权的新闻作品，其翻译版本作品也可以请求版权保护，以禁止他人翻印其译本。但是，不得因此禁止他人重译。未取得版权而标注版权字样则会遭到罚款。发行之前应先寄送两份文本存放到版权注册处，如果在寄存之前

────────────

❶ 斯克罗敦，普南，罗白孙. 版权考 [M]. 周仪君，译. 北京：商务印书馆，光绪二十九年九月（1903 年 9 月）. 转引自：周林，李明山. 中国版权史研究文献 [M]. 北京：中国方正出版社，1999：67.

❷ 李响. 美国版权法：原则、案例及材料 [M]. 北京：中国政法大学出版社，2004：8.

❸ 休曼. 实用新闻学 [M]. 史青，译. 上海：上海广学会，1913. 转引自：松本君平，等. 新闻文存 [M]. 北京：中国新闻出版社，1987：264.

刊发则版权无效。版权期限自注册之日起为 28 年，在到期前的 6 个月内，作者有权申请延展 14 年。版权可由妻、子继承，总版权期限最长为 42 年。

（三）版权客体范围不断扩大

随着科学技术的快速发展，版权保护的客体迅猛增加。

自 1709 年颁布《安娜法令》开始，英国逐步在全社会范围内确立起了版权制度。1842 年的版权法规定"一切文学著作，国家准予版权"。

美国 1831 年的版权法，首次将音乐作品、印刷品和雕刻艺术品纳入了版权法的保护客体范畴。1865 年版权修正法案把照片和底片列入了版权保护客体范围。1870 年 7 月 8 日修订的版权法在受保护的作品中增加了绘画、彩印画、雕塑、美术作品的模型或设计。

法国版权制度是在 18 世纪末叶从保护作者表演权利开始的。1791 年颁布了保护表演者权利的《表演权法》。1793 年颁布的第一部版权法《作者权法》（《复制权法》）规定了作者、作曲家、画家、雕刻家对自己的作品享有专有权。

1871 年，德意志第二帝国建立后颁布了《文学作品、摘要、说明、乐曲和戏剧作品著作权法》，1876 年又推出《艺术作品保护法》和《保护摄影作品反对未经授权而仿制法》，保护雕刻及雕塑艺术、摄影作品。

（四）版权保护亟待国际协作

版权法有严格的领土性，效力只限于本国境内。在版权保护制度的初期，表现为君主特许权。然而，19 世纪下半叶，随着科技的日益进步和工业生产的迅速发展，许多文学艺术作品冲破国界流入他国。版权的地域性限制与文化知识的国际性需求之间出现了巨大的矛盾。各国版权法对于国外出版的本国作品鞭长莫及，不能提供保护，一个国家的优秀作品被他国大量翻译、盗印的情况日趋严重。比利时的许多出版商专门翻印法国图书，美国、加拿大的出版商大量翻印英国的图书，导致英法等国的出版商因无力与廉价盗版图书竞争而破产。各国常常站在本国利益的基础上制定保护政策，无意保护别国作品的版权利益。英法等国亟须建立一种双边或多边协作保护版权作品的制度，英国、法国、德国、意大利、瑞士等 10 国于 1886 年 9 月 9 日签署《伯尔尼公约》，版权保护进入了世界版权权利时期。

三、世界新闻版权权利时期

自 1886 年 9 月 9 日通过《伯尔尼公约》至今，为世界版权权利时期。到 20 世纪六七十年代，现代版权法定型。此后，各国不断根据传播技术的发展而出现的版权客体保护需求，修正其版权法。

这一时期，世界主要国家先后签订了《伯尔尼公约》《世界版权条约》《罗马公约》等世界版权公约，基本反映了当今世界新闻作品版权制度化的演进过程。

（一）《伯尔尼公约》

《伯尔尼公约》的前身是 1878 年的国际文学艺术协会。1883 年，该协会将一份经过多次讨论的国际公约草案递交给瑞士政府。1886 年 9 月 9 日在瑞士伯尔尼正式签订《伯尔尼公约》，原始签字国有英国、法国、德国、意大利、瑞士、比利时、西班牙、利比里亚、海地和突尼斯 10 国。公约于 1887 年12 月生效，成为世界上第一个国际版权公约。所有参加这一公约的国家组成伯尔尼联盟，选出了联盟的国际局，管理、接纳后来的参加国，负责公约的修订。中国于 1992 年 10 月 15 日成为该公约成员。

1. 1886 年：政事论说、时事记载及杂报的转载不受限制

《伯尔尼公约》于 1886 年正式签订时，英国、美国的大众化报业已经办得如火如荼，竞争激烈，新闻作品版权保护需求强烈，但是由于新闻传播的公益性质，不得不做出版权限制。公约第 7 条规定，同盟国公布的新闻纸及定期刊发之作品，如果著作者或发行者并未明示禁止，其他同盟国可以尽照原文翻译转载。如果想禁止转载此类作品，应在每期（号）前页明确注明。但是，政事论说、时事记载，及杂报的转载，不在此限。❶ 故《版权考》声称"该公约却未曾载明（新闻作品）是否属于版权保护之列"❷ 是不确切的。

在 1886 年《伯尔尼公约》之《终局议定书》中规定，带有美术性质的写真（照片）著作也受本条约保护。版权美术作品的翻印照片，均依著作原主翻印权的期限给予保护。保护期限为自作品公布起 10 年，以版权公布之年的12 月 31 日作为发行之日。报告书类及杂志等期限的计算，根据各卷各册各自区别（第 5 条）。

版权保护的客体包括书籍、剧本、乐谱、图画、油画、雕刻铜版画及地理学、建筑学及其他一切学术的图画模型，无论何等印刷，凡可以用翻印方法公之于世者，都在文艺学术范围之列（第 4 条）。

2. 1896 年：转载报刊中的小说、记事须经版权人许可

1896 年 9 月 5 日在巴黎签署的《创设万国同盟保护文学及美术著作改正条约》对 1886 年文本的第 7 条作了修改：新闻纸和期刊的可以自由转载作品

---

❶ 周林，李明山. 中国版权史研究文献［M］. 北京：中国方正出版社，1999：26.

❷ 斯克罗敦，普南，罗白孙. 版权考［M］. 周仪君，译. 北京：商务印务馆，光绪二十九年九月（1903 年 9 月）. 转引自：周林，李明山. 中国版权史研究文献［M］. 北京：中国方正出版社，1999：67.

中排除了小说和其余记事之作，如需转载必须经作者或承继人许可。该修正条约第 1 条第 4 款规定："凡各同盟国之新闻纸及定期刊发行之件，所载一切小说及其余记事之作，非得著作者或其承继人允诺，不得照原文翻译转印。"❶不过，关于政事之论说及时事之记事及杂报的规定没有变化，依然不受任何限制。对《终局议定书》中关于写真（照片）的条款作了修正，增加了与写真相类似方法所做的物件。

对报纸期刊作品的版权进行了限制。报纸及期刊的作品，除非作者或发行者明确表示禁止，同盟国均可完全依照原文翻译转载。如果期刊作品禁止转载，需要在每期的前页发表声明。但是议论政事，记载时事、转载杂报不受任何限制。保护期限为自作品公布起 10 年，以版权公布之年的 12 月 31 日作为发行之日。报告书类及杂志等期限的计算根据各卷各册各自区别（第 5 条）。

3. 1908 年：版权客体增加了电影、摄影作品

1908 年的柏林会议，公约的名称正式确定为《保护文学艺术作品伯尔尼公约》。对保护客体的概念作了更完整的定义并扩大了保护客体的范围，增加了电影作品和摄影作品等，承认翻译权在整个版权有效期间内的有效性，承认作者有权在电影中复制和公演他的作品。❷

4. 1928 年：有条件保护口头作品，开始保护精神权利

1928 年，《伯尔尼公约》在罗马进行第二次修订。公约第 2 条把口头文学作品（比如讲义、讲话、布道等）归入所要保护的作品之列。在补充条款第 2 条之二中规定，国家有权部分或全部取消政治报告、立法会议、公众会议或法庭上的发言的版权，有权确定准许报刊上使用讲演、布道和讲话的条件。公约宣布对作者的"精神权利"给予保护，即使出版物、版本、演出等经济权利转让时精神权利也仍然归个人所有。尽管大不列颠和挪威代表团提议把保护录音带的规定也加到公约的条文中去，但未被采纳。❸

5. 1948 年：规定了报刊时事性文章的合理使用

1948 年在布鲁塞尔对公约进行第三次修订时，在第 2 条（受保护客体条款）中，增加了"电影作品"或类似摄影方法创作的作品，将文学艺术作品的汇集（如百科全书、资料汇编）增加为公约保护的对象。布鲁塞尔文本第 2 条第 8 款规定：公约的条款不适用于"新闻"或是具有报纸消息性质的各种材料。苏联的马特维耶夫在《国际著作权公约》中认为之所以有这样一条例

---

❶　于宝轩. 皇朝蓄艾文编（卷七十三，"学术"五）[M]. 上海：上海官书局，光绪二十八年（1902年）. 转引自：周林，李明山. 中国版权史研究文献 [M]. 北京：中国方正出版社，1999：58 – 59.

❷　马特维耶夫. 国际著作权公约 [M]. 李奇，译. 天津：南开大学出版社，1987：7 – 8.

❸　马特维耶夫. 国际著作权公约 [M]. 李奇，译. 天津：南开大学出版社，1987：9.

外，是因为在这种情况下，涉及的不是作品，而仅仅是一些没有作者也不具有创作性质的事实材料。但是这不意味着记者使用这些材料写的文章不受保护。❶

布鲁塞尔条文中直接规定了可以合理使用的作品的范围：报刊转载时事经济、政治或宗教题材的文章，必须注明出处，但是作者指明不准转载的文章除外（第9条第2款）；使用包含新闻内容的材料或是其他具有新闻性质的资料（第9条第3款）；从报刊文章中摘引片断和将其收入报刊述评中（第10条第1款）；政治性质的演说和讲话或是诉讼案的部分内容的转载（第2条之二；第5条第1款）；在报刊上转载讲课或某些其他口头演说（第2条第2款）；在借助摄影、电影和无线电播送新闻时记录、复制和以其他方式使用简短的片断（第10条之二）；广播组织专门为了自己的需要而进行的录音（第11条之二、第3款）；科学和教育刊物或是文选中收录科学或文艺作品的片段（第10条第2款）。❷

6. 1967年修订：增加了保护电视作品和电影作品的专门条款

1967年的斯德哥尔摩会议讨论的重要问题之一，是电视作品与电影作品同化的问题。在斯德哥尔摩文本中，电视作品如果是以电影类似的方法表现的，就等同于电影作品。然而第2条第2款规定，只有遵守关于广播要以物质形式加以确定这一总规定的情况下，才有权给电视广播以保护。为了解决矛盾，在第2条中建议用专门条款来确定"以能造成类似电影的视觉效果的方法表现的作品并以物质形式加以固定的，均应视为电影作品"，❸ 这样就覆盖了电视片的保护。但是，现场转播的作品如何保护还是个悬念。

根据斯德哥尔摩文本的规定，在电视上公演唯一的电视片拷贝，也视为出版，这发展了作品出版的概念并为电影作品（包括电视影片）的保护创造了新的条件。第10条第1款规定，允许合法引用作品，引用要符合实际，其数量不应超过为达到引用目的所需的数量，包括在新闻简讯中使用报刊上的文章。第2条之二第2款把使用条件留给国内立法来确定：各国自行决定在什么条件下，为了报道新闻，如在标明文章出处的前提下，可以在报纸、无线电或有线广播中复制使用讲演、讲话和其他给公众宣讲的类似作品，可以使用在报刊、无线电或有线广播中转载使用在报纸或期刊上发表的有关时事经济、政治或宗教题材的文章，除非版权所有者公开禁止对上述作品的使用。公约斯德哥尔摩文本明确规定：上述允许复制的文章仅限于在报纸上或期刊上发表的材料。

---

❶ 马特维耶夫. 国际著作权公约 [M]. 李奇，译. 天津：南开大学出版社，1987：39.

❷ 马特维耶夫. 国际著作权公约 [M]. 李奇，译. 天津：南开大学出版社，1987：30 - 31.

❸ 马特维耶夫. 国际著作权公约 [M]. 李奇，译. 天津：南开大学出版社，1987：37.

第 10 条之二第 2 款规定，国内立法有权确定：为了报道时事新闻，通过照相、有线和无线通讯中使用文学与艺术作品可以不作限制。为了教学目的可以根据惯例在刊物插图中、无线电广播中、录音或录像中使用作品。

增加了保护电影作品和电视作品的专门条款，是斯德哥尔摩会议最有意义的成果之一。在第 14 条之二中把电影作品（包括与其同等的电视作品）看作独立作品，其版权所有者享有同原著版权所有者同等的权利。电影作品的版权属于所有为创制影片做出创造性贡献的人，如无相反约定不能反对电影作品的复制、发行、公开放映，以及对公众进行有线广播、向太空转播或是用其他方法向公众报道，及对影片的文字作字幕说明或是译制（第 14 条之二第 1 款 2 项）。规定的实质是把电影作品及同类电视作品的创制人手里的权利转让到制片商手中。此举在斯德哥尔摩会议上及以后均受到指责和批评。电影作品的保护期限确定为从作者去世之日起 50 年，同时成员也可以规定从作品公开上映或完成的时间算起。对于摄影作品，该文本规定了从作品制成之日起 25 年的最低保护期限。国内法可规定不经作者同意的强制复制、强制翻译和转播权限制，但是必须尊重作者的精神权利，付给适当的报酬。

（二）其他国际版权条约

《世界版权条约》、TRIPs 协议等其他世界版权条约不同程度地涉及新闻作品的版权问题。

1. 《世界版权条约》：实行非自动保护原则

1952 年，联合国教科文组织在日内瓦缔结了《世界版权条约》，旨在把美国和《泛美版权公约》内的国家纳入世界版权保护体系。中国于 1992 年加入《世界版权公约》，加入时未签署"附加声明"和两项议定书。该公约保护水平较低，在版权国际保护方面，《伯尔尼公约》已基本将其覆盖。与《伯尔尼公约》不同，《世界版权条约》实行非自动保护原则。如果成员按照国内法把履行手续作为版权保护的条件，其他国家国民的作品复制件上只要在显著位置标有© 版权标识及版权人姓名、首次出版年份即可。

《世界版权公约》第 4 条第 3 款规定，摄影作品和实用艺术品是"可保护"的作品，由各成员自行规定是否进行版权保护。公约没有提及不受保护的客体，但是，联合国教科文组织前总干事姆博（A. M'Bow）在该组织 1960 年的一份文件中曾提到，《世界版权公约》成员可以根据本国法律，把法规条文、政府文件、司法判决、纯新闻报道、在公开集会上的演讲等排除在受保护作品之外。❶ 公约保护的版权主体是成员国国民，除了作者之外，没有直接参

---

❶ 郑成思. 国际版权惯例［M］. 贵阳：贵州人民出版社，1994：44.

加作品创作的雇主或委托人作为投资人也称为版权保护的主体。

2. TRIPs 协议：电影、录音制品等实施最惠国待遇原则

TRIPs 协议第 2 条知识产权公约规定："本协议第一至四部分之所有规定，均不得有损于成员之间依照巴黎公约、伯尔尼公约、罗马公约及集成电路知识产权条约已经承担的现有义务。"

由于新闻作品的国际贸易很少，TRIPs 协议中没有关于新闻作品的直接规定，但是，除非另有规定，确立的版权使用原则同样适用于新闻作品。与原有的知识产权条约以主权国家为主体不同，TRIPs 协议的主体是独立关税区。最惠国待遇原则要求：除非另有规定，在知识产权保护上，某一成员提供给其他国国民的任何利益、优惠、特权或豁免，均应立即无条件地适用于全体其他成员之国民。

协议成员应授予电影作者及其合法继承人许可或禁止将其享有版权的作品原件或复制件向公众进行商业性出租的权利。如果出租已导致电影作品广泛复制，严重损害了成员授予版权人的复制专有权，成员则应授予版权人出租权（第11条）。

除摄影作品或实用艺术作品外，非自然人作品的保护期不得少于经许可而出版之年或完成之年年终算起的 50 年。表演者应有可能制止固定其尚未固定的表演，以及将已经固定的内容加以复制，有权制止以无线方式向公众广播和传播其现场表演。

录音制品制作者有权许可或禁止对其作品的直接或间接复制。广播组织应有权许可或禁止将其广播以无线方式重播、固定、将已固定的内容复制、电视广播。如果某些成员不授予广播组织上述权利，则应依照《伯尔尼公约》1971 年文本，使对有关广播之内容享有版权之人有可能制止上述行为。协议成员可以只保护广播电视节目中作者的权利而不保护广播组织的权利。

表演者权及录音制品制作者权的保护期为自有关的固定或表演发生之年年终延续到第50年年终。广播组织权利的保护期自有关广播播出之年年终算起至少20年。

协议成员可在《罗马公约》允许的范围内，对上述三项权利规定条件、限制、例外及保留。但《伯尔尼公约》1971 年文本第 18 条应在原则上适用于表演者权及录音制品制作者权。

3. 《罗马公约》：保护表演者、录音制品制作者、广播组织的邻接权

中国没有加入 1964 年 5 月 18 日生效的《罗马公约》，但是该公约规定的大部分义务，却必须遵守。因为中国已于 2001 年 12 月 11 日加入世界贸易组织，签署了 TRIPs 协议。该协议第 2 条要求全体成员不得有损于成员之间依照

《巴黎公约》《伯尔尼公约》《罗马公约》及《集成电路知识产权条约》已经承担的义务。❶

《罗马公约》规定了表演者、录音制品制作者、广播组织享有国民待遇的条件。表演者必须是成员国国民的表演行为发生在成员境内；或者在成员内首次录制或者被首次广播。录音制品录制者须同时符合国籍标准、录制标准或发行标准。广播组织的总部设于任何一个成员内，且从该成员的发射台播放。国民待遇的实质是保护某一成员内本国的表演者、录音制品制作者、广播组织在本国从事表演、制作录音制品、发射广播信号的行为。

在录音制品录制者享有专有权方面，实行非自动保护原则；必须在录音制品上附加三种标记：在发行的录制品复制品上或者包装物上注明⑫（英文 Phonogram 的字首略语 P 外加一个圆圈），首次发行年份和版权人姓名。

表演者权包括未经许可不得广播或向公众传播其表演实况（专为广播目的的演出除外），不得录制其从未被录制过的表演实况，不得复制以其表演为内容的录音制品（公约另有规定者除外）。录制者权包括未经录制者许可，不得直接或间接复制其录音制品。广播组织权包括未经广播组织许可，不得转播其广播节目，不得录制其广播节目，不得复制未经其许可而制作的对其广播的录音、录像（公约另有规定者除外）。

4.《录音制品公约》：可以采用版权法或其他法律保护录音作品

1971 年 10 月，在修订《伯尔尼公约》和《世界版权公约》的同时，在日内瓦缔结了《保护录音制品录制者防被擅自复制公约》（简称《录音制品公约》），于 1973 年 7 月生效。中国于 1993 年加入该公约，同年 4 月 30 日生效。

国民待遇原则仅仅保护公约成员的国民（国籍原则），成员在该公约生效之前以首次录制地为标准（录制标准），但加入后不得同时采用两种标准。

保护条件和《罗马公约》相同（非自动保护原则）。允许成员不以版权法保护录音制品录制者权，可以采用反不正当竞争法、刑法或者其他专门的单行法加以保护。这种"开放性"做法使没有版权立法的国家也可以加入公约。

公约规定，禁止未经录制者许可而复制其录音制品；禁止进口和销售未经许可而复制的录音制品。保护期限为从录音制品完成的年份的年底算起 25 年。各成员可以在国内法律中为录音制品制作者的保护，规定与允许对文学和艺术作品作者的保护所作的相同的限制。

5. WCT 和 WPPT：版权延伸至数字作品和网络传播环境

《世界知识产权组织版权条约》（WCT）和《世界知识产权组织表演与录

---

❶ 李明德，许超. 著作权法 [M]. 北京：法律出版社，2009：290.

制制品条约》（WPPT）均于 1996 年 12 月 20 日由关于作者权和邻接权若干问题的外交会议在日内瓦通过，于 2002 年 5 月 20 日生效。中国于 2007 年 3 月 9 日加入 WCT 和 WPPT，同年 6 月 9 日生效。中国加入 WPPT 时声明不适用该条约第 15 条第 1 款规定，即对于将为商业目的发行的录音制品直接或间接地用于广播或用于对公众的任何传播，表演者和录音制品制作者在中国不享有获得一次性合理报酬的权利。由于香港自 1997 年回归之后根据基本法单独制定、实施版权法，因此在香港生效的日期是 2008 年 10 月 1 日。并且，对于上述第 15 条第 1 款的规定，在香港适用于录音制作者。澳门回归后同样单独制定、实施版权法，暂时不适用这两个条约。❶

WCT 关于第 1 条第 4 款的议定声明：《伯尔尼公约》第 9 条所规定的复制权及其所允许的例外，完全适用于数字环境，尤其是以数字形式使用作品的情况。在电子媒体中以数字形式存储受保护的作品，构成《伯尔尼公约》第 9 条意义下的复制。WPPT 也有相同内容的规定。根据这一规定，数字状态下的新闻作品的版权保护状况与一般新闻作品相同。

根据 WCT 第 6 条第 1 款规定，发行是指通过销售或其他使用权转让形式进行的，发行排除了出租行为，发行权穷竭不等于出租权用尽。新闻记录电影、新闻专题片的出租权不随发行行为而灭失。

根据关于第 6 条和第 7 条的议定声明，这两条中的用语"复制品"和"原件和复制品"，专指可作为有形物品投放流通的固定的复制品，从网络终端获得或下载的作品不是"通过销售或其他所有权转让形式向公众提供"的固定的复制品，在网络中传播作品不算发行行为。根据关于第 7 条的议定声明，仅仅为促成或进行传播、提供实物设施不致构成本条约或《伯尔尼公约》意义下的传播。此类传播的权利另行规定为"向公众传播权"。

WCT 第 8 条规定了向公众传播的权利。向公众传播权其实是网络传播环境下对于已有公约对传统传播形式权利的补充，是非实体形式传播的发行权、复制权、展览权、翻译权、改编权、广播权、放映权、朗诵权的总和，包括通过所有网络传播方式进行传播作品的专有权。

除非《伯尔尼公约》另有规定，文学和艺术作品的作者应享有专有权，有权授权他人以有线或无线方式向公众传播，包括将其作品向公众提供，使公众中的成员在其个人选定的地点和时间可获得这些作品。

WPPT 第 10 条和第 14 条分别规定了"提供已录制表演的权利"和"提供录音制品的权利"。表演者或录音制品制作者应享有专有权，以授权通过有线

---

❶ 李明德，许超. 著作权法［M］. 北京：法律出版社，2009：295 - 296.

或无线的方式向公众提供其以录音制品录制的表演或录音制品，使之可为公众中的成员在其个人选定的地点和时间获得。

由于信息技术和通讯技术的迅猛发展及其充分利用对知识产权保护带来了巨大挑战，原有的国际条约显得力不从心。WIPO 继续完善对版权的保护。WPPT 因为多数成员未能达成共识只能规定保护表演者的声音而不涉及表演者的形象，WIPO 于 1997 年 3 月开始制定《视听表演条约》。并且，WPPT 只保护表演者和录音制品制作者的权利，而不保护广播组织的权利。为此，WIPO 已起草《WIPO 关于保护广播组织的条约》。

（三）世界主要国家的新闻版权规定

1. 英国

自 1709 年颁布《安娜法令》开始，英国逐步在全社会范围内确立起了版权制度。此后颁布的 1842 年版权法、1911 年版权法和 1956 年版权法逐步完善了新闻作品的版权保护。

由于加入《伯尔尼公约》，英国在 1911 年的版权法中将电影作为摄影作品进行保护。受 1948 年《伯尔尼公约》布鲁塞尔文本以及 1952 年签订的《世界版权公约》的影响，1956 年的版权法规定将录音制品、电影作品、广播节目作品或有线转播服务系统作品和印刷品版本版式作品列入版权保护范围，规定新闻出版业的报纸、杂志和类似刊物的作品为雇佣作品的版权归雇主即传媒企业。

英国新闻机构和从业人员是所有者和雇员的关系。从 1956 年的版权法开始，规定新闻出版业的报纸、杂志和类似刊物的作品为雇佣作品的版权归雇主。在新闻报纸和期刊方面，英国和爱尔兰也限制了使用这一原则的范围，雇主只有在报纸和期刊上使用作品的权利，其他权利仍属于作者。

1984 年《电缆和广播法》在第 2 编电缆节目版权中增加了邻接权。1988 年的版权法增加了关于作者精神权利的条文（第 4 章共 13 条）。

现行英国版权法律制度的主要组成部分为 1988 年通过的《版权、外观设计和专利法》（CDPA），此后因为欧共体（欧盟）和英国国内分别颁布了多个知识产权领域的指令和条例而经历了多次修订。现在的英国版权法为《版权、外观设计和专利法》的第 1 编和第 2 编：版权编和表演权编。

2. 美国

美国于 1909 年 3 月 4 日通过的版权法中明文规定了期刊、报纸、汇编类作品、各类照片、印刷版的图片、画报和插图等属于版权保护客体。❶《1971

---

❶ 瞿建雄. 美国图书馆复制权问题研究［M］. 北京：知识产权出版社，2010：7.

年录音作品修正案》首次将录音作品纳入了成文法保护的客体范畴。1976 年修订联邦版权法时废除了各种带有实际目的的普通版权法，二元保护制终结。首次加入合理使用条款，以限制版权人的权利。在国会图书馆内专设"美国电视和广播档案馆"（American Television and Radio Archive），永久收藏全美广播和电视节目制品并向研究人员开放。❶ 1990 年《可视艺术作品作者权利法》首次规定，联邦版权法保护作者的精神权利。1998 年的《美国数字千禧年版权法》严格保护与网络版权密切相关的加密技术，使传统版权法中"合理使用"制度面临巨大的挑战。历经诸多修正，美国 1976 年版权法已成为目前世界各国版权法中规定最为详尽、立法技术较高以及保护范围亦较为完善的几部版权法之一。❷

　　3. 法国

　　法国版权制度是在 18 世纪末叶从保护作者表演权利开始的。1791 年颁布了保护表演者权利的《表演权法》。1793 年颁布的第一部版权法《作者权法》（《复制权法》）规定了作者、作曲家、画家、雕刻家对自己的作品享有专有权。1852 年，法国宣布单方面保护外国作者的版权。

　　1957 年的《文学、艺术产权法》保护包括新闻作品在内的一切智力作品的权利，不论其作品的种类、表达方式及其价值或目的如何（第 2 条），包括演绎作品，前提是不损害原著作者的权利（第 4 条）。具有独创性的智力作品的标题同作品一样受版权法保护。任何人不得在引起混淆的情况下以个人名义在同类作品上使用公有领域作品的标题（第 5 条）。具有艺术特性或资料特性的摄影作品和通过类似作品以及实用美术作品均受到保护（第 3 条）。未规定不受保护的作品。只要注明了作者的姓名和作品的来源，允许少量引用他人的作品、转载报刊上的评论以及通过报刊或广播传播一定类别的向公众发表的演说（第 41条）。广播作品的录音制品，作为例外情况，可以经过批准而保存在官方档案馆。如有不同意见，则由美术部和新闻部共同确定（第 45 条）。

　　1985 年，将版权法修订为《关于作者权和表演者、音像制品制作者、视听传播企业的权利的法律》，规定录音录像制作者的权利以及广播电视组织的节目应受保护；只保护具有独创性的摄影作品，人物肖像如未经拍摄人同意不得出版。1997 年的修订，将邻接权的保护期增加为表演者表演或唱片首次固定或广播节目首次向公众播放之日起 50 年，还增加了卫星播放权和有线转播权。

　　法国现行版权法是 1992 年 7 月 1 日通过的第 92 – 587 号法律颁布的《知

---

❶　翟建雄. 美国图书馆复制权问题研究［M］. 北京：知识产权出版社，2010：8.

❷　孙新强. 美国版权法（附英文文本）［M］. 于改之，译. 北京：中国人民大学出版社，2002：3.

识产权法典》之"文学、艺术产权"部分。此后，又经过多次修正。最新一次修改是 2009 年 10 月 28 日通过的 2009 - 1311 号法——《著作权与互联网法》，规定对非法下载者实施两次警告，在警告无效后实施制裁，诉诸法院，由法官经过审理实施三项措施——强制断网 1 年、罚款 30 万欧元或者处以两年监禁，并且要求 Hadopi 机构拥有的处罚权移交给法院。❶ 该修正于 2010 年 1 月 1 日正式生效。

4. 德国

1837 年，普鲁士王国颁布了第一部现代版权法《保护科学和艺术作品的所有权人反对复制或仿制法》，正式对科学和艺术作品予以保护，保护期为作者终生加死后 30 年。此后，颁布了 1871 年的《文学作品、摘要、说明、乐曲和戏剧作品著作权法》，1876 年的保护雕刻及雕塑艺术的《艺术作品保护法》和《保护摄影作品反对未经授权而仿制法》，1901 年的《文学和音乐作品著作权法》《艺术作品和摄影作品著作权法》和《出版法》。1965 年联邦德国的《著作权及有关保护权的法律》确立了以保护作者权益为核心的基本立场。1972 年重点修订了"延续权"及"公共借阅权"，1985 年的修正案拓宽了私人使用所支付报酬的范围。1990 年 3 月 7 日，德国颁布了《加强知识产权保护打击盗窃产品法》，1993 年 6 月 9 日的修订将计算机程序作为语言著作予以保护，严格限制个人使用。1995 年增加了出租权，将录音录像作品作者的保护期延长至 50 年。2002 年修正了合理报酬请求和标准。

现行的版权法是 1965 年的 9 月 9 日制定的《关于著作权与有关的保护权的法律》，2009 年 10 月 27 日最后修订。与法国相同，德国版权法严格区分作者权和相关权。

（四）新闻作品版权的经典案例

1. 美联社诉国际新闻社案：❷ 确认新闻是"准财产"

1918 年，美联社指控国际新闻社贿赂其雇员，以便抢在美联社报纸出版之前拿到新闻，还指控国际新闻社从刊载美联社的新闻发布稿与早间新闻的简报上复制新闻。被告有时还改写美联社新闻，或照搬、发出美联社记者撰写的新闻稿件。美联社没有为它的报道要求版权。因为快讯数量太多，而且必须快速发稿，它不可能为所有快讯提前进行版权注册、申请版权。而国际新闻社认为，这些报道没有版权，处于公共领域，任何人都可以使用。当版权无法保护版权相关的利益时，可以申请反对盗用（反不正当竞争）的司法救济。反盗

---

❶ 彭桂兵. 法国著作权法修正案争论的背后 [J]. 中国出版，2010 (15).
❷ Associated Press v. International News Service. 248 U. S. 215 (1918).

用法旨在禁止两种违法行为：试图冒用别人姓名推广自己作品的人，或者试图在别人的作品上署名的人。剽窃新闻适用于商业上的"不公平竞争"原则。审理此案的马伦·皮特尼（Mahlon Pitney）大法官的判决词是：新闻、事件与变动本身没有财产权，是所有人的共同财产，属于公共权益，是今天的历史；我们可以确定，无版权的材料自首次发布之时起，美联社与国际新闻社相对公众而言便不再保留任何财产利益，但是，这绝不意味着美联社与国际新闻社两者内部之间不再保留财产利益。❶

　　2. 英国论说被窃案：确认报纸论说的财产权

　　英国某报馆以被别馆抄袭论说，援律控告，这说明当时人们已经拿起法律武器保护新闻作品的版权。被告则称新闻纸不应在版权保护之列，即使有版权，因为没有注册，也不应该享有权利。大法官否认版权法保护新闻纸，是否备案并不重要，认为"新闻纸本不归入版权律内，故案之存否，无足轻重"。但是，法官援引产业法律第18条的规定，指出财产权归属于业主，"他人不得侵害其权，今报馆之论说，皆系出资请人撰述"，作者应当有禁人抄袭之权。《版权考》的作者认为法官判决表面上看似很公允，但是与法理不相符合。因为既然报馆主人有禁人抄袭之权，"是非版权而何，乌得不归入版权律中。此种判断，谅日后必更改之也"，怀疑报馆得有版权，与创设版权的初衷"似乎不甚相合"。❷ 可见，报纸论说的财产权虽然不由版权法保护，但是还是处于不正当竞争法等产业法律的保护之下。

第二节　中国新闻作品版权的演进历程

　　中国的新闻作品同样经历了口头新闻、手抄新闻、印刷新闻、电子新闻和网络新闻阶段。与其他国家的新闻版权一样，可以将新闻作品版权的演进过程划分为新闻版权形成时期、新闻版权权利时期和世界版权权利时期。❸

一、新闻版权形成时期

　　中国新闻版权意识的形成时期指唐宋以来至1910年《大清著作权律》制定颁行以前，是版权特许时期。以1840年中国报业近代化的开始为界限，又可以划分为两个阶段：1840年以前，是新闻版权意识的萌芽期；之后，是新

---

❶ 曹瑞林. 新闻法制前沿问题探索 [M]. 北京：中国检察出版社，2006：205.

❷ 斯克罗敦，普南，罗白孙. 版权考 [M]. 周仪君，译. 北京：商务印书馆，光绪二十九年九月（1903年9月）. 转引自：周林，李明山. 中国版权史研究文献 [M]. 北京：中国方正出版社，1999：58–59.

❸ 周林，李明山. 中国版权史研究文献 [M]. 北京：中国方正出版社，1999：17.

闻版权意识的形成期。

（一）中国新闻版权的萌芽期

唐宋以来至 1840 年这一时期，形成了书籍版权保护意识并见之于行动，但是，无论在官报还是在民间报纸的办报活动中均未产生新闻作品的版权保护意识。

1. 书籍版权保护得到官府支持

最早发明于隋唐时期的印刷术的应用，打破中国统治阶层对知识的垄断，动摇了帝制中国的意识形态，对于图书的管制在所难免。同时，印刷商也开始请求政府采取措施对其经济投资进行保护，催生了出版者的版权意识。二者的利益交叉点造就了垄断图书经营印刷出版的特许制度。据宋朝邵博所著的《见闻后录》记载，五代后唐长兴三年（公元 932 年），朝廷命田敏在国子监主持校正《九经》"刻板印卖"。❶据宋代新安人罗壁所著《识遗》记载，为保护《九经》监本，北宋朝廷曾下令禁止一般人随便刻印《九经》（即"禁擅镂"）；如果想要刻印，必须先请求国子监批准。还设立了专门的审查查禁机构，对雕刻与书籍的流传加以管制。同时一些作者或者出版者为保护自己的经济利益而请求国家对自己书籍的授权。自宋代以降，中国地方官员便曾发布过檄文，禁止对某些图书的盗印，防止他人"嗜利翻板"。宋代《东都事略》一书所载牌记"眉山程舍人宅刊行，已申上司，不许覆板"，可以认为是中国最早的印刷出版的"版权标记"。朝廷当初禁止盗印的目的在于思想控制，下层民间出版者请求国家保护的是经济利益。虽然初衷各异，但在客观上起到了保护知识产权的效果。

2. 新闻作品的版权意识尚未形成

这一时期的新闻作品可以分为官报和民间报纸两类。

官报统称邸报，起始于唐代，历经宋、元、明清各朝，直至清政府灭亡。邸报作品不可能产生保护版权经济和精神利益的要求，这是由邸报的官方性质决定的。作为政府机构的一部分，邸报从采写、编辑到发行均处于官方的严格控制之下。政府部门的进奏院是邸报采编发行机构，地方派驻首都的进奏官负责编辑整理邸报。宋代的邸报由中央政府的门下省统一管辖，给事中负责判报定本，控制传播内容。明朝设置了专门的传发管理机构通政司，由各省派驻首都的提塘官负责传发邸报，严格控制抄传政治和军事机密之类的内容。清朝则由内阁的六科和各省的提塘官负责官报的编发事宜。各朝邸报的采写、编辑、传发者均为政府官员，其作品属于职务作品，谈不上个人的经济权利和精神权

---

❶　郑成思. 版权法［M］. 北京：中国人民大学出版社，2009：4.

利。采编发行机构的经济来源为政府奉银，要保护的是内容背后的政治利益，本来可以利用政府权力和行政手段严格控制邸报内容的抄传，并且手抄复制利润微薄，抄传者不太可能冒着杀头的危险为了一些蝇头小利而以身试法，杜绝或限制了盗用行为。即使偶尔被盗用也用政治强制手段进行弹压，根本没必要考虑和维护经济利益，不可能产生版权保护意识。

民间报纸先后有小报、民间报房的报纸，这些报纸的新闻作品的版权保护意识也没有产生。小报首先出现于北宋，盛行于南宋，是一种以刊载新闻和时事性政治材料为主的不定期的非官方报纸。发行小报多为邸吏（进奏官）、地方各军州郡临时派驻首都传送文件的使臣、在省寺监司等政府机关工作的中下级官员和被当局诬称为"不逞之徒""无图之辈"和"奸佞小人"之类的个人，他们并不把小报看作谋生的手段，通常不会投入财力进行刻板印刷。随着印刷业的发展，出现了技术非常熟练的印刷工匠，印刷的成本也不高，掌握印刷手段的"书肆之家"见发行小报有利可图，开始印卖小报，但是由于雕版印刷是手工操作，复制的数量受到限制。作为职业发行人为"书肆之家"的版权是较难获得官方的保护的。因为小报的内容多为朝廷方面还没有认可执行的事，"或得之于省院之漏泄，或得之于街市之剽闻"，"往往以虚为实，以无为有"，甚至"伪撰诏命"，有时甚至被用作统治者党争或推翻政权的斗争工具。政府曾对小报严加查禁，作者不可能在作品上署名，仅仅获得卖文之利。由于小报处于非法状态，发行者只是苟且生存，利润微薄不足以引起他人的盗印或倒卖，因此没有形成版权意识。

明代中叶以后，民间的报房获准公开营业，小报获准公开出版，办报成为社会上的一项公开职业。社会上出现了以"送邸报为业"的人和以办报博锱铢之利的"报房贾儿"，抄报行成为北京市面上的众多行业之一，由于利润微薄，甚至得到官府免税的优待。❶ 除发行邸报外，报房还从事报录和编写发卖报道社会新闻的"报儿"等活动。明末除北京外，南京和其他南方的重要城市也开始出现民办的报房和以报业为生的抄报人。虽然出现了职业化的报人、送报者、抄报人，但是由于办报行业利润甚微，仅能维持生计，尚不足以引发非法盗用新闻作品的行为而从中渔利。

无论是官报还是商业化的民间报纸，落后的复制手段限制了大规模盗版的情况。早期的邸报全部是手抄的，费时费力，产品数量有限，谋取薄利的作者、发行者、抄传者仅仅是各自赚取辛苦钱，别人的随意复制对自己的利益威胁不大，没有形成有效竞争，没有必要限制别人的抄传行为，谈不上对抄传者

---

❶ 方汉奇，张之华. 中国新闻事业简史 [M]. 北京：中国人民大学出版社，1995：11.

的版权保护。虽然中国在隋唐时期就开始使用雕版印刷术，但是未能广泛应用于报纸印刷。北宋以后，部分掌握雕版印刷手段的书肆之家开始印刷邸报，但是绝大多数邸报还是以手抄方式复制。根据顾亭林的记载，到明代崇祯末年邸报才使用活版印刷。"忆昔时邸报，至崇祯十一年（公元1638年）方有活版，自此以前，并是写本。"❶光绪末年以后，才开始陆续采用铅印。即使逐渐使用了印刷术印报，也仅仅是家庭作坊式的手工操作，严重限制了报纸的数量，不能产生规模经济效益。与书籍相比，报纸上的新闻时效性强，生命周期短，很快失去了经济价值，盗印报纸变得无利可图，根本谈不上维护版权。

　　总之，尽管中国自宋代以来便有了书籍版权意识的萌芽，遗憾的是，由于政治控制、利润微薄、复制手段落后限制了盗版行为的产生，即使在商业办报如火如荼的时代，也未产生新闻作品的版权意识，不可能发展成为以版权法为标志的现代版权制度。原因在于中国社会的演进、变革方式不是通过技术的突破引起社会质变，而主要是通过政治威权的建立与维持开创了一个新时代，从史前继承了各种制度、观点与仪式，法的性质、知识分子和商人的依附状态注定了中国版权法的蛰伏状态，❷现代版权法成为舶来品就不足为怪了。

　　（二）中国新闻版权的形成期

　　1840年至1910年《大清著作权律》的颁布是中国新闻版权意识的形成期。中国近现代版权制度的建立离不开"外来因素"的影响和推动。从鸦片战争开始，西方的坚船利炮敲开了中国的大门，在随之而来的通商活动中，外国的商号权时常受到侵害，当时的中国法律不能给以司法救济，迫切需要改善中国的知识产权保护状态。随着西学东渐，大量西方的著作被译成中文，译著数量激增，版权保护问题凸显。与此同时，近代新闻业也在西方传教士在华办刊、办报的引领下开始踏上近代化进程。除了原有的官报、《京报》之外，先后出现了外国人在中国创办的报刊、近代商业报刊、政党报刊业，出现了盗版现象。新闻版权开始进入中国人的视野。

　　1. 翻印、转载现象司空见惯

　　《京报》在外地发行的邮路不畅，江浙一带甚至延迟数十日。各省官员如果自己出资以购买，价格昂贵，月费达三五千钱。清代地方各省提塘除按规定向各衙门发送官文书和官报外，也自设报房翻印京报向省内官绅出售，以博锱铢之利。也有一些报贩见有利可图，也加入了复印的行列，他们复印的所谓《良乡报》即为其中最典型的代表。

❶　方汉奇. 中国新闻事业通史（第一卷）［M］. 北京：中国人民大学出版社，1992：137.
❷　李雨峰. 枪口下的法律：中国版权史研究［M］. 北京：知识产权出版社，2006：8.

《良乡报》目前未见到实物，仅见于文献记载中。刊登在 1882 年 3 月 4 日上海《申报》一篇"论说"《论〈京报〉贵速不贵迟》这样描述：

> 道（光）咸（丰）之间（1821—1861，笔者注），有所谓《良乡报》者，盖有信局特设于顺天之良乡。例发之《京报》出京后，由良乡按站雇人接递。省中官宪自出资以购之。而塘饷或裁或减，各省不同，要之恶之迟延，以示惩罚耳。然《良乡报》价贵，不易得阅，至有月需三五千钱者。于是省中之提塘又买《良乡报》而翻印售卖矣。❶

戈公振在其《中国报学史》中也有类似记载。

传播《京报》出京城的第一站，西路方向是良乡县，东路方向是通州县。报贩从京城《京报》报房批发《京报》出城后，到达良乡或通州才作为第一站歇脚，在良乡县城设有专门负责传送《京报》的信局。北京出版的《京报》原始版本，文字差错较少，由专门印刷《京报》的报房印刷，印刷的效果较好。但因是从京城远道贩来，所以价格较贵。为了降低报价，吸引订户和购阅者，一些驻省提塘便在良乡购得一份《京报》，然后再据此翻印，以供销售，从中牟利。在良乡翻印的报纸价格比《京报》便宜，人们不会再购买京城出来的《京报》去贩卖。于是，良乡翻印的报纸名声越来越大，最后反而超过了它的母本《京报》，久而久之就变成了《良乡报》了。因为当时人们习惯把从京师出来的报纸上称为《京报》（后来发行以《京报》为报名的报纸也算名副其实），把从良乡贩得的报纸也就自然称作《良乡报》。在良乡小镇，当时是不太可能出现单独编印的以《良乡报》为报名的报纸的，读者首先关心的毕竟是来自京师的官场消息。

苏州等地的商人也专门从事翻印《京报》来行销赢利。据文献报道，当时江宁府的苏州，也是南方翻印《京报》再行销售的中心之一。这些报纸虽经当地报房重新翻刻，但仍然以《京报》称之，❷ 因为其底本为发自北京的《京报》。上海《申报》和南方地区的新报都经常全文转载《京报》作品。❸ 1872 年创刊的《申报》的政治新闻与社会新闻的来源有三个方面：一是转载谕旨、《京报》、宫门钞等，报道朝廷、官场消息；二是转载或翻译香港中外文报刊上的文章；三是自己派员采访。❹ 转载官报、《京报》和香港中外文报

❶ 倪延年. 中国古代报刊发展史 [M]. 南京：东南大学出版社，2001：258.
❷ 倪延年. 中国古代报刊发展史 [M]. 南京：东南大学出版社，2001：248.
❸ 胡太春. 中国报业经营管理史 [M]. 太原：山西教育出版社，1999：13.
❹ 朱锦翔，吕凌柯. 中国报业史话 [M]. 郑州：大象出版社，2000：68.

刊上的文章,是当时新闻界的惯常做法,尚未有人提出版权要求。

这些盗版现象和转载严重侵犯了报房《京报》的经济利益。面对这些侵权现象,《京报》或许是因为身为官报而无有经济利益的需求,或许是因为信息不畅而无从知晓,即使知晓也无可奈何,还没找到维护权利的良策,因为维权成本太高而不了了之。

2. 传教士蒙我版权

正在发展的中国报刊事业动摇着清政府的统治,清政府于 1906 年颁布了《大清印刷物专律》和《报章应守规则》,以限制民众的言论自由。次年正式颁布了《大清报律》。报刊如果变成"颠倒是非,实滋淆惑民听之具",就要对报纸言论"亦宜严行厉禁,以正人心而昭公是",对所谓"犯法"的发行人、编辑人、印刷人等进一步加重了处罚的规定。《大清律例》中关于著作、出版活动的有关规定律条是严格限制著作者、出版者权利的,没有保护作者、出版者权益的意识。中国并没有自发形成版权制度的土壤,西方传教士的版权启蒙开启了版权进入中国的通道。

西方传教士大都享有领事裁判权和治外法权,清朝的法律对他们只具有很小的约束力。西方传教士在中国设立的最大的出版机构——广学会在林乐知(Young John Allen)、李提摩太等主持下,编辑出版了《中东战纪本末》《文学兴国策》,比较客观公正地直陈政治的利弊得失,探求兴国之策,广受欢迎,引起书商翻刻盗印,急需中国政府按照西方版权观念给予版权保护。广学会的传教士通过自己办理的刊物《格致新报》和《万国公报》等来宣传西方的版权保护惯例和法律制度。林乐知其主编的《万国公报》上介绍西方诸国的版权制度,分别在《万国公报》的"欧美杂志"和"译谭随笔"栏目发表《版权通例》和《版权之关系》等文章,从版权的性质、功能、基础乃至具体制度方面比较系统地阐发了自己的版权观念和版权主张。❶《版权通例》在介绍了各国版权之例后指出了书籍的财产性质和版权保护作者财产的功能:今中国不愿入版权之同盟,殊不知,版权者,所以报著书之苦心,亦与产业无异也。凡已满期之书尽可阅印,若昨日发行,今日即已为人所抄袭,是盗也。且征著书之人,又何以奖励之,而俾有进步乎?❷

林乐知就报刊转载问题提出意见,向香港各日报、申沪报寄发书文,介绍西方国家报刊转载注明出处的定例,从《万国公报》第 95 卷起刊登版权告白"考试时务场中必备书翻刻必究"。❸广学会利用清朝地方官府在《万国公报》

---

❶ 李明山. 中国近代版权史 [M]. 开封:河南大学出版社,2003:77.

❷ 周林,李明山. 中国版权史研究文献 [M]. 北京:中国方正出版社,1999:77.

❸ 李明山. 在中国积极倡导版权的外国人——林乐知 [J]. 著作权,1993 (1).

第 97 卷上（1897 年 2 月成本发行）发布了《严禁翻刻新著书籍告示》。林乐知为了保护自己的版权，不仅通过美国总领事致函中国地方官，要求发布版权保护文告，而且还要求上海租界英法会审公廨协同保护其书籍。❶ 清政府还为东文学社等民间机构、南洋公学译书院等公营机构颁布过版权保护文告。

　　1895 年 8 月 17 日，康有为、梁启超等在北京创办了第一家中国资产阶级维新派报纸《万国公报》，宣传维新变法主张。该报无专人发行，所印报纸托售卖京报的人随"官门抄"分送给京师官绅阅读。由于该报采用了与上海出版的外国传教士组织"广学会"机关报《万国公报》完全相同的名称，刊物上未署出版地点和日期，而且内容也是宣传西方的国家学说和观点，人们误把它当作在清吏中已行销多年影响巨大的"广学会"机关报，很快引起京师官绅的关注和反响，尤其受到一般士大夫的欢迎。出版一个多月以后，发行量就达到 3000 份之多。❷ 然而，由于《万国公报》的"刊名与广学会机关报《万国公报》完全相同"，广学会的李提摩太在北京《万国公报》第 1 册封面上题写英文批注："刊名与广学会机关报《万国公报》完全相同，后来经我建议更改，以免两相混淆"，❸ 该册《万国公报》为上海基督教三自爱国委员会图书馆收藏。维新派人士们所办的这份北京《万国公报》在 45 册后被迫停刊。李提摩太成功维护了上海《万国公报》的名称权，同时也显示了康有为等维新主义人士知错即改、尊重报刊版权的态度。

　　林乐知、李提摩太不仅主动介绍版权通例，而且身体力行，寻求地方官员的行政保护和书籍版权保护的惯例，为版权制度在中国的建立起了一定的先驱作用。在版权启蒙作用和书籍维权习惯的影响下，期刊也开始使用版权公告。1903 年 6 月《经世文潮》杂志的创刊号封面上即有"不许翻印"字样。❹

　　3. 中外商约推动版权制度的建立

　　由于中国没有现成的知识产权制度，外商也不能借助治外法权来运用其所属国家的知识产权法，外交压力下的地方官员的行政保护也只有一纸文告，很难达到版权保护的预期效果。因此，不堪盗版困扰的外国出版商转而向本国政府求助，通过订立国与国之间订立的商约，谋求版权保护。美国和日本在 1903 年分别与中国签订《中美续议通商行船条约》和《中日通商行船续约》，商定按照各自国家的章程或律例保护印书之权，如发售的书籍报纸有碍中国治

❶ 李明山. 中国近代版权史［M］. 开封：河南大学出版社，2003：15.

❷ 倪延年. 中国古代报刊发展史［M］. 南京：东南大学出版社，2001：304.

❸ 方汉奇. 中国新闻事业通史（第一卷）［M］. 北京：中国人民大学出版社，1992：543.

❹ 袁逸. 中国近代版权的演变时期［J］. 法学杂志，1985（6）.

安，应各按律例惩办。❶ 中美商约规定中国对美国作品的保护期为十年，较详细地约定了中国保护版权的要求。中日商约则要求中国政府制定一个专门保护版权的章程，同时也要设立注册局，❷ 负责版权登记事宜，保留了对中国版权法制定方面的干预权。

美、日两国要求中国在预拟条约中加入版权条款的行径不仅在谈判桌上引起了激烈的争论，同时也在大清朝野掀起了轩然大波，不少官员、文士纷纷站在各自的立场上，发表关于版权的议论和见解。管学大臣张百熙致电中、日政要，力陈保护版权为当时中国带来的可能弊害。严复则系统论述自己的版权思想，主张应当通过国家立法对中外作品给予平等的保护。

4. 国人以实际行动迎接版权

同时，国内又发生了北洋官报局盗印文明书局印书的版权纠纷。官报局张孝谦总办盗印民间出版机构文明书局的图书，北洋大臣袁世凯无视民间出版机构的正当权益，执意要求政府撤销文明书局书籍的版权，使国内舆论大哗，强烈要求版权保护制度，呼吁政府加快版权立法。

商务印书馆于1903年发表了由英人斯克罗顿、普南和美人罗白逊所著、周仪君所译的《版权考》一书，主张在版权保护问题上采取主动，呼吁政府及早颁行法律。

商务印书馆的陶保霖代表中国民族出版企业，发出保护发展出版事业要求的最强音，要求编订颁行版权法。他在《教育杂志》第2卷第2期（1910）发表《论著作权法出版法急宜编订颁行》一文，系统地阐述了版权发展三个时期（版权特许时期、权利主义时期和世界权利时期），总结版权的本质四学说（创作保护说、劳力说、稿酬说、人格说），否定了中国版权西来说，提出了中国版权立法的一些基本原则。他的理论主张对《大清著作权律》的编订颁行具有一定的促进和借鉴作用。❸

1903年苏报案后，清政府中的许多人更加意识到控制舆论与稳固其统治的关系。他们纷纷上书或发表言论，阐述制定报律和版权律对控制社会舆论的重要性，建议政府采取"寓保护于取缔"政策。❹ 1905年之后沈家本等赴西洋各国考察版权立法，加快了立法的进程。1906年和1908年清政府颁布了《大清印刷物专律》和《大清报律》，其中规定："凡报中附刊之作，他日是以成书者，得享有版权之保护。"报纸上的副刊作品汇集成书，可以享受版权保

---

❶ 国家版权局办公室. 中国著作权实用全书 [M]. 沈阳：辽宁人民出版社，1996：60.

❷ 李雨峰. 枪口下的法律：中国版权史研究 [M]. 北京：知识产权出版社，2006：96.

❸ 李明山. 中国近代版权史 [M]. 开封：河南大学出版社，2003：68.

❹ 李寿荣，李明山.《大清著作权律》出台的前前后后 [J]. 中国版权，2010（5）.

护。1908 年清政府派当时驻德国柏林的代办和商务参赞以观察员的身份列席了第一个国际版权条约——《伯尔尼公约》成员在柏林修订该公约的大会。中国版权制度的脚步声清晰可闻。

二、新闻版权权利时期

商部在 1905 年拟定版权律初稿，于 1910 年正式颁布中国第一部版权法。自《大清著作权律》的颁行至 1990 年《著作权法》问世为版权保护的版权权利时期，亦即中国版权保护的发展时期。这一时期以 1949 年新中国成立可以分为两个阶段，版权法初创期（1910—1949 年）和行政政策版权期（1949—1990 年）。版权保护的主体主要是作者，版权包括的客体也有所扩大，文艺、图画、帖本、照片、雕刻、模型、发音片、电影等都包括在内。

（一）版权法初创期

版权法初创期指从 1910 年《大清著作权律》至 1949 年新中国成立的阶段，先后颁布了《大清著作权律》、北洋政府《著作权法》、中华民国《著作权法》，前两部版权法经历的时间较短，中华民国《著作权法》主要经过两次修订，逐步建立起中国版权制度体系。这一时期新闻作品的版权保护的特点是寓政府舆论控制于版权保护之中，以注册和合法作为版权保护的前提。

1. 不保护报纸论说新闻、演说和劝诫文

《大清著作权律》第 31 条规定："凡著作不能得著作权有如左（下）：一、法令约章及文书案牍，二、各种善会宣讲之劝诫文，三、各种报纸记载政治时事上之论说新闻，四、公会之演说。"北洋政府《著作权法》沿用此规定，民国 1928 年版权法删除第 3 项，1944 年删除了不能得版权的全部条文。秦瑞玠《著作权律释义》认为，"报纸记载在公益上宜使人自由重制，且既与报纸公布，是已愿抛弃其著作权者，况报论以新为贵，无取乎永久专有"。但是，"报纸上的非政治及时事上之论说新闻，自得由原人有其著作权。"❶ 可见，《大清著作权报律》不授予版权的仅仅是政论和时事记载，报纸上的其他作品的版权不受影响。这一规定和《伯尔尼公约》不无关系。为了制止中国对西方作品的盗印，法、美、英、日等国一直努力要求清政府和中华民国加入《伯尔尼公约》或者《世界版权公约》，均遭到拒绝。《伯尔尼公约》最晚于 1902 年即传入中国。在 1902 年，张元济主编的上海《外交报》及全文译载了《伯尔尼公约》及其续增（补充）条款和 1896 年的修正条约。于宝轩在其编辑《皇朝蓄艾文编》中也收入了《伯尔尼公约》续增条款、修正条约及其附

---

❶ 周林，李明山. 中国版权史研究文献 [M]. 北京：中国方正出版社，1999：117.

件的汉译全文。❶《大清著作权律》在制定时参考了多国的版权法和《伯尔尼公约》。《伯尔尼公约》1896 年文本第 7 条规定:"第七条 凡同盟国公布之新闻纸及定期刊发之件,非著作者或发行者禁止,他同盟国例得尽照原文翻译转载。其定期刊发之件,欲禁止转载者,以揭示于每号前页为合式。以上禁止无论如何情形,惟政事之论说,或时事之记载,及杂报之转载,不在此限。"对照 1910 年《大清著作权律》的相关规定,不难看出《伯尔尼公约》的影响。

"公会演说"中的"公会",指公开之会。公会演说,如"资政院、消议局、府厅州县等自治会、议员之演说,及在审判厅不禁旁听时,判事、检察、律师等之演述,其余余政谈集会之演说等皆是"。❷ 这类演说不必得到演述者允许,就可以在报纸上登载和以其他方法发行。但是,公开演说不包括纯属学术性质的演说,因为同一版权法第 18 条规定,讲义、演述虽经他人笔述,或由官署、学校印刷,但其版权仍归演讲人所有。善会宣讲在各国被认为属于公务行为,并且劝诫文本来就是应该公布,并非用来借以牟利的,因此也不能专属于版权人。

2. 保护新闻作品的转载权

1928 年《著作权法》删除了前两部版权法所规定的不保护"各种报纸记载政治及时事之论说、新闻"的条款,只规定了转载方面的权利限制。把"各种报纸记载政治及时事指论说、新闻"纳入版权保护的客体之内,实际上是寓控制于保护之中。"民国政府成立后,废除清朝报律,但事前检查、事后干涉的新闻管制制度却从此延续下来"。❸ 报纸时政论说、新闻成为版权保护的客体,客观上起到了限制新闻观点和事实传播的作用。

毕竟,新闻作品的信息属性和公益性质决定了其广为传播的必要性,因此,第 21 条规定了报纸转载的版权限制,把转载主动权留给了版权人,报纸杂志刊载的作品,可以注明不许转载。如未注明不许转载,转载人须注明原刊载报纸或杂志才能随意转载。根据内政部《解释普经刊载之译作汇印或单行本能否仍享有著作权疑义》(1934 年 9 月 12 日内政部"警字第四三八号批丁鹤"),对于曾经刊载的作品,如果该刊载之刊物已载明"版权为本刊所有,不得再在他处发表"等字样者,则认为不能再归该原著人享有版权。如各该刊载之刊物注明"著作权仍归投稿人所有",当可援用版权法第 17 条后半段"当事人间有特约者从其待约"之规定。❹

❶ 李明山. 中国近代版权史 [M]. 开封:河南大学出版社,2003:71.
❷ 周林,李明山. 中国版权史研究文献 [M]. 北京:中国方正出版社,1999:117.
❸ 张仁善. 国民政府《出版法》的滥施及其负面效应 [J]. 民国档案,2000(4).
❹ 周林,李明山. 中国版权史研究文献 [M]. 北京:中国方正出版社,1999:243.

3. 以注册和合法作为版权保护的前提

《大清著作权律》规定了呈报义务，作品创作完成之后，必须到版权管理部门呈报，注册给照，才能获得版权。所有著作经版权管理部门给予保护告示者，应在"六个月内呈报注册，逾期不报或竟不呈报者，即不得受本律保护。本律施行前30年内已经发行的著作，均可呈报注册"（第52条）。北洋政府虽然删除了呈报义务部分，但是在1916年2月1日颁布的《著作权法注册程序集规费施行细则》中规定：著作获得版权，必须经过注册手续，否则便不受法律保护。民国版权法延续了注册的要求，拒绝为"显违党义者"和"其他经法律规定禁止发行者"注册。如果注册之前遭受侵权，则不属于版权保护的范畴。根据1931年8月7日司法院院字第五三〇号电浙江高等法院的《解释侵害著作权诉讼疑义》，如著作物在呈请注册中或注册前被人翻印仿造等情，是被侵害者为通常之利益，尚非著作权，其诉请赔偿自不适用该条之规定。❶ 此外，后两部版权法增加了不违反《出版法》这一条件，规定依《出版法》规定不得出版之著作物，不得享有版权（第24条）。注册和符合出版法的规定说明重心主要在于限制舆论。《大清著作权律》甚至连因对原作重制而进行的修正都需要向该管衙门呈报，送两份样本，说明政府担心内容失控。版权法对于新闻作品的检控尤其严格，不可能保护作者的发表权等精神权利。政府检控行为和新闻界的表达自由之间的矛盾在拒检运动中爆发。

4. 版权客体逐步增加

版权客体由独立的照片发展到发音片、电影片。

照片的版权保护期为10年，但不保护专门为书文所作的附属图片。民政部在致资政院稿中，解释了原因："因照片系依光线作用而成，为事尚易非若他种著作物须费几许意匠经营也。故照片著作权期间毋庸规久远"。❷ 北洋政府《著作权法》第20条进一步规定出资聘人所成之著作或照片，其著作权归出资者，排除了附属于他著作物者。1928年《著作权法》规定受他人报酬而著作的无版权，特为该文学艺术作品而创作的、刊入文艺学术作品中的照片的版权归作者所有，其保护期限与该文学艺术作品相同（第9条）。1944年修正《著作权法》的版权保护客体中增加了发音片和电影片，其作者拥有公开演奏或上演之权（第1条），保护期为10年，但是受人报酬而创作的发音片也不享有版权。依法令准演的电影片的版权有著作人享有10年。第25条规定，用文字、图画、摄影、发音或其他方法，重制或演奏他人的版权作品应该取得原作者同意。

---

❶　周林，李明山. 中国版权史研究文献［M］. 北京：中国方正出版社，1999：238.

❷　李明山. 中国版权保护政策研究［M］. 开封：河南大学出版社，2009：53.

5. 保护期限为作者终身和继承 30 年

《大清著作权律》规定版权保护期为作者终身，身故后可继承 30 年。如作者亡故后无继承人，则版权归于消灭。确定保护期时参照当时世界各国的样例，取其平均值 30 年。北洋政府和民国版权法的权利期间没变，惟民国增加"但别有规定者，不在此限"的规定。版权照片、发音片和电影片的保护期为 10 年。后两部版权法规定"著作权得转让与他人"。

雇佣作品的版权归出资人（《大清著作权律》第 26 条、北洋政府《著作权法》第 20 条），1928 年《著作权法》规定，如有特约，则从特约。与《著作权法》同时颁布的《著作权法实行细则》，规定对外国人的作品提供 10 年的版权保护，条件是外国著作人的政府必须给予对等版权保护，且仅限于"专供中国人应用"的作品。除乐谱、剧本作品之外，外国人的作品都只享有重制权，而无翻译权。

1944 年《著作权法》版权的限制中增加了引用、评论、续作等演绎权。1944 年之前的罚则中没有涉及自由刑规定，修改后的版权法规定，以翻印、仿制及以其他方法侵害他人之版权为业者，处一年以下有期徒刑（第 30 条）。修改了罚则中的罚金数额，由 5000 元以下改为 500 元以下。1949 年修正版权法仅为配合币制的变革，以便适应著作权法规定的罚金，相关条款的货币单位由"元"改为"圆"❶，其他条款未有修正。

三部版权法政府制定的《著作权法》，规定了对于作者、编译者、出版者的各种权利，但它们的移植性还很强，只是向国人宣告一种制度形式的存在，具体的贯彻及普及措施相当薄弱。❷ 但是毕竟把作品的权利上升到法律的层次，为报业的经济权利提供了法律依据。

（二）行政政策版权期

行政政策版权期是指从 1949 年新中国成立至 1990 年《著作权法》颁布。这一时期新闻作品版权的特点是行政色彩浓厚，从版权的管理、法律法规和维权均行政化。

1. 新闻版权保护的行政色彩浓厚

建国初期废除旧版权法之后，国家相关的法律、决议、办法为版权保护提供了法律依据。《中国人民政治协商会议共同纲领》规定"奖励优秀的社会科学著作、保护报道真实新闻的自由，发展人民广播事业、出版事业"。1950 年的《关于改进和发展出版工作的决议》要求在版权页上详细、如实记载版权

---

❶ 施文高. 比较著作权法制 [M]. 台北：三民书局，1993：49.
❷ 李明山. 中国版权保护政策研究 [M]. 开封：河南大学出版社，2009：63.

信息，制定稿酬办法时应兼顾作家、读者及出版家三方面利益。

　　由于没有专门的版权管理机构，版权及其相关民事权利归中共中央宣传部下属的出版总署（局）负责管理，设立了全国性的出版领导机构临时组织拟定启事，明确禁止书籍翻印。中央人民政府出版总署成立后，临时出版委员会的全部工作移交出版总署。1954 年出版总署撤销，在文化部设置出版事业管理局，各省、市、区的新闻出版机构并入相应的文化局。1985 年 7 月 25 日，国务院将文化部原出版局改称国家出版局，国家出版局与国家版权局为一个机构、两块牌子。1987 年 1 月，设立直属国务院的新闻出版署，仍为一个机构、两块牌子。

　　版权行政管理机构先后制定了版权保护政策，全方位保障公民的版权。文化部 1957 年公布了《保障出版物著作权暂行规定》，1958 年公布《关于文学社会科学书籍稿酬办法的暂行规定（草案）》。1977 年国家出版局发出《关于新闻出版稿酬及补贴试行办法的通知》，公布了《新闻出版稿酬及补贴试行办法》。1984 年《图书期刊版权保护试行条例》，对新闻作品的版权做出较详细的规定。把新闻作品的版权保护上升到国家法律的层次。以上各个时期的政策、规定、法律均是在文化部及其下属机构制度、颁布的行政法规、规定在版权专门法缺如的情况下，发挥了重要作用。

　　新闻版权保护的行政色彩根源于当时的新闻体制。新中国成立之后，中国新闻事业实施国有化新闻体制，新闻机构是承担宣传任务的国家工作单位，新闻从业者为享受国家财政拨款的工作人员。一切报纸均归国家所有，办报所需资金和物质由国家按预算拨给和提供，所需人员由国家按编制定员。20 世纪 80 年代初，报纸开始进行"事业单位，企业化管理"的改革，党报开始向重视信息传递功能和经济服务功能转变。1983 年之前，广播电视机构实行中央和省（自治区、直辖市）两级办广电、两级管理的广播电视管理体制，1983 年后确定了"四级办"的方针，即"四级办广播、四级办电视、四级混合覆盖"政策。领导体制是受该省、自治区、市人民政府和广播电视部双重领导，以同级政府领导为主。因此，新闻作品的版权保护势必随着整个国家政治、经济局势变化而变化。

　　2. 作者的经济权利来源于工资、奖金或稿酬

　　中国的新闻体制决定了新闻机构的事业单位性质，生产新闻作品的从业人员是享受国家财政拨款的事业单位的职工，采写、摄录、编发、播出新闻作品是其本职工作，除了少数通讯员之外，绝大多数新闻从业者的作品属于职务作品。国家发给新闻从业者工资和相关福利待遇。记者写稿、发稿之后，除了基本工资之外，会象征性地得到一些稿费或奖金，其供职的新闻机构买断该新闻

作品的所有经济权利，作者基本上只剩下了署名权。1957 年《保障著作权暂行规定》规定，翻译、经作者同意的改编，如注明原作名称和作者均不视为侵权。在报纸、杂志上转载其他报纸、杂志发表的论文、通讯等，注明原著作人姓名及出处者不以侵害版权论。同时公布的《关于〈保障出版物著作权暂行规定〉的说明》解释了原因："广大群众富有政治思想教育意义的论文、通讯等文字，容许报纸、杂志及时转载，以扩大宣传效果，所以不予限制。"这些关于翻译、改编法定许可、强制许可，规定不向原版权人支付报酬，则是与现代版权法精神不吻合的。

稿酬制度几经反复，严重影响新闻作品创作者的经济利益。稿酬制度是版权政策的重要方面。它反映了作者的社会地位，也是一国版权保护水平的直接体现。在旧中国和其他国家，著作者获得书稿报酬主要靠卖稿和获得版税两种办法。新中国成立后，全国第一个国营出版业机构新华书店总管理处采用定期稿酬和定量稿酬两种方法。1953 年，中国新闻出版总署开始明确要求不采用版税制，实行苏联的"印数定额制"的付酬办法。

1958 年 7 月 14 日，文化部颁发《关于文学社会科学书籍稿酬办法的暂行规定（草案）》。方案执行后，上海市出版局写信给文化部，认为稿酬标准仍然过高，著译者的收入标准也与一般劳动人民的工资相差悬殊。上海市的报刊、出版物决定于 9 月 1 日起上海出版的报刊、出版物的稿酬减半支付。10 月 10 日，文化部发出《关于北京各报刊、出版社降低稿酬标准的通报》，规定"报纸、杂志的稿酬应按现行标准降低一半，今后报刊的稿酬标准以每千字 3～10 元为度"。报刊之间互相转载，转载者不支付稿酬。工作时间内写稿件，不论外稿或内稿，均不支付稿酬。

1960 年，中国作家协会党组《关于废除版税制、彻底改革稿酬制度的诣示报告》废除按印数付酬的版税制度。"文化大革命"前夕稿酬标准进一步降低。"十年"期间，中国版权保护基本上处于全面停滞与扭曲状态。

1977 年 10 月 12 日，国家出版局发出《关于新闻出版稿酬及补贴试行办法的通知》，公布了《新闻出版稿酬及补贴试行办法》重新恢复新闻出版稿酬制度，规定报刊登载的稿件，按篇计酬的，每篇 2～15 元；按字计酬的，著作稿每千字 2～7 元，翻译稿每千字 1～5 元。

稿酬的起起落落与当时的法律环境、国际政治关系密不可分，稿酬被当作对知识分子改造的工具。新中国成立初期，党和政府明确提出废除以《六法全书》为代表的国民党政府伪"法统"，禁止援引任何国民党法律，实际上全盘否定了中国几代法学家引进和吸收世界近代法律和法学的知识成果，在复杂的国际和国内环境下，党和政府难以用足够的时间和精力来制定详细的版权法，造成了政治命令代替法律的局面，稿酬政策只是表现之一。报酬的反复和变动也受到了中苏关系的影响。建国初期，处于社会主义阵营的中国自动向苏联靠拢，在稿酬标准上，新闻出版总署参照了苏联的办法。然而，随着中苏关系的恶化，文化部认为该制度把作品仅仅视为作者的私有财产，同资本主义版税没有实质区别，不符合以政治思想教育为主的分配原则，应予以取缔。怎样看待稿费和政治斗争路线挂钩，把稿酬问题看作共产主义思想觉悟问题，当成衡量知识分子思想改造是否成功的标准，稿酬的支付标准自然是愈低愈好。改革后的拨乱反正自然也在稿酬问题上反映出来。

3.《试行条例》规定期刊转载法定许可和合理使用

文化部于 1984 年颁布的《图书期刊版权保护试行条例》（以下简称《试行条例》），开始为正式版权立法摸索经验。《试行条例》规定了关于作品（包括新闻作品）的转载法定许可和合理使用，具备了后来的《著作权法》关于新闻作品版权的核心内容。

除非作者或出版者声明不得转载，期刊互相转载可以不经版权人同意，但应向其支付报酬，注明作者姓名、作品名称和出处，并尊重作者的其他权利（第 17 条）。根据《图书、期刊保护试行条例实施细则》的规定，此处的"期刊"为"国家最高出版行政机关，国家科委，中国人民解放军总政治部，或省、自治区、直辖市主管部门批准，在期刊主办单位所在地的省级以上出版管理机构登记并领取登记证的期刊"；《试行条例》仅适用于国家出版单位正式出版并标有统一书号的图书和规定的期刊；各种文艺报、市场信息报等专业性报纸按期刊对待；对于上述图书、期刊之外的作品，如内部刊物、报纸上发表的作品、电影片、电视片等音像作品或电影作品等，国家出版单位或其他单位和个人应尊重其作者依其他法律、条例或国务院有关部委及省、自治区、直辖市政府制定的规章获得的版权。

规定期刊对本刊上首次出版的作品享有 1 年的专有权，未经同意，其他单位和个人不得以摘编、选编、改编的形式转载，另有规定者除外。如无相反约定，1 年之后该专有权回归作者（第 8 条第 4 款）。如果首次出版 1 年内作者等版权人行使改编或翻译权的，经出版事业管理局批准，国家出版单位可以出版译本或改编本，但须向版权人支付报酬（第 9 条第 1 款）。所有专门以文摘或选编形式转载已发表作品的选刊，在选编、文摘其他期刊作品时，应与作品发表期刊或出版单位订立合同（国家特许属于资料汇集者除外），规定转载的条件和支付报酬的办法。期刊或出版单位如允许选刊（期刊）转载，将所得报酬的 2/3 支付给作者（第 9 条第 2 款）。因一稿多投给期刊或出版单位带来的损失、作者应予以适当赔偿（第 13 条第 1 款）。作品的改编权、翻译权、表演权、录音录像权，播放权、摄制影片权另行商定（第 13 条第 2 款）。作者向期刊或出版单位转让的传播权，不得视为画稿、手稿、照片等作品原稿（打字稿、手稿抄件、影印件除外）财产权的转让。版权的保护期为作者终身及死后 30 年。

稍显不足的是，《实行条例》对于合理使用的范围仅限于图书期刊上发表的文字作品，未涉及摄影、绘画、录像、公众集会上讲话的刊登播放，以及表演、录音录像、电影广播节目等亦未作规定。❶

为了新闻报道，在报纸、广播节目、电视节目或新闻记录片中使用已发表的作品，可以不经版权所有人同意，不向其支付报酬，但应标注作者姓名、作品名称和出处，尊重作者的其他权利（第 14 条）。

报纸转载，广播电台、电视台播使用已发表作品，可以不经版权人同意，不向其支付报酬，但事先应征求作者有无修改意见、说明作者姓名、作品名称和出处，并尊重作者的其他权利（第 16 条）。1985 年 1 月 1 日发布的《图书、期刊版权保护试行条例实施细则》第 16 条第 3 款限定了上述报纸的范围：专指以报道国内外政治、经济、文化、社会等方面的新闻为主的中央和地方各级党委或政府的机关报，政协和各民主党派以及工青妇的中央机关报，中国日报，经济日报，解放军报和各种军报，以及向文化部申请并得到批准适用《试行条例》第 16 条规定的其他报纸。经国务院有关部委批准，专门承担对外宣传任务的外文期刊按报纸对待，使用他人作品应按规定支付报酬。除此之外的报纸没有法定转载许可。以出版物形式使用已发表作品的，应向原作者赠送样本；以播放形式使用的应向原作者赠送广播或电视节目单。

4. 民法通则对版权保护起到了替代作用

1986 年 4 月 12 日通过的《民法通则》第 94 条规定："公民、法人享有著作权（版权），依法有署名、发表、出版、获得报酬等权利"。公民、法人的著作权（版权）、专利权、商标专用权、发现权、发明权和其他科技成果权受到剽窃、篡改、假冒等侵害的，有权要求停止侵害，消除影响，赔偿损失（第 118 条）。1988 年 4 月 2 日，最高人民法院颁行了《关于贯彻执行〈中华人民共和国民法通则〉若干问题的意见（试行）》民事权利部分第 133 ～ 136 条"关于知识产权、人身权问题"对版权做了进一步解释：作品不论是否发表，作者均享有版权。二人以上按照约定共同创作作品的，不论各人的创作成果在作品中被采用多少，应该认定该项作品为共同创作。合著的作品，版权应当认定为全体合著人共同享有。其中各组成部分可以分别独立存在的，各组成

❶ 吴汉东. 著作权合理使用制度研究 [M]. 北京：中国人民大学出版社，2005：306.

部分的版权由各组成部分的作者分别享有。作者死亡后，版权中由继承人继承的财产权利在法律规定的保护期内受到侵犯，继承人依法要求保护的，人民法院应该予以支持。

作为版权法的上位法，民法通则关于版权的规定，不仅在原则上承认了公民和法人的版权，为版权法提供了立法依据，而且在版权法缺位的情况下，当公民、法人的版权受到侵害时，可以依照民法保护公民、法人的相关民事权利。最高人民法院《关于贯彻〈中华人民共和国民法通则〉若干问题的意见（试行）》不仅规定发表、注册不是作品版权保护的前提，也规定了合作作品和继承作品的版权保护。在一定程度上起到了代行版权法的职能。民法通则的规定至今仍然有效，为那些不便使用版权法保护的、受到侵害的作品提供法律依据，弥补了版权法的漏洞。这一点对于新闻作品尤为重要，因为新闻作品在合理使用和法定许可方面的自由度较大，很容易被人钻法律的空子，打擦边球的现象时有发生。民法通则关于剽窃、篡改、假冒等行为的规定，可以给新闻作品提供强有力的司法救济。民法通则第一次把知识产权列为民事权利的重要组成部分，从立法的角度对知识支配权的商品化问题作了肯定回答，明确规定公民、法人的版权受法律保护，从而为中国的版权立法奠定了坚实的基础。

新闻传播机构被定位为"党的喉舌、国家的喉舌、人民的喉舌"。新闻作品是一种宣传品，商品属性不明显。20世纪80年代以后，报纸开始推行"事业单位，企业化管理"的改革，党报单一的宣传功能也开始向信息传递功能和经济服务功能转变。新闻业开始改革，媒体虽然仍隶属于政府，仍然是政府权力的"工具"，但不再仅仅是政治控制的工具，而开始具有提供信息、普及知识、传达思想、凝聚公众意识、表达公众利益，甚至有限度地评判政府政策、制约政治权力的功能。新闻媒体被推向市场，新闻作品逐步走上了市场化的道路，开始变成真正的商品。读者、听众和观众再也不能像以往那样享受优惠甚至免费的报纸、广播和电视节目了。尤其是随着计算机网络和数字复制技术的飞速发展，复制的成本几乎降为零。而新闻媒体在市场中的厮杀显得越来越有气无力，不得不把目光转向自己的被当作免费大餐的主打产品——新闻作品。过去的适用计划经济的新闻作品版权保护体系越来越难以适应市场化了的媒体竞争环境，亟待一部国家法律层次的专门法——版权法的庇护。

5. 中美贸易谈判促进了版权立法

邓小平于1979年访问美国时签订了《中美高能物理协议》，由于美国的坚决坚持，中国为了打开对外开放的门户，最终在"协议"中写进了版权保护的条款，中美双方签署了《中华人民共和国和美利坚合众国贸易关系协定》，1980年2月1日正式生效。该协定第6条为美国"毫不妥协""极力要求"的版权保护问题："缔约双方承认贸易关系中有效保护专利、商标和版权的重要性"（第 1 款），"同意应采取适当措施，以保证根据各自的法律和规章适当考虑国际做法，给予对方的法人或自然人的版权保护，应与对方给予自己的此类保护相适应"（第 5 款）。

自《中美高能物理协议》的谈判开始，中国政府开始强烈地感受到版权乃至知识产权保护的重要性和紧迫性。文化知识界也提出了保护版权的强烈愿望和要求。1979 年国家出版局开始报请国务院，开展调查研究，起草版权法，先后成立了国家出版局版权处和国际版权局。正如美国在 1903 年签署《中美续议通商行船条约》时要求增加版权保护条款一样，贸易协定的谈判激起了中国文化教育界的有识之士的强烈反对，1987 年的版权法草案由国务院正式提交全国人大常委会讨论审议时，遭到了国内科技界、教育界的反对，联合上书要求推迟颁布版权法，暂时不加入国际版权公约，暂不涉及科技作品的版权问题。因为中国颁布版权法会妨碍使用外国的图书、期刊，每年购买原版书刊的版权费将多达 6 亿美元。❶ 国务院法制局与国家版权局做了大量解释和调查工作，逐步统一了版权立法的认识。国际版权局先后举办了三次重要的全国性会议，讨论中国版权法审议、公布、实施，中国新一部版权法呼之欲出。

三、世界新闻版权权利时期

经过长达 11 年的艰苦努力，克服了种种经济、政治和思想观念的困难与束缚，1990 年 9 月 7 日通过了新中国第一部《著作权法》。该法于 1991 年 6 月 1 日起实施。1992 年 9 月国务院第 105 号令发布《实施国际著作权条约的规定》，中国版权保护进入世界版权权利时期。这一时期，中国的版权保护已不再局限于中国范围，版权保护的对象扩大到参加《伯尔尼公约》的所有成员的版权人。版权保护的客体更加广泛，包括文学艺术作品，影、视、录像作品，工程设计、地图及计算机软件等。版权法中关于新闻作品的规定主要来源于《伯尔尼公约》。

（一）国际版权条约影响版权法体系的构建

中国自公布《著作权法》以来，对内颁布了一系列版权保护的立法、行政、司法方面的法律；对外加入了世界上主要的国际知识产权保护公约，和一些国家签订了相互保护版权的双边、多边协议协定；以不断修订的版权法为核心的中国版权保护体系逐渐形成、逐步完善。

❶ 吴海民. 走向伯尔尼——中国版权备忘录 [EB/OL]. [2008 - 12 - 22]. http：//www. law - 999. com/n1207c170. aspx.

　　国内部分的保护新闻作品版权的法律包括：《宪法》《民法通则》《著作权法》《刑法》、单行法规、行政条例以及最高人民法院的司法解释等文件中，比如：《最高人民法院关于审理涉及计算机网络版权纠纷案件适用法律若干问题的解释》（2000 年 11 月 22 日通过）、《最高人民法院关于审理著作权民事纠纷案件适用法律若干问题的解释》（2002 年 10 月 12 日通过）等司法解释，增强了版权执法的操作性和统一性。

　　版权行政保护方面，颁布了《作品自愿登记试行办法》（1994 年 12 月 31 日）、《著作权法实施条例》（2002 年 9 月 15 日施行）、《著作权集体管理条例》（2004 年 12 月 28 日公布）、《互联网著作权行政保护办法》（2005 年 5 月 30 日实施）、《信息网络传播权保护条例》（2006 年 7 月 1 日实施）、《广播电台、电视台播放录音制品支付报酬暂行办法》（2010 年 1 月 1 日起施行）等法规。

　　刑法保护方面，《刑法》第 217～219 条专门规定了侵犯著作版权的犯罪的行为。公布了《全国人民代表大会常务委员会关于惩治侵犯著作权的犯罪的决定》（1994 年 7 月 5 日）、《关于审理非法出版物刑事案件具体应用法律若干问题的解释》（1998 年 12 月 11 日通过）。此外，国家版权局以公告的形式对实践中出现的具体问题做出了许多解答。

　　随着版权国际交流的扩大，中国政府在 1992 年决定同时参加《伯尔尼公约》和《世界版权公约》，分别于 1992 年 10 月 15 日和 1992 年 10 月 30 日对中国生效。此外，还加入了 TRIPs 协议（2001 年 12 月 11 日加入）、WCT（2007 年 3 月 9 日加入）、WPPT（2007 年 3 月 9 日加入）。还和一些国家签订了相互保护版权的双边协议协定，如中美、中俄之间签订的《中美知识产权谅解备忘录》《中俄知识产权合作协定》等。

　　在执法体系方面，中国建立了以国家版权管理部门、国家工商行政管理部门、国家图书音像管理部门、公安部门等为主的行政管理及执法体系，以法院为主的司法体系。❶ 中国参加的这些与版权有关的知识产权国际条约，以及中国与其他国家签订的有关版权保护的双边条约，通过立法程序，转化为中国版权法的法源❷，构成了中国新闻作品版权保护体系的有机组成部分。《实施国际著作权条约的规定》使这些法规正式在中国生效。

　　（二）国际条约推动着版权法的修订

　　1. 2001 年修订

　　第一次修订主要针对互联网的发展，特别是中国加入世界贸易组织的需

---

❶　范家巧. 中国著作权保护现状与面对全球化的冲击和机遇［J］. 出版科学，2009（1）.

❷　刘春田. 知识产权法［M］. 北京：高等教育出版社，2003：37.

要，进行了多条款、非系统性的修订，增删改动的条款达 35 条，50 多处。修订内容主要体现在如下几个方面：

其一，修改了视听作品的名称。版权法第 3 条采纳《伯尔尼公约》的表述方式，用"电影作品和以类似摄制电影的方法创作的作品"代替原版权中的"电视、录像作品"。

其二，增加了版权类别。增加了出租权、放映权、广播权、信息网络传播权，使表演权包括了"机械表演权"。其中的出租权、公共借阅权等与复制件物权相关的权利就常常被误解为仅包括此类作品出版发行版权人的权利。其实，根据国际上通行的 TRIPs 协议和 WIPO 的版权条约的规定，除了版权人的电影或其他视听作品的出租权之外，还包括所有作者的出租权。邻接权中，规定了出版者的"版式设计"权。还为表演者规定了录制品的复制权、发行权、信息网络传播权等更加有效的控制权。录音录像制品制作者则可主张复制、发行、出租及通信信息网络向公众传播等各项权利。

其三，限制了广播电台、电视台的合理使用的权利。删除了原版权法第 43 条关于广播电台、电视台非营业性播放已出版的录音制品的不经许可和免于付酬的规定。广播电台、电视台"使用"他人作品改为"播放"，排除了"播放"之外的其他使用行为。广播电台、电视台复制、发行、通过信息网络向公众传播录音录像制品，应征得版权人、表演者许可。版权人可以授权版权集体管理组织行使其权利（第 8 条）。

2. 2010 年修订

第二次修订主要是应对中美 WTO 争端，进行个别条款增删改动，属于局部修订。为了履行国际社会义务，删除了《著作权法》第 4 条第 1 款，即"依法禁止出版、传播的作品，不受本法保护"。由于中国对出版发行实行预先审查制度，导致一些内容合法但是没有经过审查或审查不过关的作品在中国被侵权时，却无法得到中国版权法律的救济，因为中国的《著作权法》不保护"依法禁止出版、传播的作品"。为了避免非法作品的泛滥，在删除的该条款的同时，也增加了"国家对作品的出版、传播依法进行监督管理"的规定。

这次修订还增加了第 26 条关于版权质押的内容，"以著作权出质的，由出质人和质权人向国务院著作权行政管理部门办理出质登记"，将国家版权局 1996 年颁布的《著作权质押合同登记办法》关于版权质押、质押合同登记的规定正式写入了版权法。

3. 第三次修订

网络传播的普及与技术进步等催生一系列前所未有的作品创作、使用、传播方式。版权保护问题成为国际交流和国际贸易热点，国内、外版权纠纷频发，不同群体利益诉求冲突。现有版权法自颁布以来，已经有 20 多年未进行过系统修订，陆续颁布实施的配套法规分散多头，需要统一整合，提高法规的层级，增加法律的系统性；版权法亟须与时俱进，实现作者、传播者与公众之间利益的平衡。现已公布草案，正处于征求意见的阶段。

根据新制度经济学，制度包括正式制度和非正式制度，前者包括法令、政策等，后者是指人们的价值观、伦理规范、道德、习惯、意识形态等。制度具有抗拒变迁的惯性，除非新制度安排的个人净收益超过制度变迁的费用，否则，自发的制度变迁是不可能的。林毅夫把制度变迁区分为诱致性变迁和强制性变迁。目前版权法领域的立法完善主要是出自政府引发的强制性制度变迁，而非群众性的自发性变迁。由于意识形态、价值观、伦理规范、道德、习惯等这些非正式制度影响着强制性制度变迁的效用，正式制度的变迁必须有非正式制度的密切配合。目前围绕版权法第三次修订引起的巨大反响是无法避免的。

本 章 小 结

新闻作品版权的演进过程可分为新闻版权形成时期、新闻版权权利时期、世界新闻版权权利时期。1709 年的《安娜法令》成为新闻版权形成的标志。1886 年签署《伯尔尼公约》的修订过程反映了新闻作品版权制度化的演进过程。世界各国关于新闻作品版权的立法进程各不相同。与世界新闻版权发展状况相比，中国的新闻版权立法是在外力的推动下前进的。从《大清著作权律》到 1990 年的《著作权法》，中国新闻版权立法走过了曲折的道路，国际大环境的变化和影响时时存在。

第三章　新闻作品版权的现状和问题

从世界范围来看，对新闻作品的版权保护是随着世界各国现代版权制度的建立逐渐完善起来的。世界各国的经济水平和政治制度不同，对于新闻作品保护的状况也存在明显差别。

第一节　世界新闻作品版权的现状

一、《伯尔尼公约》关于新闻作品版权的现行规定

目前，多数成员批准的是《伯尔尼公约》1971 年巴黎文本。中国于 1992 年 10 月 5 日正式加入该公约，批准的也是 1979 年 10 月 2 日更改的 1971 年巴黎文本。《伯尔尼公约》保护作者不依赖其财产权利而独立存在的精神权利，即使作者把自己某部作品的版权（即财产权利部分）全部转让给了出版者或广播组织，后者也无权将作者的名字从作品上删去，或者篡改他的作品。文学艺术作品的保护期限为作者有生之年加死后 50 年，摄影和实用艺术作品的保护期为作品完成之日起 25 年。作者享有和行使版权权利需履行手续。关于新闻作品的规定主要包括以下内容。

（一）不保护每日新闻或单纯报刊信息事实

《伯尔尼公约》1971 年巴黎文本第 2 条第 8 款规定不保护每日新闻或报刊信息事实。英文版本这样表述：" Article 2, paragraph（8）: The protection of this Convention shall not apply to news of the day or to miscellaneous facts having the character of mere items of press information❶," 中文译为："本公约提供的保护不适用于具有纯粹消息报道性质的日常新闻"❷，或 "本公约给予的保护，不适

---

❶　世界知识产权组织. 保护文学和艺术作品伯尔尼公约（1971 年巴黎文本）指南（附英文文本）[M]. 刘波林，译. 北京：中国人民大学出版社，2002：228.

❷　郑成思. 版权国际公约概论 [M]. 北京：中国展望出版社，1986：131 – 132.

用于单纯消息报道性质的每日新闻或各种事实"。❶ 据世界知识产权组织编写的《版权和邻接权法律术语词汇》解释，"news of the day" 是指 "Mere information on recent events of facts by the press, broadcasting of other appropriate means. It is not a work elgible for copyright protection"（通过报刊、广播或其他适宜的手段传播的有关近期事件或事实的单纯信息）。它属于不符合版权保护条件的作品❷，据此解释，"日常新闻" 仅指新闻事件或事实的单纯信息。

　　世界知识产权组织编写的《保护文学和艺术作品伯尔尼公约（1971 年巴黎文本）指南》则把 "news of the day" 解释为 "mere news"（纯新闻）。该指南认为："The rationale of this provision is that the Convention does not set out to protect mere news or miscellaneous facts because such material does not possess the qualifications necessary for it to be considered a work."❸ 意为 "公约做出这一款规定，说明它并不打算保护纯新闻或各种事实，因为这类素材并不具备可以被确认为作品的要件"。

　　西方的 "纯新闻" 也被称为直写新闻，是采用客观报道手法迅速而简洁地报道新闻事实的新闻文体，在 19 世纪末以前在新闻报道文体领域一度占统治地位。20 世纪以后，尽管深度报道、新闻特写迅速发展，但是纯新闻的地位仍然不可动摇。在报纸、广播、电视等新闻媒体中，纯新闻仍然是传播新闻信息的主要新闻体裁。纯新闻以何事为报道重点，客观报道新闻事实，其他新闻要素常常一带而过，不宜直接参与评价，把事实报道与意见分开，引用知情人或权威的评价应注明出处。❹ 纯新闻结构简洁明快，常使用倒金字塔结构形式；文字朴实，文约义丰，报道迅速及时。西方的纯新闻，绝大多数都是当日新闻，甚至可以把二者画等号。❺ 纯新闻是为了传递当日或最近信息的纯客观的事实性报道，鉴于广播、电视的录音或视听报道已经融入了技术成分，可能拥有邻接权，因此，被《伯尔尼公约》排除在版权保护客体之外的应该是文字纯新闻。美国不保护新闻事实，只保护新闻事实的表达，即保护广播、电视的技术表达形式，也可以佐证这一点。此外，中国《著作权法实施条例》把 "时事新闻" 解释为 "单纯事实消息"，与纯新闻的说法不无关系。

---

　　❶ 世界知识产权组织. 保护文学和艺术作品伯尔尼公约（1971 年巴黎文本）指南（附英文文本）[M]. 刘波林，译. 北京：中国人民大学出版社，2002：228.

　　❷ 世界知识产权组织. 著作权与邻接权法律术语汇编 [G]. 北京：北京大学出版社，2007：165.

　　❸ 世界知识产权组织. 保护文学和艺术作品伯尔尼公约（1971 年巴黎文本）指南（附英文文本）[M]. 刘波林，译. 北京：中国人民大学出版社，2002：228 – 229.

　　❹ 程道才. 西方新闻写作概论 [M]. 北京：新华出版社，2004：90 – 91.

　　❺ 程道才. 西方新闻写作概论 [M]. 北京：新华出版社，2004：96.

　　综合上述两种解释，"news of the day"是指"只提供单纯事实信息的当日新闻"。可见，《伯尔尼公约》第2条第8款规定的真正含义是："本公约所提供的保护不适用于每日新闻或单纯报刊信息性质的各种事实。"《伯尔尼公约》的俄文版也证实了这一点。《伯尔尼公约》第2条第8款的俄文版是："Статья 2 (8). Охрана, предоставляемая настоящей Конвенцией, не распространяется на новости дня или на различные события, имеющие характер простой пресс-информации."，其中的"новости дня или на различные события, имеющие характер простой пресс-информации"的意思正是"每日新闻或单纯包括信息性质的各种事实"。

　　《伯尔尼公约（1971年巴黎文本）指南》同时强调，"采访记者和其他记者用于报道和评论新闻的文字如果包含充分的智力创作成分，足以看作文学和艺术作品，则是受到保护的"。至于其中的"这种智力创作成分是否充分地表现了出来，以及将新闻和事实形诸文字的是带有一定独创性的叙述，"还是关于新闻和各项事实的枯燥无味的、没有个性的简单报道（a simple account, arid and impersonal），❶则要由法院根据个案进行判断和确定。由此可见，《伯尔尼公约》不保护的仅仅是不包含智力创作成分的日常新闻（只提供单纯事实信息的新闻）或各种事实。原因在于各种事实不是作者"创作"的，而是由记者"发现"的，不具有原创性。日常新闻虽然是作者写作出来的，但是表达和内容基本合一，任何一名受过专业训练的人写出的此类内容基本相同或相近，很少有表现原创性的空间。并且，即使这类新闻有些许原创性，但是，由于新闻的信息属性和公益性质，还是较难享有版权保护。

　　新闻和事实尽管不受版权保护，但也不是可以任意抄袭和盗版的。对从竞争对手那里窃取而不是向通讯社订购新闻的报社，可以根据反不正当竞争法提起诉讼。❷由此可见，《伯尔尼公约》真正想要排除在保护之外的是纯属报刊性质的、不包含智力创作成分的日常新闻或各种事实。其中的日常新闻虽然是新闻作品，但是只提供单纯事实信息的新闻，其表达方式很少甚至表达方式唯一，故而不能享受公约提供的版权保护。至于其他新闻作品能否成为版权法保护的客体要视其具体情况而定。

　　（二）成员自行规定政治和诉讼演讲的版权

　　《伯尔尼公约》第2条之2规定，本联盟成员有权立法规定把政治演讲和

---

❶　世界知识产权组织. 保护文学和艺术作品伯尔尼公约（1971年巴黎文本）指南（附英文文本）[M]. 刘波林，译. 北京：中国人民大学出版社，2002：21.

❷　世界知识产权组织. 保护文学和艺术作品伯尔尼公约（1971年巴黎文本）指南（附英文文本）[M]. 刘波林，译. 北京：中国人民大学出版社，2002：21.

诉讼过程中发表的言论部分或全部排除在保护之外，自行规定此类作品的报刊转载、无线或有线广播以及扩音器或其他任何传送符号、声音或图像的类似工具进行公共传播的条件，但作者享有将上述作品收编成汇集本的专有权。《伯尔尼公约》充分顾及各成员的不同政治环境和传播政策，允许各成员根据各自的国情确定对政治演讲和诉讼演讲的内容的版权保护程度，甚至可以不保护，自行确定和公开传播的条件，前提是必须保证作者对这两类作品的汇编成集的专有权。

政治演讲和诉讼演讲的版权保护与政治、司法制度密切相关，版权主要是指向作者或其他版权人的经济权利的，因此，《伯尔尼公约》交由各成员自行规定。

（三）允许有条件引用新闻作品

为了满足公众对信息的迫切需求，《伯尔尼公约》对作者利用其作品的专有权加以限制，被称为"使用作品的有限自由"和"使用作品的其他自由"，❶其中涉及新闻作品的有引用报刊上或广播电视节目中的文章及时事报道的使用自由。

《伯尔尼公约》第10条规定，在注明出处和作者姓名（如有）的前提下，从一部合法向公众发表的作品中，包括以报刊摘要形式摘引报纸期刊的文章，只要符合善良习惯，并在为达到正当目的所需要的范围内，就属合法。世界知识产权组织编写的《保护文学和艺术作品伯尔尼公约（1971年巴黎文本）指南》对"引用"的解释是："引用是指复制某一作品的片段，用来说明某一主题或为某一论点辩护，或用来描述或评论被引用的作品，引用的范围包括文字作品书籍、报刊、杂志、电影、录音制品或广播电视节目"。可见，几乎所有的新闻作品均可纳入被引用的范围。

根据《伯尔尼公约》规定，合法引用须符合四个条件：一是被引用的作品必须是合法发表的作品，未发表的作品不得引用；并且引用的目的必须是发表，把作品提供给公众。二是符合公平惯例。引用行为公平与否最终要由法院进行裁定，评判标准包括：引用部分所占的比例或是否为其最重要的实质部分，新作品是否会同被引用作品形成竞争，是否会影响被引用作品的销售和发行以及影响的程度等。三是引用目的正当，比如在教学中合理引用出版物、无线电广播或录音录像的片段等。恶意引用他人版权作品的片段，而且引文与其作品的主题无关，则会被法院判定违法。四是引用必须指明出处，如果原作品上标注了作者姓名，应同时注明该作者的姓名。

---

❶ 世界知识产权组织. 保护文学和艺术作品伯尔尼公约（1971年巴黎文本）指南（附英文文本）[M]. 刘波林，译. 北京：中国人民大学出版社，2002：47，50.

《伯尔尼公约》之所以规定可以"以报刊摘要形式摘引报纸期刊的文章"，《保护文学和艺术作品伯尔尼公约（1971 年巴黎文本）指南》认为这与新闻评论的性质有关，因为新闻评论的目的在于向社会提供从出版物中摘录的片段，由读者、听众或观众去形成自己的观点。引文也常用来论证某一观点或主题。"不论怎样，公约现在是将新闻评论置于与其他作品相同的地位上的。"❶

（四）有条件转载时事性报刊文章

对报刊、广播或公开有线传播等方式发表、播放、转载的有关当前经济、政治和宗教问题的时事性文章，本联盟成员法律有权准许在未直接声称保留权利的前提下，在报刊上转载，或向公众作无线或有线广播，但任何时候均必须明确指明出处。不履行该项义务的后果由国家以法律形式规定（《伯尔尼公约》第 10 条之 2 第 1 款）。

这一条规定对于文字和语言新闻媒体至关重要。《伯尔尼公约》1967 年文本曾经规定，"有关当前经济、政治或者宗教问题的作品，在没有明确保留权利的情况下，可以根据公约自由转载"。《伯尔尼公约》1971 年巴黎文本则把是否准许转载的问题交由各成员自行规定，但是必须尊重作者保留权利的情况一直未加修改。可见，公约是保护这类报刊文章的版权的，只不过是为了维护公共利益，让公众快速获知相关信息而自由使用。

转载主体不仅包括报刊，而且包括广播组织或其他公开传播者。《保护文学和艺术作品伯尔尼公约（1971 年巴黎文本）指南》认为，考虑到现代传播手段，这一款规定的新闻文章不仅限于报刊媒体，而且涉及被播放的文章。不仅报刊社可以使用此类作品，而且广播组织也可以使用。可以是通过电视屏幕公开传播，也可以利用扬声器现场播放。但是仅限于播放行为本身，不延及使公众有可能听到或者看到该广播电视节目的其他行为。

被转载的新闻作品必须同时满足下列条件：所涉内容必须有当前性，必须是涉及当前受关注问题的文章；内容仅限于经济、政治或宗教问题；文章必须是已经登载或者被播放过的；作品的作者没有声明保留权利的；转载的同时必须注明出处及作者姓名（如有）。

（五）为报道新闻可附随性使用任何作品

本联盟成员法律有权规定为了报道新闻（for the purpose of reporting current events），在何种条件下，准许在报道的正当需要范围内，以复制、摄影、录制、有线或无线广播等手段合理使用时事事件过程中出现或公开的文学和艺术

---

❶　世界知识产权组织. 保护文学和艺术作品伯尔尼公约（1971 年巴黎文本）指南（附英文文本）[M]. 刘波林，译. 北京：中国人民大学出版社，2002：48 - 49.

作品（《伯尔尼公约》1971 年巴黎文本第 10 条之 2 第 2 款）。世界知识产权组织编写的《版权与邻接权法律术语汇编》认为"report current events""一般理解为通过任何适宜的手段向公众通报世界上近期发生的大事"。❶ 在通过电影或广播、电视节目报道此类新闻事件的过程中，经常会偶然地、附带地看到或听到受版权法保护的作品，如电影、广播电视作品、录音作品、照片、音乐、绘画、雕塑、建筑等作品以及同类型的新闻作品。对于这些作品的使用很难甚至不可能提前预知，事先征得所有作品的版权人同意确实勉为其难，尤其是在现场转播的情况下。

但是，必须防止滥用这一自由。任何时候不能离开报道新闻这一目的。报道时事新闻时所使用的作品必须是在新闻事件发生过程中看到或听到的，不准事后将音乐作品补充到电影或广播电视节目中。虽然新闻报道为了受众需要而增强现场感，但是在报道仪式活动或展览活动时，并不要求复制仪式上演奏的所有乐曲或展览会上陈列的全部绘画。在报道新闻的电视节目中，可以出现该事件发生地点放置的受版权保护的雕像或建筑作品。因为不这样做，报道几乎不可能进行。但如果将仪式活动上的整个音乐会都录制下来，或是在一部电视新闻中出现某一展览上的所有艺术作品的镜头，就很难被认为是为了报道新闻而为之。《突尼斯示范法》还规定了记录片对公共场所的美术作品和建筑作品的使用。

还须防止在报道新闻的幌子下盗用现成的版权新闻作品，比如未经许可擅自在期刊中频繁使用新闻照片。新闻的概念必然要排除仅仅涉及往事的电影或广播电视节目，❷ 报道新闻较少涉及已经成为历史的广播电视节目。

在任何情况下，包括上述合理使用时，均不应损害作者的精神权利和获得正当报酬的经济权利。

（六）版权期限

除非另有规定，新闻作品版权的保护期限与一般作品相同，为作者终生及其死后 50 年。电影作品或其他视听作品的保护期为作者同意下公映后或摄制完成后 50 年届满。摄影作品及作为艺术品加以保护的实用美术作品的保护期限不应少于自该作品完成时算起 25 年。在一切情况下，期限由向之提出保护要求的国家的法律加以规定；但除该国法律另有规定外，不得超过作品起源国规定的期限。

---

❶ 世界知识产权组织. 著作权与邻接权法律术语汇编［G］. 北京：北京大学出版社，2007：221.

❷ 世界知识产权组织. 保护文学和艺术作品伯尔尼公约（1971 年巴黎文本）指南（附英文文本）［M］. 刘波林，译. 北京：中国人民大学出版社，2002：51 - 52.

二、主要国家的新闻版权现行规定

（一）英国

现行英国版权法律制度由 1988 年通过的《版权、外观设计和专利法》（CDPA）的主要部分，以及欧盟和英国分别颁布的知识产权领域的指令和条例组成。现法为《版权、外观设计和专利法》的第 1 编和第 2 编：版权编和表演权编。

1. 保护原创性新闻作品

英国现行版权法●原则上不将任何作品排除在版权保护之外，并未排除新闻作品。只要新闻作品符合版权保护的要件，没有例外规定，均可以受到保护，司法实践也并未否定电视节目时间表的版权。在英国，可以成为版权客体的新闻作品包括具有原创性的新闻文字作品、新闻艺术作品、新闻录音作品、电影新闻作品、版式设计的出版物、新闻标题及其链接等。

在英国，作品只要没有复制已有的作品，只要体现出作者付出了最低限度的技巧、判断和风格等劳动成果，并且不考虑其质量的风格高低，都可以具有版权性。文字新闻作品需要以书面或其他形式记录下来才能享有版权。版权不能存在于一个纯粹的想法之上（Green 诉 New Zealand Broadcasting Corp（1989）案），并且即兴演讲等口述作品的记录不需要征得作者的同意，记录者的身份也不影响口述作品的版权性。只要存在书面形式或录音之类的记录行为和记录结果，谁记录不重要，是否由作者本人记录与版权性无关（英国版权法●第 3 条第 3 款）。Walter 诉 Lane（1990）案的判例说明，口述作品的记录可以产生两个不同的版权，一个是既有演讲者的版权，也有记录这一演讲的新闻报记者的版权。❸ 新闻采访过程中口述作品的版权由参与谈话者和记录者（记者）共有。

Macmillan 诉 Cooper（1923）案的判决说明：作者未"给产品加入某些原材料不存在的品质或特点"，仅仅是运用"选择、判断和经验"或"劳动力、技术和资本"也会获得汇编作品的版权。报刊编辑对其他作者的现有作品进行不重要的增加和修正行为，不足以获得版权（Hedderwick 诉 Griffin（1841）

● 英国版权法英文版：http://www.legislation.gov.uk/ukpga/1988/48/contents.
中文版：本书使用的英国版权法的译本为十二国著作权法翻译组编写的《十二国著作权法》中的《英国版权法》部分。
❷ 因英国 1988 年《版权、外观设计和专利法》第一编为版权法，为叙述方便，此处直接使用英国版权法，下同。
❸ 英国卡文迪什出版有限公司. 知识产权法 [M]. 徐亮，译. 武汉：武汉大学出版社，2003：115.

案）。同理，对已有作品简单的再版也不够获得版权保护（Hogg 诉 Toye&Co（1935）案）。

英国版权法将照片归入艺术作品，可以作为版权客体的艺术新闻作品有新闻照片（不得是新闻影片、电视片的一部分）；具有新闻价值的、直接或辅助报道、评价新闻事实的图片等。

广播的概念不包括任何经由互联网进行的传输，但是互联网的传输与其他手段同时进行，对于时事的即时传输或者互联网被记录下来的、其他在确定的时间提供的广播节目的一部分均属于广播。因此，广播新闻和广播新闻素材、电视声音新闻、新闻音乐资料均可能成为广播版权的客体。还规定了特定卫星广播之保护措施（英国版权法第 6 条之 6A 款）。如果非欧洲经济区的国家不保护最低水平的基于特定卫星广播的作者无线广播权、现场直播权与表演者权，上述权利应该分别基于文字、戏剧、音乐和艺术作品、电影或广播作品和表演者的权利加以保护。录音制品制作者与表演者对于其作品的无线广播享有分享合理报酬的权利。

"电影"是指能够通过任何手段再现运动图像的任何媒介上的录制品，包括附随于电影的音轨，同时音轨还享有作为录音制品的版权。新闻记录电影、电视新闻和电视新闻素材等新闻作品均为再现运动图像的录制品，应属于版权客体。

版式设计的出版物指一部或多部文字、戏剧或者音乐作品的全部或任何部分之已出版版本。就新闻作品而言，报纸版面设计、广播电视新闻编排、网页设计的版本可成为版权客体。

上述录音制品、电影和版式设计的出版版本要求具有永久的形式。而由广播机构制作的广播节目、电视广播节目以及电缆节目无论是否具有永久形式，都能获得版权保护，但保护的前提是原件或首次播出的作品。如果录音或影片是或在某种程度上是对在先录音或影片的复制，则不能享有版权（英国版权法第 5 条第 5A 款和第 5B 款）。"若出版物之版式设计是复制或在某种程度上复制了在先的版式设计，则不享有版权"（英国版权法第 8 条）。侵犯或者在某种程度上侵犯其他广播之版权的广播不享有版权（英国版权法第 5 条第 6款）。

标题甚至标题的链接可能成为版权的客体。Francis Day and Hunter v Twentieth Century Fox Film Corpn. 案的主审法官 Wright 认为："一般情况下，一个标题本身并不是版权适当的作用对象"，❶ 离开具体的文学作品的标题很难有足

---

❶ [英] 萨莉·斯皮尔伯利. 媒体法 [M]. 周文，译. 武汉：武汉大学出版社，2004：213.

够的理由寻得版权保护。因为，简单标题较难具备版权存在所要求的"常识特征"，即传递信息、提供指导以及给予欢乐（以文学享受的形式）。但是在特定情况下，一个标题也可能成为版权法保护而被禁止复制的对象。此外，在对抗泄密行为时，标题也可以成为保护对象。如果在公众的心中，作品的标题与作品已经成为一体，即可以提起假冒之诉以禁止他人作品借用该标题进行容易使人误解地描述或使用。❶

谢德兰时报案说明新闻标题可以成为版权保护的对象。在谢德兰时报案（Shetland Times）❷ 中，苏格兰法院认为报纸新闻的标题具有版权而颁发了临时禁令进行法律救济。自 1995 年 11 月开始，网上发行的"谢德兰新闻"（Shetland News）提供了一个新闻标题的链接，转到另一网络在线出版的《谢德兰时报》的新闻标题。1996 年，后者认为该超链接侵犯了其版权，成功获得了一个临时禁令以限制相关网站链接的进一步操作，并向苏格兰高级民事法庭上诉，最终赢得了官司。❸

议会上议院或下议院指导或控制下完成的作品，如录音制品、录像制品、实况广播节目等享有议会版权，英国版权法还规定了特定国际机构的版权。

2. 雇佣新闻作品的版权归雇主

根据英国版权法，版权主体可以是作者、版权继承人、版权受让人，也可以是国家或专门组织（法人或非法人）。英国现行版权法规定，除非雇佣合同有相反约定，雇员在雇佣过程中完成的文字、戏剧、音乐、艺术作品或电影，其雇主是版权原始所有人，女王版权、议会版权或特定国际机构的版权除外。

电影、广播只要不止一人参与完成，均被视为合作作品。除非另有规定，合作作品的版权归全体合作人共有，如果某一作者的作品具有独立意义可单独享有版权。

英国把新闻作品当作产品处理，其财产权自然归属于雇主。

3. 版权内容以经济权利为主

英国版权法把版权视为一种财产权，特别重视经济权利，包括复制权，公开发行权，向公众出租或出借权，公开表演、播放或放映权，向公众传播权、改编权和间接侵权。

对各类新闻作品而言，复制是指以任何物质形态对作品进行复制，包括通过电子手段以任何媒介储存作品。电影或广播的复制包括将电影或广播的图像的整体或其实质部分拍摄成照片。对出版物版式的复制指对版式进行摹本复

---

❶ 吴汉东，曹新明，等. 西方诸国著作权制度研究 [M]. 北京：中国政法大学出版社，1998：256.

❷ Shetland Times v Wills（1997）FSR 604.

❸ 帕夫利克. 新闻业与新媒介 [M]. 张军芳，译. 北京：新华出版社，2005：1.

制。对于任何类型的作品，复制均包括对作品进行的临时性复制或者基于对作品的其他使用所产生的附随性复制。只不过某些不可避免的附随性复制被列入了合理使用的范围，但是附随性复制权依然存在。

公开发行是指对作品复制件和原件的公开发行，具体是指未经版权所有人同意在欧洲经济区或其他地方将先前未进入流通领域的作品复制件投入流通领域，或者将未投入流通的作品在欧洲经济区之外投入流通，但不包括任何在此之后对作品复制件的批发、销售、出租以及向欧洲经济区输入。如果把某电视台的新闻节目录制下来复制多份，然后卖给需要的购买者；或者把报纸上的新闻复印多份散发，无论是否收费，均会侵犯新闻作品的公开发行权。

向公众出租或出借权中的"出租"是指为了直接或间接经济利益，允许他人使用作品复制品或原件，且将会或可能返还；"出借"是指并非为了直接或间接经济利益，通过公众可以利用的机构，允许他人使用作品复制品或原件，且将会或可能返还。但是，"出租"和"出借"不包括向公众表演、播放或放映，不包括公开展览、现场参考之目的而允许他人使用。

公开表演、播放或放映权中的表演形式包括在讲课、演讲、讲话和布道，也包括以录音、电影或广播等其他可听或可视的方式对作品进行呈现。版权禁止录音制品、电影或广播的公开播放侵权和放映侵权。使用电子手段传输的视频或音频公开表演、播放或放映作品构成侵权时，视频或音频的发送者以及表演作品的表演者不负侵权责任。

向公众传播权中的"向公众传播"是指通过电子传输向公众广播作品，以让公众可以在其自行选定的地点和时间获得作品。向公众传播文学、戏剧、音乐或艺术作品、录音制品或电影、广播是版权禁止侵权的行为。

改编权中的"改编"包括将文字作品或者戏剧作品中的故事情节或者动作的全部或主要部分转换成适合于图书、报纸、杂志或类似期刊复制的图画，是版权禁止的行为。

间接侵权是指进口、持有或处分侵权复制品，提供制造侵权复制品的手段，为侵权行为提供场所、设备等。

雇佣新闻作品的经济权利归属于雇主，作者仅能以获得工资作为对价。自由撰稿人的新闻作品的经济权利根据作者与新闻媒体的合同约定。

4. 精神权利受到很大限制

由于英国版权法把版权视为财产权，精神权利是因为加入《伯尔尼公约》而补充规定的。新闻作品绝大多数为雇佣作品，作者的版权被工资抵充，几乎只剩下反对虚假署名和放弃署名的精神权利，其他精神权利较少涉及。

（1）反对虚假署名的权利。任何人，包括新闻作品的作者都有权拒绝在文学、戏剧、音乐或艺术作品、电影作品上虚假地将其署名为作者或导演（英国版权法第84条）。公开发行、展览、表演、传播展示包括虚假署名资料的行为，以及把文学、戏剧、音乐或艺术作品虚假署名的行为均构成侵权。

（2）放弃署名的权利。当报社记者（雇佣作者）被通知发表他的署名文章时，如果发现他的文章被报纸编审作了过多的修正，他有权要求报纸不署自己的名字而发表（英国版权法第79条第3款）。

新闻作品的作者不享有表明作者或导演身份权。表明作者或导演身份权不适用于新闻作品，任何报道新闻作品的作者都不享有这一权利。英国版权法第79条第5款明确规定："此项权利不适用于任何以报道时事新闻为目的而创作之作品"。用录音、影片、广播所进行的时事报道相关的行为，或者偶然在艺术作品、录音、电影、广播中使用作品的行为均属于为特定目的而进行的合理使用，只要该行为不侵犯版权，同样也不侵犯作者表明身份权。可以推断，合理使用与新闻报道相关的作品时，即使不标注作者姓名也不会侵犯作者的表明作者或导演身份权。

只有新闻作品的雇主才享有反对对作品进行贬损处理的权利，作者无权反对对作品进行贬损处理。英国版权法第81条规定，反对对作品进行贬损处理的权利"不适用于旨在进行时事报道的作品（The right does not apply in relation to any work made for the purpose of reporting current events）。"为时事报道而创作，或者为了时事报道、经作者同意提供的文字、戏剧、音乐或美术作品，在报纸、杂志或类似期刊或其他参考用途的集合作品出版时，都不适用反对作品进行贬损处理的权利。即使拥有版权的作品如果经作者授权为了时事报道而使用也不享受这一权利。不仅如此，在不改变已出版作品的情况下，对于为时事报道目的而使用的作品在别处的任何后续使用都不适用于此项权利。总之，只有该作品与时事报道目的有关，就不能享有反对对作品进行贬损处理的权利。

如果雇佣作品的原始版权人为作者或导演的雇主，那么，雇主享有反对对作品进行贬损处理的权利（英国版权法第82条）。据此规定，新闻作品如果是雇佣作品，作为版权所有人的雇主拥有和行使这项权利，可以保证自己新闻产品的完整性不受侵害，进而保护自己的经济利益。

某些照片与影片的附随性使用不侵犯隐私权。英国版权法第85条第1款规定，出于私人或家庭目的委托他人制作享有版权的照片或影片者，有权拒绝作品进行公开发行、展览或放映，向公众传播。但是艺术作品、录音制品、电影或广播之偶然附随性使用不构成侵权。

5. 版权期限

新闻作品中的文学作品、艺术作品的版权有效期为从作者死亡算起 70 年。如果艺术作品商业化生产，版权保护期为产品上市起 25 年。录音作品的版权有效期为首次发行或制作完成算起 50 年。电影作品为版权人去世或完成算起 50 年。版式设计的出版版本的版权有效期为从版本首次出版算起 25 年。女王版权的保护期为作品完成之年年底起算 125 年，或如作品完成至第 75 年之间进行商业性出版，则为首次出版算起的第 50 年年底。议会版权或特定国际机构的版权期限另有规定。

6. 合理使用

为报道时事新闻在附有充分声明的条件下对作品（不包括照片）进行的合理使用不构成侵权行为。用录音制品、电影或广播报道时事新闻，无需附有声明。凡艺术作品、录音、电影、广播中附随性使用作品，不构成侵权。为了报道时事新闻或者向公众传播全部或部分作品而直接书面记录或录制口述文字的行为，如果口述人事前未禁止，所记录的版权作品没有侵犯版权行为，则不构成侵权。上述为报道时事新闻而附随使用的作品指所有除照片之外的版权作品，也包括新闻作品（但不包括新闻照片），即为报道时事新闻在附有充分说明的条件下使用其他新闻作品（新闻照片除外）均属于合理使用。

广播目的的附带录制不视为侵权行为。经版权许可或转让，可以广播下列作品：文学、戏剧或音乐作品，或者词类作品的改编形式，艺术作品，录音或影片。为广播之目的许可将文学、戏剧或音乐作品，或者此类作品之改编作品制成录音制品或电影；将艺术作品拍成照片或电影；将录音或电影进行复制。许可的前提是这些录音、电影、照片或有关的复制品不应用于任何其他目的，而且在首次用于广播之后的 28 日内予以销毁。如不销毁，不论其后续目的如何，上述为广播之目的制作的录制品、电影、照片或复制品应被视为侵权复制品。

英国广播公司为维持对其广播节目的监督与控制，制作或使用这些节目之录制件不侵犯广播节目的版权。依照相关广播法案、传播法案，通信管理局根据其被赋予的职能而使用向其提供的录制品、脚本或副本或现存材料的行为不构成侵权。

在附有充分说明的情况下的非商业性目的的研究、供个人及家庭使用合理、临时性复制、个人学习目的而合理使用文字、戏剧、音乐和艺术作品不侵犯该作品版权。

（二）美国

美国现行版权法并未直接排除对新闻作品的保护，新闻作品是否享有版权，关键是看其是否符合版权保护条件，是否对相关权利进行了限制，由法院在具体的司法实践中根据内容和表达合并原则、是否具有原创性加以确定。

1. 保护固定下来的原创性表达

根据美国版权法，版权客体需要三个构成要件：物质固定性、作品原创性、只保护表达。

（1）物质固定性

物质固定性是指固定的媒介必须能够为人们以某种方式感知和复制或传播。固定性在形式上要求存在物理的可触摸的表达媒介。美国国会把"记录于可触摸的表达媒介"定义为：作品有"足够的恒久性，或者其稳定性允许其被察觉、复制，或者能够被传播一段不短的时间"。固定声音制品的载体是指唱片、磁带、唱片、激光唱盘等存储媒介，但不包括电影或电视等视听媒介中的声音和影像。固定复制品的载体除了声音制品之外，还有纸张、电影胶片等其他物理媒介。根据这一标准，通过报纸、期刊、广播、电视、网络发表的报刊文章、整份报纸等几乎任何为大众媒介创作的其他新闻作品，只要符合"原创性"条件就可以登记版权。不可触摸的媒介不受联邦版权法保护，如演讲、即席表演、新闻采访过程中参访对象的未经固定的口述作品等。但是这些作品自创作之日起就受到普通法的保护。如果对这些作品加以固定，则立即转入联邦版权法的保护之下。

（2）作品原创性

原创性是指一项版权作品必须蕴含着作者相当的智力投入，并且不存在抄袭、模仿别人的已经存在的作品的行为。原创性的内涵包括两个层面：首先，作品应当是作者独立完成的。要求作品须为出自作者本人的非复制品。只要具有原创性，即使新闻作品采制过程中的具有原创性的素材和半成品均可享有版权。新闻作品采制过程中的文字手稿、录音、录像素材都属于作品范围。其次，作品应当具有适量的创造性。这种"创造性"并不要求必须是高质量的、新颖的、独一无二的，"有那么一点点就行了"（more than a mere trivial）。即使是平常的庸俗的作品也可以登记版权。因为版权法司法系统不能承担文学或艺术评论家的指责（参见新闻作品的原创性部分的相关论述）。

（3）保护新闻的原创性表达

新闻作品是否受到版权法的保护由法院根据是否具有原创性、内容和表达二分法、合并原则等加以确定。美国司法实践中不保护未经加工的初始新闻、新闻内容、新闻事件，只保护新闻的描述。

美国司法实践中采用内容与表达二分法，恪守不保护思想（idea）、只保护表达（expression）的规律，即不保护原始新闻（raw news）新闻事件以及资讯（information），尽管对于新闻事件的描述（description）可以受到保护。比如，到达飞机事实现场的第一位记者，没有权力阻止其他人对飞机失事的事实或有关事件如何发生的细节进行报道。这名记者最大的权力是拒绝他人使用他对这一事件所做的描述。❶ 其他记者应该用他们自己的语言来描述这一事件。每当一名记者捕捉到一则独家新闻，很快会有其他记者追踪这件事情，他们会谨慎使用自己的措辞进行描述，同时确认消息来源。

新闻信息常常是通过反不正当竞争法来加以保护的。在版权法对于某些新闻信息的侵权鞭长莫及时，可以适用普通法中的"盗用"或"不正当竞争"提出附加司法救济。1918 年，美国最高法院通过一项指导性原则，规定新闻为"准财产"（quasi property），剽窃新闻的行为适用于商业上的"不公平竞争"原则。❷ 判断盗用是否成立的关键在于涉案作品是否相同或相似，这种相似是否会引起产品购买者的混淆，或影响产品的经济利益。一字不差地盗取别人的新闻会根据反不正当竞争法（unfair competition）进行惩罚，需要支付损害赔偿。一般对于新闻或新闻事实，如要转载或传播，即使这些新闻消息的传播是国家鼓励的，是对公众有益的，除非双方有协议，否则也必须给原始获得新闻者 20 小时的优先传播权。❸

即使新闻作品具有了上述三个条件，也并非所有作品或作品中的一切内容都可以受到版权保护，那些属于"想法"（idea）性质的部分自始至终不能享有版权。在任何情形下，均不保护思想、程序、方法、系统、运算方式、概念、原理或发现，无论作品以何种形式对其加以描述、说明或者体现（美国版权法第102 条）。

2. 新闻作品版权的主体多为雇主

由于绝大多数新闻作品属于雇佣作品，雇主被视为作者，版权权利归属于创作者的雇主，版权的经济权利完全由创作者转移到雇主手里，版权保护变成了新闻产品版权人经济权利的保护。自由职业者的版权新闻作品的版权内容、版权归属与一般同类作品等同，一般依照合同约定确定其权利归属。

自由投稿的新闻记者、撰稿人或摄影师拥有报道或图片的版权，有权选择权利卖给发行人。资历不够的撰稿人与摄影师几乎没有选择的余地，只能遵守图书或杂志发行人的规定。并且，新闻作品的时效性很强，通常情况下，作者通常情况下总是急于出手。面对经验丰富的组织机构，即使是作品销路好的作

❶ 韦恩·奥弗贝克. 媒介法原理 [M]. 周庆山，等，译. 北京：北京大学出版社，2011：236.

❷ 吴汉东. 著作权合理使用制度研究 [M]. 北京：中国人民大学出版社，2005：101.

❸ 李祖明. 知识产权法案例研究 [M]. 杭州：浙江大学出版社，2002：9.

者也是比较被动的，只不过他们选择的余地稍大。大多数购买新闻作品的发行人会根据自己的利益详细列出需要购买的权利，《撰稿人市场》（*The Writer's Market*）列出了权利的种类：所有权利、首次刊载权、北美首次刊载权、同步刊载权（与其他刊物同时印刷发行）、一次刊载权（不一定是首次刊载）。❶ 面对互联网大型数据库出版的市场需求，传统媒体发行人常常置自由撰稿人的利益于不顾，把包含自由撰稿人版权作品的集合作品卖给网络渔利，因此自由撰稿人的维权之路充满艰辛。

3. 保护经济权利，不保护精神权利

和英国一样，作为普通法系的代表，美国现行版权法特别重视版权经济权利的保护，新闻作品的版权所有人享有下列专有权利：制作复制品或录音制品；创作演绎作品；以销售或其他转让所有权、出租、租赁或出借的方式向公众发行版权作品的复制品或录音制品；公开表演、展出该版权作品。

美国将版权视为财产权，包括网络传播的权利。美联社制定了《美联社有关事宜电子信息的政策规定》保护自己的版权，未经允许，不得转载或在网上发布任何材料，不得向任何个人发送美联社版权所有的资料，包括新闻报道、照片、图表、音频、视频信息，数据以及内容通信的资料。❷

版权法中没有规定作者的任何精神权利。自1790年第一部版权法颁布以来，经历了整整200年（1990年）才将精神权利列入版权法。第106条中虽然专门规定了视觉艺术作品作者的署名权（非作者署名和冒用自己姓名）和保护作品完整权，但是又将新闻作品排除在视觉艺术作品之外。明确规定视觉艺术作品不包括电影、或其他音像制品、图书、杂志、期刊、电子信息传递、电子出版物或类似出版物及其任何一项的任何部分，不包括雇佣作品。新闻作品不属于版权法规定的视觉艺术作品，不适用于视觉艺术作品的署名权和保护作品完整权。

尽管如此，不等于作者的精神权利不受任何保护，这些权利依然在普通法的保护之下。作者享有反"盗用"的权利，有权反对针对自己作品的虚假署名。

4. 合理使用

与发行或展出物品的评论有关、与新闻报道有关的制作、发行或展出物品的图片或照片的合理使用均不能构成版权意义上的复制。为了批评、评论、新闻报道、教学（包括用于课堂的多件复制品）、学术或研究之目的而使用版权

❶ 唐·R.彭伯.大众传媒法［M］.张金玺，张刚，译.北京：中国人民大学出版社，2005：509.
❷ 王波.计算机辅助新闻学概论［M］.北京：新华出版社，2000：343.

作品的，包括制作复制品、录音制品或以该条规定的其他方法使用作品，系合理使用，不视为侵犯版权的行为，并且作品未曾发表这一事实本身不妨碍对合理使用的认定。这就意味着为了新闻报道可以合理使用任何享有版权的作品，包括未曾或已经发表的新闻作品。

录音制品的专有权利仅限于复制、创作重新整理、编排或者以其他方式改变作品中的实际声音的顺序或质量的演绎作品的权利，但不包括表演权。该项权利也不得扩大到模仿版权录音制品中的声音的录音制品或复制品，不适用于通过公共广播系统所播放的电视教育和广播电视教育节目的录音制品（版权法第114条）。

临时性录制。播送机构为其本身播送服务或档案保存的需要，可以对演出或展出的某一播送节目制作一件复制品或录音制品，专为存档目的的除外。上述复制品或录音制品须在播送节目首次公开播放之日起6个月内销毁。此外，某一政府机构或其他非营利性机构，为保存与自己使用的需要，也可以制作一定数量的复制品和录音制品，除专为存档的之外，都必须在规定的日期内销毁。

5. 版权期限

1978年1月1日及以后创作的作品，个人单独创作的作品的版权期限为作者终生及死后70年。雇佣作品的版权期限为首次出版后95年，或从创作起120年，以首先到期的期限为准。

1978年1月1日以前创作但未出版或不受版权保护的作品，其版权从1978年1月1日起存在并持续到第302条所规定的期限。但是，此类作品的版权期限在任何情形下绝对不应早于2002年12月31日；如果作品在2002年12月31日前出版，其版权期限则不应早于2047年12月31日。

在1978年1月1日处于第一版权期的任何作品，版权自其最初获得之日起持续28年；但作者死后出版的作品，或版权由最初所有人获得的任何期刊、百科全书或其他汇编作品，或版权由法人团体（个体作者版权的受让人或许可人除外）或雇主获得的任何作品，如果其版权人在原版权期限期满前的1年内向版权局提出申请并在版权局正式登记，版权可续展67年。任何在1998年《松尼·波诺版权期限延长法》生效时仍处在续展期的版权，版权保护期为自原始版权取得日起95年。

6. 版权侵权认定和救济

在美国版权司法实践中，审理版权案件的法庭主要根据三个标准判定是否侵权：首先，原告作品是否具有原创性，法官否认新闻事实、新闻事件、甚至历史事件的原创性，新闻作品的侵权判定主要在表达方式上。这是原告作品自身享有版权的基础。其次，被告是否有机会接触原告作品，排除偶然巧合的可能。新闻作品只要发表，被告接触的可能性很大。最后，被告是否复制了原告作品的表达方式，如果是内容方面的神似，则不能认为是侵权。尤其是在表达方式唯一或很少的情况下，内容和表达、新闻事件和新闻报道作品几乎合一，判定侵权的可能性几乎为零。

版权侵权的司法救济手段有：颁布法院禁令；扣押、销毁或以其他方式处置侵权物品；承担版权人的损失、法定赔偿、诉讼费和律师费。

（三）法国

法国现行版权法是 1992 年 7 月 1 日通过的第 92 - 587 号法律颁布的《知识产权法典》之"文学和艺术产权"部分，最近的修正于 2010 年 1 月 1 日生效。

1. 保护具有原创性和个性特征的新闻作品

法国的立法哲学基础是"天赋人权"，重点主要是保护作品背后人的权利。版权法保护作者就其作品享有一切独占的可以对抗一切他人的无形财产权，保护作者的精神权利。保护的唯一条件是作者创作出了具有"原创性和个性特征"的智力作品。作品是否发表、是否存在雇佣合同以及作品是否为国家公务人员均不影响上述权利。公务人员作者根据其身份或管理职能完成的作品另行规定。作者构思的实现，即使非完全实现，也视为作品创作完成而受到保护。作品的无形财产权与作品原件的财产所有权独立。

法国版权法规定的版权客体并没有排除新闻作品，规定保护作者对其一切智力作品的权利，不论其类别、表达方式、价值或用途（法国版权法❶ L. 112 - 1 条），包括具备原创性和个性特征的文字作品；公开演说等口述作品；音乐作品（无论是否有词）；视听作品；摄影作品以及类似技术完成的作品；书写或印刷的作品；插图、地图等。翻译、改编、改写、整理智力作品，在不损害原作品版权前提下受本法保护。各种文选、文集因其选材、编排构成智力创作，其创作享有同等保护。"智力作品的标题，只要具有独创性，同作品一样受本法保护"。即使版权法规定的作品保护期届满后，任何人不得在可能引起混淆的情况下，以个人名义在同类作品上使用该标题。智力新闻作品的标题也不例外，只要其体现了创造性，就可受到版权法保护。

2. 明文规定了记者作品的作者权

法国版权法严格区分作者权和邻接权。根据法国版权法，如无相反证明，

---

❶　法国版权法指法国《知识产权法典》之"文学和艺术产权"部分，为叙述方便，此处直接使用法国版权法，下同。

以其名义发表作品者为作者，集体作品的版权属于以其名义发表的自然人或法人；合作作品是合作人的共有财产，根据共同协议行使权利；不能达成一致时，由民事司法机关裁定；视听作品（包括无线电广播作品）的共同作者为剧本作者、改编作者、对白作者、专门为视听作品创作配词或未配词的乐曲作者、导演。如果视听作品或广播作品源自仍受保护的已有作品的，原作作者视为新作作者。在不影响已有作品版权的情况下，作者未予合作的情况下合并而成的新作品组合作品（如期刊）为完成该作品作者的财产。融为一体不能分辨个人权利的集合作品，如无相反证明，以其名义发表的自然人或法人拥有财产权。笔名、匿名作品，如笔名影响身份的确认，作者的权利则由最初的出版人、发行人行使。改编作品的作者权利归属于的一个或数个自然人。

3. 所有新闻作品的精神权利归属于作者

法国版权法的特点是结构二元论，即认为作者精神权利和经济权利原则上是彼此独立的，而且认为精神权利优于财产权利。所有作品（包括新闻作品）的精神权利归属于作者。作者对于自己的姓名、作者身份及作品享有受尊重的权利，不可剥夺且不因时效而丧失，在作者死亡后可以被继承。作者享有发表权、追悔与收回权、结集出版权（软件作者不得行使追悔与收回权）。作者行使收回权时，应赔偿相关人的损失。只有作者才有权或许可他人将其文章和讲话结集出版。

4. 详细规定了记者作品的范围和使用权

法国版权法第 L. 122 - 1 条规定，作者的经济权利包括表演权和复制权。在保护的内容上，法国版权法很重视对表演权的保护，认为表演权属于"直接传播权"，作品的复制权则属于"非直接传播权"。表演权包括公开朗诵、音乐演奏、戏剧表演、公开演出、公开放映及在公共场所转播远程传送作品；远程传送，包括通过电信传播的一切方式，传送各种声音、图像、资料、数据及信息，把向卫星发送作品视为表演（法国版权法第 L. 122 - 2 条）。复制是指以一切方式将作品固定在物质上以便间接向公众传播，尤其指印刷、绘画、雕刻、摄影、铸模、所有平面和立体造型艺术方法、电影或磁性录制，建筑作品的复制包括重复使用图纸或标准设计。未经作者或版权人、版权继受人同意非进行全部或部分的表演或复制均属非法，通过任何和手段进行翻译、改编、改动、整理或复制亦属非法。此外，还保护艺术作品版权的延续权。

2009 年 6 月 12 日通过的第 2009 - 669 号版权法明文规定了记者作品的权利及其使用。版权法界定了新闻报刊和出版的概念。新闻报刊的范围涵盖了所有新闻作品的传播载体，包括网络在线出版的新闻报刊。除非另有规定，新闻报刊是指职业记者参与制作的新闻刊物以及所有的刊物变化形式，无论其采用何种载体，以何种方式传播和查询（法国版权法第 L. 132 – 35 条）。通过由第三人出版的在线对外传播服务或其他任何服务，发行新闻报刊的全部或部分内容所属的出版物总编的监督下完成或发行到发行内容摘录的新闻报刊专属空间中，视为新闻报刊内出版。通过由新闻公司或其所属或控制的集团出版的在线对外传播服务，发行新闻报刊的全部或部分内容，并标注新闻报刊名称的，同样视为在新闻报刊内的出版（法国版权法第 L. 132 – 35 条）。

新闻作品的使用权有条件地转让给雇主。持续或偶尔参与新闻制作的职业记者或同类人员，为完成新闻报刊而实现的作品，如果雇佣合同无相反约定，且无论作品出版与否，该新闻作品的使用权排他性地转让给雇主（法国版权法第 L. 132 – 36 条）。

不同新闻报刊转载时必须支付报酬为对价。记者作品在上述界定的新闻报刊内，在不同媒介上使用，仅以公司协定，或如无公司协定则以劳动法典第 L. 222 – 1 条及以后各规定的任何其他集体协定来确定的工资为对价，依据新闻报刊的周期性及其内容的性质加以确定（法国版权法第 L. 132 – 37 条）。除此之外的时期的新闻报刊内使用作品的报酬，依据公司协定或其他集体协定，版权报酬或工资的形式支付。

集团新闻报刊公司的使用权由公司协定规定。出版公司或根据商法典规定的新闻报刊的控制公司，在出版多个新闻报刊时，公司协定规定其相关新闻类报刊对作品的传播，其中相关新闻类别的概念或相关新闻报刊的名单由该控制公司协定确定。

在相关新闻类别报刊中使用记者作品的，必须明确标注记者的身份，或根据公司规定标注作品原始发表的新闻报刊的名称（法国版权法第 L. 132 – 39 条第 2 款）。相关新闻类别报刊在记者权利转让时，不得损害记者的精神权利（法国版权法第 L. 132 – 40 条）。

新闻报刊之外的使用者使用所有记者作品均必须支付相应的报酬。法国版权法第 L. 132 – 35 条界定的新闻报刊之外的使用报酬，依照公司协定确定以版权或工资的形式支付（法国版权法第 L. 132 – 39 条）。初始新闻报刊或相关新闻类别报刊以外的使用权利的转让，须由作者签署单独协定或集体协定明确表示同意，并支付相应的报酬。

新闻公司向职业记者定制图像或图片作品时，作者收取作品使用收益的主要部分，仅在偶尔参与新闻报刊的制作时，记者为新闻报刊而创作的作品的使用权才排他性地转让给雇主。由单独或集体协定确定作者保留的许可复制及使用的权利，且无论何种情况，作者行使复制或使用权利时不得与该报刊竞争（法国版权法第 L. 132 – 41 条、第 L. 132 – 45 条）。

超出版权法界定的新闻报刊以外的记者作品的版权报酬并无工资属性，不应以工资代替支付报酬。集体协定可将该权利委托一个或多个版权法规定的报酬收取及分配协会管理（法国版权法第 L. 132 – 43 条）。

如果无法达成公司协定，也无集体协定，相关权利方可提请专门委员会裁定使用权报酬的基准及支付方式。该委员会由政府代表任主席，其成员中新闻职业协会代表和职业记者工会协会代表各占半数。与新闻企业签订雇佣或劳务合同的作者，对于各种通讯社发表在报纸或期刊上的智力作品也可一次付清报酬（法国版权法第 L. 132 – 6 条第 3 款）。

法国版权法第 L. 121 – 8 条明确规定了新闻报刊作品作者的结集出版权。如无相反约定，作者对其在上述新闻报刊上发表的作品保留以各种形式许可复制和使用的权利，但根据规定已经转让的权利除外。

5. 详细规定了新闻邻接权

如无特殊规定，一般作品的邻接权适用于新闻作品。法国的邻接权包括录音制作者权、录像制作者权和视听传播企业的权利等。

录音新闻作品的制作者权。录音制作者是发起并负责将一段音响首次固定的自然人或法人。录音制作者的权利主要在财产方面，除法定许可的限制外，所有复制、销售、交换、租赁的录音制品方式让公众使用或向公众传播之前，都必须得到录音制作者的许可（法国版权法第 L. 213 – 1 条）。使用因商业目的发表的录音制品，不论其在何处录制，都应向表演艺术者或录音制作者支付报酬，报酬由表演艺术者和录音制作者平分。

录像（视听新闻作品）制作者权。录像制品制作者指发起并负责首次录制有伴音或无伴音图像的自然人或法人。录像制品制作者的权利也主要限于财产方面，任何复制、出售、交换、租赁以供公众使用或向公众传播录像制品以前，均须获得制作者许可。录像制作者同作者、表演艺术者就固定于录像制品上的作品的权利不得分割转让。固定在录音制品或录像制品上的作品的作者、表演艺术者、录音制品或录像制品（包括在数字录制的载体上对上述作品的复制）的生产者在规定的条件下享有复制报酬权。

视听传播企业的权利。根据第 L. 216 – 1 条的规定，复制、销售、交换或租赁作品以供公众使用，远程传播或在需要购票的场所向公众传播录像制品，都需获得视听传播企业的许可。视听传播企业是指 1986 年 9 月 30 日第 86 – 1067 号传播自由法律所指的视听传播服务的经营机构，无论其服务适用何种制度。允许以无线电波远程传送表演、录音、录像或视听传播企业的节目，包括非商业目的，或者为使居住建筑物内正常接收无线电波的而使用公共接收装置作品发送到建筑群的内网。

卫星播放及有线转播的艺术表演、录音制品、录像制品或视听传播企业的节目按照法国版权法第 L. 122 - 2 - 1 条和第 L. 122 - 2 - 2 条规定的条件进行时，适用邻接权规定。对于欧洲共同体成员远程传送的艺术表演、录音制品、录像制品进行有线、同步、完整及不加变动转播的权利，仅有以报酬收取及分配协会行使。

6. 版权限制和保护期限

根据法国版权法，在明确注明作者姓名和出处的情况下，作者无权禁止下列行为：使用报刊摘要；为了报道新闻将政治、行政、司法或学术会议及政治性公共集会、官方庆典上的讲话，通过报纸或远程传送，进行转播或全文播放；没有经济价值的过渡性或附属性的临时复制、残障人士通过图书馆、新闻中心等机构对作品纯私人性质的查询而进行复制和表演；不违反规定的滑稽、讽刺戏仿及漫画。在评论、论战、教育、科学和情报作品中进行分析和简短引用，允许用于教学和科研的说明对作品摘要的表演或复制（但需付酬）。

在标注作者姓名的前提下，允许通过平面、视听或在线媒体复制只以提供实时信息为目的并与实时信息密切相关的平面、立体或建筑作品（自身可提供信息的作品，如摄影或插图作品除外）。

允许私人使用。作品发表后，作者不得禁止只在家庭范围内进行的私人和无偿表演，不得禁止完全只供复制者私人使用的复制（不包括与原作创作目的相同的艺术品、软件、电子数据库的复制）。

合作作品的保护期限从最后一名合作人死亡时开始计算（法国版权法第 L. 123 - 2 条）。视听作品以剧本作者、对白作者、专门为视听作品创作配词或未配词的乐曲作者、导演中最后去世的当年为准。假名、匿名作品或集体作品专有权的期限为作品发表次年 1 月 1 日起 70 年，作品发表日期一般根据普通法的各种形式的证据，尤其是根据版本备案而定。如作品分期发表，期限则从每一部分发表的次年 1 月 1 日算起。

7. 版权的使用和监督

作者对其作品终生享有一切形式的独占使用权及获得报酬权。作者死后，可由继受人行使 70 年。转让的权利仅限于表演权和复制权，不能转让所有权。只有本人参与才能起诉；未来作品转让无效；转让仅限于无形财产权，即使全部转让了原作作者有反悔权（补偿）和收益权。具有法人资格的网络作品传播与权利保护高级公署对用于提供在线公共通信服务的电子通信网络上合法、非法使用版权作品或制品的监控及合法供应，提供保护，调整和监督版权作品、制品的保护与识别技术措施。

（四）德国

德国现行的版权法是 1965 年 9 月 9 日制定的《关于著作权与有关的保护

权的法律》，2009 年 10 月 27 日最后修订。与法国相同，德国版权法严格区分作者权和相关权。

1. 保护独创性的新闻作品

根据德国版权法，保护所有个人智力创作。作品创作后作者即可自动取得版权，条件是须具有独创性。目录、通讯社作品对独创性的要求相对低一些，但对实用艺术作品独创性的要求则高一些，因为后者依法律规定还可能受外观设计法的保护。❶

摄影作品可受到保护，但是不包括缺乏独创性的简单图片，后者可以受到邻接权保护。保护期限为照片首次出版、公开或制作起 50 年。

改编作品、书信、日记及其他"隐私作品"若具有独创性，也可受版权保护。汇编作品如具有独创性，在不损害原作的基础上可作为独立作品予以保护。作品的标题及作品中的人物角色，若具有独创性，则可根据版权法及反不正当竞争法保护。

2. 只有作者才能成为新闻作品的原始版权人

德国版权法的理论基础是一元论，精神权利和经济权利"两权一体"，同时包含两种权利。精神权利包括发表权、确认著作人身份权、禁止歪曲版权、收回权。经济权利包括复制、传播、展览、朗诵、表演、放映、广播、通过音像载体或电台发射、再现、改编或加工等权利。前者不可转让，后者可采用继承或授权方式部分转让。

在版权主体资格上，通常只有作者才能成为版权人，法人、雇主、委托人一般不能成为版权人。有效期为作者终生及死后 70 年。

劳务或者雇佣关系不影响著作人的作品利用权。在雇佣新闻作品中，作者根据雇佣合同或劳务合同创作了作品，受雇人或受托人（即作者）通常是作品的原始版权人，他可依合同规定将作品的用益权让渡给雇主或委托人。

在合作作品中，发表、使用著作的权利归合作著作人共有；只有经合作作者同意才可改动著作。合作人不可在违背诚信原则的情况下拒绝发表、使用和改动著作。任一合作作者均有权对侵害共同版权的行为主张权利，但只能为全体合作作者提出补偿要求。

汇编物稿件的使用权通常为一次性独占使用权。著作人许可定期出版的汇编物采用其著作的，如有争议，出版者或编者获得复制与发行的独占利用权，无论稿件是否需要支付报酬。

交付给报纸的稿件，如无其他约定，出版者和编者即获得非独占利用权。

---

❶ 吴汉东，曹新明，等. 西方诸国著作权制度研究［M］. 北京：中国政法大学出版社，1998：375.

著作人授予独占利用权的，如果无其他约定，稿件一经出版，著作人就有权利另行复制并发行。

汇编著作的利用权连同该著作采用的利用权一起转让的，只需取得汇编著作的著作人许可（德国版权法❶第34条）。授予版权时，著作人有获取适当报酬的权利，并且不能就未知利用方式的合同达成一致，可以行使收回权。在著作人获知著作新的利用方式时，有权要求相应的特殊报酬。撤销权和特殊报酬权不得事先放弃。

除了著作人根据诚实信用原则无法拒绝改动，使用权人不得改动著作及其标题或著作人名称。如果有信念改变等正当理由可以在事先赔偿相关人经济损失的前提下行使收回权。

3. 有条件使用时事性文章和广播电视评论

除非作者声明保留权利，对于涉及日常关心的政治、经济、宗教问题（die politische，wirtschaftliche oder religiöse Tagesfragen betreffen）的单篇广播电视评论，报纸和其他只报道时事的新闻纸上发表的单篇文章及其附带的图片，版权法允许在其他类似报纸、新闻纸上复制与传播或公开再现，但应付给著作人适当报酬，将数篇评论文章或文章做简短的摘要并以概貌的形式复制、传播或公开再现的除外，允许无限制将数篇评论文章或文章做简短的摘要并以概貌的形式复制、传播或公开再现（德国版权法第49条第1款）。本获酬要求只能通过版权集体管理组织主张（德国版权法第49条第1款）。

版权法允许新闻媒体之间自由转载在报纸、广播电视刊载或发表的是关于日常关心的政治、经济、宗教问题的报纸文章或广播电视评论，包括电子出版物同类内容，但是电子出版物"Elertronische Pressespiegel"案的判决表明，企业内部或者政府机关的内部出版物的同类文章或评论不允许储存全文。❷ 自由转载的此类内容仅限于与日常的政治、经济或宗教问题有关的报纸文章或相关评论，与之无关的报纸内容或评论，比如科学技术或娱乐性质的内容仍享有完整的版权保护，不得自由转载。

新闻媒体包括报纸、广播电视，以及专职从事新闻业务的新闻社等机构，但是不包括杂志，❸ 因为杂志并不是仅仅为了新闻业务的目的而存在。在德国，报纸与杂志之间的区别不在于其外在包装或出版频率，而在于其内容。报纸的任务是按时连续报道事实的新闻或者在某个具体领域的新闻（比如各种

---

❶　德国版权法指德国《关于著作权与有关的保护权的法律》，为叙述方便，此处直接使德国版权法，下同。

❷　联邦法院判例. ZUM 杂志［J］. 2002：740.

❸　M. 雷炳德. 著作权法［M］. 张恩民，译. 北京：法律出版社，2005：335.

股市报纸、体育报纸、教会报纸）；而杂志所讨论的则是特定专业领域的问题，比如科学领域、技术领域和宗教领域的等。二者的界限不是那么泾渭分明，关键在于是关于事实的新闻报道，还是涉及专业问题的探讨，《法律报》应该被看作属于杂志的范畴，而且各种画报通常情况下也被看作杂志。❶

如果作者未保留权利，人们自由复制、再现时就无须获得作者许可，但是法律同时规定了作者的报酬请求权，对于上述文章或评论进行复印或者公开再现的人需要向作者本人支付报酬，但是复制、汇编、复印或公开再现相关文章的新闻提要或多篇评论的摘要不在此列。作者的报酬请求权不得事先放弃，并且只能通过特定版权集体管理组织——沃特著作协会 VG WORT 主张自己的权利。根据德国版权法第 63 条第 3 款的规定，依照上述规定使用相关文章或评论时不仅必须注明作者姓名，而且还须标注刊载或播放的媒介组织。在使用方式方面，对于相关文章或评论的修改仅限于翻译或制作摘要的情况（德国版权法第 62 条）。

4. 允许复制、传播和公开再现事实综合报道和每日新闻

"无限制允许复制、传播和公开再现对现实的综合报道和通过新闻媒介或电台发表的每日新闻；其他法律规定赋予的保护不受影响"（德国版权法第 49 条第 2 款）。据此，版权法之所以不保护再现现实的综合性新闻报道和新闻媒体或广播电视发表的每日新闻，主要是因为实际内容和日常新闻事件缺乏版权法所要求的原创性。但是即使此类新闻作品具有版权法意义上的原创性，为了公共利益版权人仍然不能行使这些权利。此处的新闻作品仅为文字作品及其附带的图片，但是不包括图片新闻报道，新闻照片不属于无限制复制、传播和公开再现的新闻作品的范围。

一般情况下，文字语言作品原创性的判断标准为"小铜币"标准，在不少情况下，很多新闻报道在版权法所要求的原创性的表达方面已经具备了受保护的水平。然而，为了公众知情权的利益而倾向于把新闻报道尽可能快、尽可能广地把新闻作品提供给公众，把利益的天平向公众倾斜，即使达到了"小铜币"标准的新闻作品也可能不予保护。尽管如此，此类新闻作品还处在其他法律保护之下，比如竞争法的保护不受此处规定的影响。如果大众媒体或者新闻报道机构把此类新闻作品汇编成演绎作品，投入了大量的资本，就能够获得邻接权保护。这种情况下，遭受侵权的新闻媒体就可以援引反不正当竞争法的规定，对抗他人剽窃自己花费了精力和资金而汇编出来的劳动成果，保护自己的合法权益。同时，对于新闻报道进行复印或者以其他形式进行再

---

❶ M. 雷炳德. 著作权法 [M]. 张恩民，译. 北京：法律出版社，2005：168.

现的行为，由于受到版权法允许的公众知情权等公共利益的影响，只能在恶意窃取他人成果、对抗损害他人秘密的行为情况下，才被认定为侵权，并且，被确认为被侵权人的不是刊播相关新闻的报纸或者广播电视台，而是那些汇编相关新闻的企业，版权法保护的实质上是汇编方面的投资，而不是刊播企业的利益。

德国严格区分版权和邻接权的界限。从法律的发展趋势来看，人们应当对新闻进行某种短期的保护，在某个时间段内对新闻的复印与再现行为应当向新闻汇编企业支付适当的报酬。❶

5. 为报道新闻可使用报道过程中被感知的作品

在新闻报道过程中，可能不可避免地让受众感觉到某些拥有版权的作品，法律允许新闻报道在一定范围内无须获得作者的许可而再现版权作品。比如为了报道庆典活动的新闻，再现庆典集会上播放的音乐作品，可以适当再现其中的版权的作品，但不能转播整场庆典活动。如果再现的是别人新闻报道中事实的新闻提要则不受任何限制。值得注意的是，此处报纸新闻作品的使用方式仅限于新闻报道新闻本身，不涉及版权作品延伸的经济权利。如果在新闻报道中使用的系广播电视新闻，仅限于在新闻报道目的，不允许把该广播电视新闻在收取有偿入场券的场合进行再现（参见 Aki 案）❷。

版权法允许新闻报刊根据规定公开传播公共集会或公开讲演。报纸、期刊，以及其他以报道事实为主的印刷品或者其他数据载体可以复制与发行公共集会，通过规定的网络传播的著作或广播电视、卫星、有线播放或类似手段播放的发表或再现的有关事实的讲演。允许复制、发行和公开再现在国家、社区或宗教组织的公开辩论中发表的讲演，只允许再现，不得复制与发行。汇编物的主要内容与之相同的除外。（德国版权法第 48 条）。

学校可以合理使用广播电视播放的著作。前提是音像载体只能用于教学并且必须最迟自转录学校广播起至下一学年结束前消磁，除非付给著作人适当报酬（德国版权法第 47 条）。

仅经济权利可以继承和经合同转让。著作人自获得用益权或转让后两年内不得主张收回权，如果在获得或转让用益权之后才交付著作，则自交付起两年内不可主张收回权。行使收回仅的期限对于报纸稿件为 6 个月。对于每月出版或周期更短的稿件为 3 个月，对于其他期刊的稿件为 1 年（德国版权法第 41 条第 2 款）。保护期限为著作人死亡后 70 年，自决定性事件发生之年年底开始计算。

---

❶ M. 雷炳德. 著作权法 ［M］. 张恩民，译. 北京：法律出版社，2005：419.

❷ M. 雷炳德. 著作权法 ［M］. 张恩民，译. 北京：法律出版社，2005：284.

6. 保护新闻作品的有关权

新闻作品的有关权包括照片摄制者权、录音制品制作权和广播电视企业权。

照片摄制者权。照片摄制者对照片或由其制成的类似照片的产品，拥有类似于摄影著作的权利，摄影著作应该具有版权所要求的原创性。此权利自照片出版算起 50 年后消失。如果照片在此期间未出版，该项权利自制作起 50 年后灭失（德国版权法第 72 条第 3 款）。

录音制品制作权。录音制品制作人有复制、发行和公开提供录音制品的独占权。如果录音制品在企业内制作，该企业所有人即被视为制作者。本权利不因复制录音制品而产生，录音制品须具有原创性。本权利可以让与，自录音制品出版或制作完成 50 年后消灭。

广播电视企业权。广播电视企业享有转播和公开提供其广播电视播放的节目的专有权；有将其播送的节目录制成音像制品、制作成图片，以及复制与发行该音像制品或图片（出租除外）的专有权；有在只有支付入场费公众方可进入的场所播放的专有权利。

第二节　中国大陆新闻作品版权现状和问题

版权法是指调整因版权的产生、控制、利用和支配而产生的社会关系的法律规范的总称。广义的版权法包括作者权法、邻接权法、各种相关的法律规范以及调整国家与国家之间，就相互提供版权保护而缔结的国际条约。中国对于新闻作品的版权保护的法律法规体系可分为国际、国内两部分。中国参加的与版权有关的知识产权国际条约，以及与其他国家签订的有关版权保护的双边条约，通过立法程序，也可以转化为中国著作权法的法源❶。保护新闻作品版权的国内法律包括《宪法》《民法通则》《著作权法》《刑法》、单行法规、行政条例以及最高人民法院颁布的司法解释等文件中。其中，处于版权保护体系的最核心位置的是《著作权法》和 6 部行政法规：《著作权法实施条例》《计算机软件保护条例》《实施国际著作权条约的规定》《著作权集体管理条例》《信息网络传播权保护条例》《广播电台电视台播放录音制品支付报酬暂行办法》。最高人民法院出台了多部司法解释以指导版权司法实践。

除了《著作权法》及相关条例、规定、解释之外，新闻作品也处于民法和反不正当竞争法等其他法律和行政、行业协会的保护之下。根据民事权利保

---

❶　刘春田. 知识产权法［M］. 北京：高等教育出版社，2003：37.

护的一般规定，有特别法保护的应当优先考虑适用特别法，没有特别法规定的，则可以考虑适用普通法保护。国家版权行政部门及新闻行政部门可以为新闻作品提供行政保护。作为国务院版权行政管理部门，国家版权局通过行使职权，保护版权人的版权，包括新闻稿件作者的版权。行政保护方面，国务院所属有关部委，包括国家新闻出版广电总局和地方政府及版权局的版权行政决策，及其在履行版权行政管理职能过程中，就面临的版权相关问题制定的著作维权行动方案和行动准则。版权保护的行政决策主要包括：政府机构版权保护立法，版权行政保护措施、决定和命令，版权行政管理机构部门规章，地方性版权保护规章，地方性版权行政管理措施、决策和命令等；国家审判机关对有关版权法律适用条文的解释。❶ 国家新闻出版广电总局等专业部门对新闻工作者的新闻作品进行保护，行业性协会如中华全国新闻工作者协会（全国记协）也在一定范围内对新闻稿件作品进行保护。

尽管中国已经建立了全方位的版权保护体系，但是，由于新闻作品的特殊性和立法本身的滞后性，新闻作品的版权仍然存在不少问题值得关注。

一、无版权的"时事新闻"概念存在疑问

（一）对"时事新闻"概念的质疑

中国《著作权法》第 5 条第（2）项明确规定："本法不适用于时事新闻。"关于"时事新闻"的概念，自 1990 年中国《著作权法》颁布至 1991 年 5 月 30 日《著作权法实施条例》（现已废止）颁布，甚至以后的时间里，无论在法学界还是在新闻界，国家版权局颁布的《著作权法实施条例》（现已废止）都引起很多不同解释和争论。

1. 法学界的争论

对于"时事新闻"的概念，法学界存在三种观点：

其一，时事新闻指新闻媒介报道事实的单纯消息。据参与制定中国著作权法的专家解释，时事新闻又称纪实新闻，是指全部由信息（或"硬件"，包括时间、地点、人物、事件等客观时事）组成的新闻，反映新近发生的事。《著作权百问百答》一书认为"时事新闻"指报纸期刊、广播、电台、电视台等媒体报道单纯事实消息，包括时间、地点、人物、事件等客观现象或事实，其中没有作者的议论和对新闻事实细节的描述。

其二，"时事新闻"包括所有新闻作品，是对新近发生的国内外大事的报道。这是目前中国公众根据字面意思理解的普遍观点，并且持这一观点的法学

---

❶　李明山. 中国版权保护政策研究［M］. 开封：河南大学出版社，2009：6.

界人士也不乏其人。林国民等在《中华人民共和国著作权法释义》一书中认为，"时事新闻即关于最近一段时间国内外发生的事件与活动的报道等，因其独创性差而周知性强的特点，不能适用著作权法规定"，不受《著作权法》保护。依此观点，几乎所有的新闻作品都会被排除在《著作权法》的保护之外。

其三，"时事新闻"是一种客观事实存在。胡康生在《著作权法释义》一书中认为，著作权不适用于时事新闻的主要原因是，时事新闻是反映一种客观事实的存在，不属于作品的范围，单纯地报道在某时某地发生了某种事情，无需付出什么创造性劳动，只要如实地反映时事即可。时事新闻作为一种事实，是不为著作权法所调整的。

法学界的这种争论直到 1991 年出台《著作权法实施条例》才告一段落。该条例第 6 条第（1）项对"时事新闻"的概念作了如下解释："时事新闻，是指通过报纸、期刊、广播电台、电视台等传播媒介报道的单纯事实消息。"2002 年出台的《最高人民法院关于审理著作权民事纠纷案件适用法律若干问题的解释》第 16 条指出，"通过大众传播媒介传播的单纯事实消息属于著作权法第 5 条第（2）项规定的时事新闻"，进一步确认著作权法中的"事实新闻"著作权是指"单纯事实消息"。

2. 新闻界的困惑

令人尴尬的是，新闻界自身也未能清晰界定"时事新闻"的概念，因为新闻业界和新闻学界几乎不使用"时事新闻"一词。如果一位新闻部主任命令手下的记者去写一篇"时事新闻"，就像病人让医生治疗"生病"一样让人不知所云，医生是没办法根据"生病"判断具体是什么病的，同样记者也不能根据"时事新闻"断定新闻部主任到底需要什么样的新闻，因为"时事新闻"是一个笼统的概念，包括所有的新闻，不是某一类新闻的名称或术语。记者最多把"时事新闻"理解为一般意义上的"新闻"。邱沛篁等人主编的《新闻传播百科全书》根本没有收录"时事新闻"这个词条。《中国新闻实用大辞典》也只收录了一个与之相近的词条"时事新闻刊物"，解释为"有关近期发生的国内外大事的综合报道、背景分析、文件、资料、统计、评论文章为主的时事期刊，有较强的政治性、政策性。"根据这一解释，时事新闻期刊所刊载的"时事新闻"包括刊期内发生的国内外大事的综合报道、综述、背景分析、大事记、专题报道等多种体裁，几乎涵盖了包括最可能具有版权性的所有新闻作品，显然不是《著作权法实施条例》和《最高人民法院关于审理著作权民事纠纷案件适用法律若干问题的解释》规定的"单纯事实消息"。中国著作权法规定不保护时事新闻，就意味着几乎把所有新闻作品都排斥在中国著作权保护之外，即任何新闻作品均无版权。新闻界很难理解、也不太可能接受任何新闻作品都不受版权法保护。

不仅如此，"单纯事实消息"的概念还是不很清晰的，这为进一步争论埋下了伏笔。参与制定中国著作权法的学者对于"单纯事实消息"的权威解释是全部由信息或"硬件"组成，包括时间、地点、人物、事件等客观时事，称为新闻五要素（5W）。也有人认为是由5W1H，即5个W（Who——何人、What——何事、When——何时、Where——何地、Why——何故）和1个H（How——如何）构成。新闻界人士则认为"单纯事实消息"除了"一句话新闻"之外，单纯事实消息几乎不存在，即使是单纯事实消息也可能汇聚了事件精华而具有版权性；进一步从选择理论、框架理论、议程设置理论、新闻策划、文艺理论、符号学理论、叙述学理论、阐释学理论乃至美学理论、哲学理论等分析，以证明新闻作品无时无刻不在体现作者的"主观性"和"原创性"，单纯事实消息在新闻实践中很难存在。结果造成了新闻作品版权保护的尴尬局面：多数法学界人士倾向于新闻作品版权应受到限制，甚至有人认为所有新闻作品均无版权，把"时事新闻"解释为所有新闻作品。而新闻界人士则认为新闻作品（甚至包括某些时事新闻）符合版权保护的基本要求，除了极少数不符合版权保护的实质要件之外，绝大多数新闻作品都应该享有版权，呼吁删除不保护"时事新闻"的规定，完善版权立法，切实保护新闻作品的版权权益。

　3. 对质疑的回应

"时事新闻"这一概念是版权法中的法律术语，其含义究竟是什么，应该以立法本意为准，不能站在各自的立场上作有利于自身的解释。立法本意是一个抽象的愿望，需要用规范的语言表达出来。传者和受者（阐释者）之间意义的传递必须经过语言符号这一中介，除此别无他法。然而，由于语言是静止的、抽象的表达工具，只要选定语言，就舍弃了很多具体的细节。传者难免有词不达意的情况，而受者只能凭借语言文字中介，调用自己的知识背景和经验世界去揣摩立法者意图，不同的阐释者对同一概念产生不同的解读是非常正常的事情。这就是为什么无论法律法规多么健全，只要用于司法实践就会有诸多司法解释存在的根本原因。

笔者支持法学界的第一种观点，因为"时事新闻"确实是指"单纯事实消息"，那是立法者本意。众所周知，从中国第一部版权法《大清著作权律》开始，中国的版权法都是在《伯尔尼公约》的影响之下制定的（参见下文详述），而《伯尔尼公约》不予保护的正是日常新闻和纯属报刊性质的各种事实。英、美等国虽然未把类似规定列入版权法，但是他们的司法实践也是排除了纯新闻和新闻事实。因为事实不是作者的智力创造的，不可能被赋予版权，日常新闻的信息属性决定了其存在的价值就在于被尽可能快、尽可能广地被公众周知。如果赋予此类新闻信息以版权，人们最基本的获知权就得不到保障，根本谈不上其他公共权力。公众不可能希望版权法人为地设置传播障碍，危及公共权力。

第二种观点认为"事实新闻"包括所有新闻作品，这是从词典意义或者一般的社会意义上来理解"时事新闻"的，版权法中为何选用"时事新闻"这一词汇，将在下文详述原因。总之，是用语不当造成的误会。

第三种观点把"时事新闻"等同于客观实在，认为客观实在是不能有版权的，因此"时事新闻"也不能成为版权客体。实际上这是一种错误的看法。"时事新闻"是一种客观存在的事实固然不错，但是，它是一种经过选择了的、叙述出来的事实文本，已经超越了事实本身，永远打上了叙述者的烙印。因为，文本当然取决于叙述者、解说者的自觉或不自觉的意图、理解、认识、偏见（从一般的误会、误解到严重的意识形态的扭曲），所有这些又都在特定的时代——社会的权力/话语的支配、影响之下。❶ 克罗齐说一切历史都是当代史，套用他的话，"一切新闻都是当下史"。"时事新闻"和作品的界线不是那么容易划定的，说得绝对一些，从叙述学角度来看，"时事新闻"就是记者的叙述文本，是作品。只不过这样的作品没有版权法要求的原创性，内容和表达几乎合一，任何一个人叙述这一事实，都必须使用相同或相近语言表达，如果赋予这类"时事新闻"以版权，那么别的记者就无法表达该事实，新闻不能正常地传播，有违新闻的信息属性和公益属性，不能保障公众的获知权。在德国，有些"时事新闻"即使依照"小铜币"原则具备了版权法要求的原创性，也会因为新闻的公益性质而不赋予版权。因此，根据内容和表达的合并原则，"时事新闻"是不可能获得版权保护的。

新闻界的困惑在于不了解版权法的立法本意，单单从自身的创作过程去理解"时事新闻"或"单纯事实消息"这些概念。版权法的立法本意不能被新闻业界了解、理解的尴尬状况，说明版权立法在移植过程中遇到了水土不服，没有被理解的法律根本谈不上去遵守，执法过程必然会碰到价值观、伦理规范、道德、习惯等非正式制度的障碍，因为有法可依、有法必依的前提是知法。新闻界的版权困惑同时也反映出新闻界对自身的作品版权范围没有清晰的认识，仅仅从感觉上或自身的创作体验上判断版权的有无，未能上升到法理的高度审视新闻作品的版权基础。

---

❶ 李泽厚. 历史本体论［M］. 上海：生活·读书·新知三联书店，2002：23.

（二）版权法中"时事新闻"的使用矛盾

造成这种质疑和争论的另一个原因在于中国《著作权法》在"时事新闻"的概念使用方面存在逻辑矛盾。中国《著作权法》第 22 条第（3）项规定，"为报道时事新闻，在报纸、期刊、广播电台、电视台等媒体中不可避免地再现或者引用已经发表的作品"，"可以不经著作权人许可，不向其支付报酬，但应当指明作者姓名、作品名称，并且不得侵犯著作权人依照本法享有的其他权利"。此处的"报道时事新闻"来源于《伯尔尼公约》第 10 条之 2 第 2 项的"reporting current events"（下文详述），指"所有新闻作品类型"。如果按照这一条款中的"时事新闻"理解同一部法第 5 条第（2）项关于"著作权不适用于时事新闻"的规定，那么，时事新闻就是指"所有新闻作品类型"，所有新闻作品都不能受版权法保护。

然而，1991 年和 2002 年的《著作权法实施条例》却均把中国《著作权法》第 5 条第（2）项中无版权的"时事新闻"解释为"单纯事实消息"。这样，在同一部法中的不同条款（第 22 条第（3）项和第 5 条第（2）项）中使用的同一个词组"时事新闻"却有两种截然不同的解释："所有新闻作品类型"和"单纯事实消息"，前者可能拥有版权，后者则被排除在版权法保护之外，存在明显的逻辑矛盾。因此导致公众对"新闻作品究竟能否成为版权保护的客体"这一问题产生了疑问。

这种概念冲突在《最高人民法院关于审理著作权民事纠纷案件适用法律若干问题的解释》第 16 条规定中尤为明显："通过大众传播媒介传播的单纯事实消息属于著作权法第五条第（二）项规定的时事新闻。传播报道他人采编的时事新闻，应当注明出处。"既然中国《著作权法》第 5 条第（2）项明文规定时事新闻不适用于中国《著作权法》保护，还有必要保护其"注明出处"的权利吗？况且新闻作品的署名权（包括"注明出处"的权利）有其特殊之处，不能等同于一般作品的署名，比如有些电视新闻、艺术作品的使用是不方便或不可能署名的。署名与否以及署名方式归根结底应取决于新闻媒体的行业使用惯例，强行规定注明出处的做法尚待商榷。

产生这一矛盾的症结就在于"时事新闻"概念的不当使用。《最高人民法院关于审理著作权民事纠纷案件适用法律若干问题的解释》第 16 中"时事新闻"实际上是《伯尔尼公约》中的"日常新闻或各种事实"，而该司法解释称之为"单纯事实消息"；需要注明出处的"时事新闻"实际上是《伯尔尼公约》所规定的"报道时事新闻"（reporting current events）的情况，包括所有的新闻作品，不妨称为"新闻事实 0"，以示区别。正是因为由于中国《著作权法》第 5 条第（2）项中不恰当地使用"时事新闻"一词，混淆了"时事新闻"与"时事新闻0"**❶** 的区别，才造成了中国著作权法的新闻内容的逻辑矛盾。

（三）"时事新闻"与《伯尔尼公约》的渊源关系

产生这种用语矛盾的原因何在？据《现代汉语词典》解释，"时事"即"最近期间的国内外大事"，是指事件本身，常用于一般的社会生活中，如"时事政治"等，《中国新闻实用大辞典》对"时事新闻刊物"的解释也是使用的这一含义。一般意义上的"时事新闻"即"时事新闻0"，既可以指新闻事件本身，也可以指对于国内外大事的所有新闻报道作品。当然，"时事新闻"的词典意义的解释对于探究版权法的立法本意没有任何帮助，但是，却是执法者和一般民众执行和理解这一法律条款的标准。

为了更准确地把握版权法的立法本意，有必要探究引起上述误解的症结所在——"时事新闻"一词的来龙去脉。中国版权立法之所以使用"时事新闻"一词，和《伯尔尼公约》对于新闻作品的保护规定密不可分。毋庸讳言，在一定程度上，中国版权立法、修订的过程就是在外力推动下走向以《伯尔尼公约》为代表的国际版权规则的过程。1903 年的《中美续议通商行船条约》和《中日通商行船续约》之于《大清著作权律》，1979 年的《中美高能物理协议》TRIPs 协议等一系列的贸易谈判之于 1990 年的中国《著作权法》，都充分说明了这一点。李雨峰在《中国版权史》中将"中国版权法"称为"枪口下的法律"不无道理。如前所述，源于《伯尔尼公约》1896 年文本第 7 条的《大清著作权律》第 31 条规定：各种报纸记载政治时事上之论说新闻不能得版权。比较 1990 年《著作权法》的不适用版权法的"时事新闻"用语与《大清著作权律》"报纸记载政治时事之论说新闻"之间的关联，似乎不能排除将"政治时事之论说新闻"简略为"时事新闻"的可能。

为了能够尽快与国际接轨，中国在 1990 年以《伯尔尼公约》为蓝本制定了《著作权法》。早在 1986 年和 1987 年中国版权法起草的过程中，时任国家版权局副局长的刘杲曾两次就中国版权法草案征求世界知识产权组织总干事鲍格胥博士的意见。为了加入《伯尔尼公约》，在《著作权法》颁布之后，刘杲又率领中国版权代表团赴日内瓦就加入《伯尔尼公约》组织进行磋商。由国家版权主管机关组织编写的《中国著作权手册》也印证了《伯尔尼公约》与中国版权法的源流关系。该书在解释版权外文术语时把"current events"翻译成"时事"，在这一词条中明确注明中国《著作权法》之所以规定不适用于时事新闻，是因为受《伯尔尼公约》的影响："根据伯尔尼公约，成员可将纯时

---

❶ 新闻作品指所有新闻作品。

事报道排除在版权保护之外。中国 1990 年版权法中即有类似规定"，❶ 直接证明了中国《著作权法》关于"时事新闻"的立法本意来源于《伯尔尼公约》的不保护"每日新闻或单纯消息报道性质的各种事实"的规定。

（四）"时事新闻"用语的演变

由于中国《著作权法》与《伯尔尼公约》的参照关系，中国《著作权法》的立法本意也应当是不保护"每日新闻或单纯消息报道性质的各种事实"的。但是，这一立法本意是如何变成"时事新闻"的呢？

1. 从"reporting current events"到"时事新闻 0"

与之相关的《伯尔尼公约》的第 2 条第 8 款的英文原文中根本没有"时事新闻"（current events）一词："The protection of this Convention shall not apply to news of the day or to miscellaneous facts having the character of mere items of press information"（本公约所提供的保护不适用于每日新闻或单纯报刊信息性质的各种事实），并没有提到将"时事新闻（current events）"排除在版权保护之外。那么，被《中国著作权手册》翻译成"时事"的"current events"究竟来自《伯尔尼公约》的哪个条款呢？

不难发现，"current events"则来自于《伯尔尼公约》第 10 条之 2 第 2 项关于新闻作品合理使用的规定：

Article 10bis：Further Possible Free Uses of Works：2. Of works seen or heard in connection with current events

（1）……

（2）It shall also be a matter for legislation in the countries of the Union to determine the conditions under which, for the purpose of reporting current events by means of photography, cinematography, broadcasting or communication to the public by wire, literary or artistic works seen or heard in the course of the event may, to the extent justified by the informatory purpose, be reproduced and made available to the public.

（第 10 条之 2 第 2 项：作品可能的合理使用：与时事新闻有关的被看到或听到的作品，本联盟成员法律也有权规定，在何种条件下，对在时事事件过程中出现或公开的文学和艺术作品，在为报道目的正当需要范围内，可予以复制，或者以摄影或电影手段或通过无线电或有线广播向公众作时事新闻报道。）

---

❶ 曹三明，何山. 中国著作权手册［M］. 成都：四川教育出版社，1993：62-63.

　　世界知识产权组织编写的《著作权与邻接权法律术语汇编》（刘波林译）把其中的"reporting current events"的解释为："报道时事一般理解为通过任何适宜的手段向公众通报世界上近期发生的大事"[1]，意为"报道当前的新闻事件"，应该包括所有的新闻事件。中国正式汉语译本把其中的"reporting current events"翻译为"作时事新闻报道"，"current events"就从"时事"变成了"时事新闻报道"，意为可以合理使用版权作品。可见，这里的"作时事新闻报道"实际上是指所有新闻事件的报道，即"时事新闻0"，所有新闻报道都可以合理使用其他版权作品。

　　中国《著作权法》第 22 条第（3）项做出了类似规定："为报道时事新闻，在报纸、期刊、广播电台、电视台等媒体中不可避免地再现或者引用已经发表的作品"，"可以不经著作权人许可，不向其支付报酬，但应当指明作者姓名、作品名称，并且不得侵犯著作权人依照本法享有的其他权利"，此处的"时事新闻"依然与《伯尔尼公约》相同，指"时事新闻0"。

　　2. 从"日常新闻或纯属报刊性质的各种事实"到"时事新闻"

　　中国著作权法尽管参照《伯尔尼公约》的本意制定了不受保护的新闻作品，但是并未沿用该公约的表述。如前所述，"根据伯尔尼公约，成员可将纯时事报道排除在版权保护之外。中国 1990 年版权法中即有类似规定"[2]。根据这一解释，中国版权法排除在版权之外的仍然是"纯时事报道"。"纯时事报道"一词的意义与《伯尔尼公约》不保护的"每日新闻或单纯报刊信息性质的各种事实"的意义相近，而且与《著作权法实施条例》中对于"时事新闻"的解释——"单纯事实消息"的意义也基本一致，符合立法本意。

　　但是，中国正式颁布的《著作权法》并未使用"纯时事报道"这一术语，却将第 22 条第（3）项中的"新闻事实0"的字面表述"时事新闻"照搬过来，表示"纯时事报道"，却忽略了"时事新闻0"的本来意义，误把"时事新闻0"等同于"时事新闻"。大概是受到了中国《著作权法》第 22 条第（3）项中"为报道时事新闻"（reporting current events）术语的影响，因为其中的"current events"在字面上被翻译为"时事新闻"，并且"纯时事报道"与"时事新闻"意义的区别在非新闻专业人士眼中是不明显的，于是"时事新闻"（"时事新闻0"）进而取代"纯时事报道"，而被排除在版权法保护之外（见图1）。

---

　　[1]　世界知识产权组织. 著作权与邻接权法律术语汇编［G］. 刘林波，译. 北京：北京大学出版社，2007：221.

　　[2]　曹三明，何山. 中国著作权手册［M］. 成都：四川教育出版社，1993：62-63.

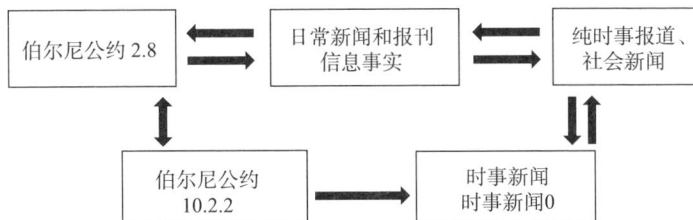

图 1　"时事新闻"演变过程图

注：顺时针表示立法本意的流动；逆时针表示用词意的回溯。时事
新闻 0 表示"所有新闻作品"；时事新闻表示"单纯事实消息"。

3. "社会新闻"的误译引起对"时事新闻"的误解

《伯尔尼公约》中文译本中"社会新闻"的用词曲解了公约的本意。《伯尔尼公约》的第 2 条第 8 款是对于新闻作品版权保护至关重要的条款，中国官方发表的中文译本却很容易引起人们的误解。《伯尔尼公约》第 2 条第 8 款的本来含义是"不保护纯日常新闻或纯属报刊性质的各种事实"，官方汉语译本却翻译成了不适用于"日常新闻或纯属报刊性质的社会新闻"。其实，两者之间的差别是很明显的。

首先，"各种事实"和"社会新闻"的含义却相差甚远，更不可能等同。尽管新闻来源于事实，但是"社会新闻"是记者在新闻采访基础上对事实的叙述。事实是纯客观的，根本不可能受到版权公约的保护，而社会新闻则是可能包含自己智力创作成分的新闻作品。退一步说，译者想要表达的可能是"社会新闻事件或事实"，但是新闻界人士通常将之理解为新闻作品。

其次，"纯属报刊性质的各种事实"的含义是新闻所包括的单纯事实信息，其表达方式很少甚至表达方式唯一，不具有原创性，不符合版权性要件。而"纯属报刊性质的社会新闻"在新闻业学界和新闻业界往往被理解为"社会新闻报道"或"社会新闻作品"。邱沛篁等人编写的《新闻传播百科全书》中认为："社会新闻"是指关系到人们道德风尚，或同人们日常生活更接近的那些社会事件、社会问题、社会活动、社会现象、社会文化风貌，以及一些社会趣闻、名人轶事和奇异的自然现象的新闻报道。社会新闻的体裁内容突破了各种行业的界限，涉及社会生活的各个角落，具有最大的社会广泛性，被称为一部形象的社会学丛书或生活的百科全书，相当于西方新闻界的"软新闻"，与政治、经济之类的"硬新闻"相比，更具有审美特点，更能体现作者的独特的表达方式，更可能包含版权所要求的"原创性"。如果把无版权的"纯属报刊性质的各种事实"翻译成极可能具有版权性的"纯属报刊性质的社会新闻"，显然就大大拓宽了公约不予保护的范围，把如此数量众多、范围宽广的、有可能具有"版权性"的社会新闻排除在了《伯尔尼公约》的保护之外，甚至被人理解为不保护"所有的新闻作品"，而导致"新闻无版权"的重大误解。当人们为探求"时事新闻"的立法本意而向《伯尔尼公约》的相关条款求证时，遇到的却是该公约不保护"社会新闻"，好像印证了"时事新闻"即为"社会新闻"，根本就不应该享有版权保护的说法，进一步加深了对于"时事新闻"的误解。

4. "时事新闻"无版权似乎可以在《大清著作权律》中找到佐证

受 1896 年《伯尔尼公约》影响的《大清著作权律》将"不得著作权"的新闻作品客体翻译为"各种报纸记载政治、时事之论说新闻"，而 1990 年《著作权法》则规定"本法不适用于时事新闻"，把"记载政治、时事之论说新闻"简略缩略为"时事新闻"似乎也是情有可原。既然《大清著作权律》也不保护"时事新闻"，1990 年《著作权法》这样做似乎也是自然而然、不容置疑了，进一步坚定了某些人本来就不应该保护"时事新闻"的看法。

总之，中国版权法不保护时事新闻的立法本意无可厚非，但是"时事新闻"的概念备受质疑，原因在于中国版权法的概念用语矛盾："时事新闻"在版权法中既指无版权的"单纯事实消息"，又指可能拥有版权的"所有新闻作品"。这种用语矛盾源于对于《伯尔尼公约》"时事新闻"的误用。"时事新闻"一词源于《伯尔尼公约》关于"作时事新闻报道"（reporting current events）时合理使用版权作品的规定，中国《著作权法》第 22 条将其中的"current events"理解为"时事新闻"，即表示所有新闻作品的"时事新闻 0"。

《伯尔尼公约》关于新闻作品的立法本意是不保护"日常新闻和纯属报刊信息性质的各种事实"，《著作权手册》将其解释为"纯时事报道"（参见"时事新闻"演变过程图顺时针部分）。由于中国《著作权法》第 22 条中的"时事新闻 0"与"时事新闻"、第 5 条第（2）项的"纯时事报道"一词的意义不易分辨，故而在中国《著作权法》第 2 条第（5）项立法时误将不受版权保护的"纯时事报道"替换为来源于"时事新闻 0"的"时事新闻"。这样，不受版权保护的"日常新闻和纯属报刊信息性质的各种事实"就演变成了"时事新闻"，造成了"'时事新闻'不适用于中国版权法"的误解。加之，《伯尔尼公约》相关条款的中文译本将"日常新闻和纯属报刊信息性质的各种事实"翻译为"社会新闻"，在字面上与"时事新闻"意义相近，造成了"时事新闻"的表述符合《伯尔尼公约》的立法本意的假象，进一步掩盖了"时事新闻"用语的谬误。《大清著作权律》似乎佐证了"时事新闻"的用语不缪，使误会进一步加深。

在这个概念引起严重歧义后，《著作权法实施条例》和《最高人民法院关于审理著作权民事纠纷案件适用法律若干问题的解释》不得不回到《伯尔尼公约》这一本源，还原《伯尔尼公约》相关规定的本来面目，把"时事新闻"重新解释为"单纯事实消息"。但是，由于"时事新闻"用语的模糊性，人们往往根据"时事新闻"的字面意义理解版权客体，并且，由于版权法对于"时事新闻"一词的使用存在矛盾，人们自觉或不自觉地将版权立法本意中不保护的新闻作品从"时事新闻"扩大到"时事新闻0"，即从在新闻作品中所占比重很小的纯事实消息，扩大到几乎可以涵盖所有新闻作品的"时事新闻"，其负面影响仍然不可低估。因此，建议重新修订版权法时把排除在版权保护之外的"时事新闻"更改为"单纯事实消息"或"纯新闻"。

二、雇主对于一般职务新闻作品的权利与其投入不相称

职务作品的版权归属必须兼顾作者个人与单位双方的利益。如果仅考虑单位一方的利益，就容易把作者个人权利的范围缩小，把法人、非法人单位的权利扩大，影响作者的创作积极性；如果过分强调作者个人利益，就可能损害单位的合法权益，影响单位支持作者创作的积极性。这个界限归根结底还是要根据各自的付出和承担的义务而划定。

对于新闻事业而言，职务新闻作品实际上是一种国家财政付费的宣传品。对于新闻产业来说，职务新闻作品实质上是一种产品，由报社、广播电台、电视台、通讯社等新闻传播媒介承担着产品生产、流通、管理的巨大风险，以付出工资、奖金或福利的代价雇佣新闻工作者从事新闻创作活动。无论新闻机构是国有体制还是市场化体制，处境并无差异，都付出了巨大的财力物力和人力，承担着重要的社会责任。以承担社会责任为例，根据1993年《最高人民法院关于审理名誉权案件若干问题的解答》（法发［1993］15号）之6的规定，如果因新闻报道或其他作品发生名誉权纠纷，应根据原告的起诉确定被告。只起诉新闻单位的，以新闻单位为被告；对作者和新闻单位都提起诉讼的，将二者均列为被告，但如果作者与新闻单位为隶属关系，作品是因作者履行职务而创作的，则只列单位为被告。当作者因履行职务而侵权时，如果作者及其雇主新闻单位都被原告起诉，应由新闻单位单独承担法律责任。

与新闻单位付出的资金、人力及所承担的责任不相称的是，新闻单位对于其雇员作品仅有两年的优先使用权，两年之后所有权利灭失。根据中国《著作权法》第16条的规定：新闻机构只能在在作品完成两年内在业务范围内优先使用，仅在两年内不应构成对雇主的竞争。其中的"在业务范围内优先使用"中的"使用"是指单位可以无偿使用这些作品，也可以支付一次报酬。之所以可以无偿使用，是因为雇佣关系存在，雇主付给作者工资及福利待遇，

以作者为雇主工作为对价。即使有些传媒付给作者稿费或奖金，是为了保护作者创作的积极性而设置的，其数量也不可能等同于不存在雇佣关系的作者的稿酬。"优先"是仅指业务范围内两年的优先使用权和专有使用权，使用的方式是新闻媒体在作品发表两年内以相同方式使用该作品，可以理解为不限次数地进行复制、转载，并且支付一次报酬。根据《著作权法实施条例》第 12 条规定，在职务作品完成两年期限内，作者如经过单位同意许可他人使用而对本单位构成竞争，其稿酬则需要与单位按照约定的比例进行分配。但是两年之后，雇主就没有任何使用权利了，版权回归作者。比如报社如果汇编其发表的新闻精品需要首先征得该作品作者的许可并支付报酬，才能符合版权法的要求。实际上等于对该机构生产的产品进行二次付酬。"业务范围内"是指工作义务以外完成的作品不属于职务作品。比如一个记者在报社分管经济新闻报道，他写的经济报道就属于职务作品。如果他业余时间在家创作的是广告设计作品就不是职务作品了。尽管广告作品也属于报社的业务范围，但是由于不在作者的本职义务范围内，报社还是需要向自己的雇员购买报社业务范围内的雇员的非本职作品。

此规定仅规定了作者被单位使用（被发表）的作品的版权归属和两年内的使用限制，并未具体规定作者的未被其雇佣单位使用的职务作品的权利。根据版权法规定，可以推定为归属于作者。作者职务范围内的作品的版权利益完全归作者，似乎对雇佣单位也有失公平。不同的新闻作品之间还是有区别的。新闻产品不仅包括作者的创作，而且还包含编辑、审稿者、排印、刊播等许多职业劳动者的劳动。而新闻作品包含的劳动相对少些，常常只有作者和编辑的付出。简单地把新闻产品的版权归于作者，对于作为雇主的新闻单位来说确实不太公平。

三、既是法人作品又是特殊职务作品的版权归属存在矛盾

《著作权法》第 11 条规定，法人作品的构成要件包括：由法人主持；代表其意志创作；由其承担责任。根据构成要件，法人作品中，如果代表法人或其他组织的意志进行创作的作者与法人之间存在雇佣关系，则构成职务作品；如果两者之间不存在雇佣关系，则构成委托作品。法人作品的主体只有法人或其他组织，享有所有的版权权利，包括署名权。

《著作权法》第 16 条第 2 款第（1）项规定，特殊职务作品包含三个构成要件：创作人和法人或其他组织之间存在雇佣关系；作品主要由后者提供物质技术条件；由后者承担责任。这类作品的作者享有署名权，其他版权权利由法人享有。特殊职务作品的主体是作者和法人或其他组织。

如果作品既是法人作品又是特殊职务作品，就存在版权主体确认的困难。比如某张报纸的版面设计是由报社法人主持的，版面编辑代表报社法人意志进行创作，也由报社承担责任，应属于法人作品。根据版权法关于法人作品的规定，该版面设计的版权主体只有报社，享有包括署名权在内的所有权利。同时，由于该版面设计作品的编辑与报社之间存在雇佣关系，编辑也主要使用报社提供的编辑系统进行创作，并由报社承担责任，符合特殊职务作品的构成要件。根据特殊职务作品的相关规定，应由编辑享有署名权，其他版权权利归报社所有，那么版权的主体变成了编辑和报社。之所以存在署名权主体矛盾的情况，是因为中国《著作权法》第 11 条和第 16 条规定之间存在逻辑漏洞。首先，第 11 条规定法人作品视为作者是英美法系的做法。既然法人是作者，版权就和作品创作者没有任何关系，英美法系不可能再像第 16 条那样规定特殊职务作品的署名权归作者的情况，因此在英美法系国家不会存在此类矛盾。其次，第 16 条的规定是法德法系的做法，规定作者享有署名权。法德法系也不可能像英美法系那样把法人视为作者，同样也不会存在类似的矛盾。❶ 中国版权法则因为分别借鉴两种法系的规定，结果出现了版权主体和归属相互矛盾的情况。

版权法规定特殊职务作品的作者有署名权，其他权利均归属于雇主。这种规定容易给人造成误解。一方面，给作者以署名权，是对作者创作身份的确认，是尊重作者精神权利的表现。但是，署名不仅表示作品来源，而且还有一个作用，即署名是表示版权所有的标志，一般读者或者使用者会自然而然地认为，所有权利包括经济权利自然归属于署名的人。华声月报社诉农民日报社一案中，其中的一个涉案作品为版权据称属于华声月报的图片，但是该图片的署名却是摄影者法满。农民日报社转载该作品后，自然只向法满支付稿费。因为农民日报社并不清楚该作品是版权属于华声日报社的特殊职务作品。造成这一误解的根源就在于版权法关于特殊职务作品的规定，致使在作品上署名的不是真正的版权权利人。

四、广播电视等视听新闻作品的版权难以实现

1. 视听新闻作品的经济权利落空

视听作品在广播、电视台等媒体发表和转播是否需要取得作者同意、是否需要支付报酬在制定版权法时存在较大争议。因为新闻作品的时效要求高、广播电视播出内容数量巨大，转播频次多，征得作者许可费时费力，操作性不

---

❶　王迁. 知识产权法教程［M］. 北京：中国人民大学出版社，2009：173 – 175.

强。重点还在于是否付酬方面。一方面，广播电台、电视台认为需要支付的报酬数额巨大，很难办到，不同意付酬。理由是国家的广播电台、电视台是宣传、教育工具，不是商业台，广大听众与观众并不交纳收看费，现在虽有个别付费频道，但是如果法律规定付酬绝大多数则需要财政部拨款，否则电台、电视台拿不起这笔钱。❶ 我们国家是实行的"四级办广播、四级办电视、四级混合覆盖"的广播电视体制，广播电台（站）、电视台的数量之多堪称世界之最。如果播放作品都付酬，而且每播放一次就要付一次酬，经费总量确实惊人。

　　另一方面，支持付酬的人认为，如此数量巨大的广播电台、电视台转播已发表的作品不付酬，势必影响创作优秀作品和节目的积极性。反正转播免费，大家均可以搭中央人民广播电台和中央电视台等媒体的顺风车，没必要下工夫做独家新闻。退一步讲，制作广播、电视节目对表演者表演可以支付报酬，而且支付的报酬越来越高，为什么不能给作者支付报酬？❷

　　双方争论僵持不下，版权立法采取了折中的办法。承认作者对已发表的作品享有广播权。录音录像制作者对其制品，享有下列权利：许可他人复制、发行、出租、向公众传播以及获得报酬权；权利期限为制品首次完成后第 50 年最后一日。实际上，职务新闻作品发表与否并不取决于采制者，而是取决于采制者所供职的媒体。电台、电视台播送未发表的作品，应获得版权人许可并付酬。除非另有约定，播送已发表或出版的作品和制品，可以不经版权人许可，但应付酬，由国务院规定具体办法，但是截至 2012 年 2 月仍未出台任何关于广播电视节目发表、转播付酬的规定，在广播电台、电视台首次发表的新闻作品的经济权利很难得到保障。因此，付酬规定虽然写入了《著作权法》，但因为付酬标准缺位而搁置。并且，正在进行的第三次修订过程中，广电部门仍然要求删除付费条款。

　　2000 年实施的《最高人民法院关于审理涉及计算机网络著作权纠纷案件适用法律若干问题的解释》第 3 条曾规定，已在报刊上刊登或网络上传播的作品，除版权人自己或委托别人声明不得转载、摘编的以外，网站转载、摘编并按规定支付报酬、注明出处的不构成侵权。在一定条件下，网站转载报纸内容时并不需要获得许可，但在 2006 年该司法解释再次修正时删除了这一规定。无论如何，都应该按照规定支付报酬。同样因为付酬标准缺如而搁浅。可见，

---

❶ 沈仁干. 著作权立法情况介绍［M］//江平、沈仁干，等. 中华人民共和国著作权法讲析. 北京：中国国际广播出版社，1991：55.

❷ 沈仁干. 著作权立法情况介绍［M］//江平、沈仁干，等. 中华人民共和国著作权法讲析. 北京：中国国际广播出版社，1991：56.

广播电视新闻作品的首播、网络转载应当获得的经济权利基本被架空。

新闻记录电影的版权由制片人享有，但是编剧、导演、摄影等作者拥有署名权，并且有权按照相关合同获得报酬。不过，版权法并未规定制片者的定义。新闻记录电影中可以单独使用的剧本、音乐等作品的作者可以单独行使自己的版权。新闻记录电影应遵守 2002 年 2 月 1 日起施行的《电影管理条例》，处境稍有不同。

2. 职务视听作品的规定存在漏洞

根据中国《著作权法》第 16 条第 2 款第（1）项规定，作者创作时使用了单位的物质技术条件且由单位承担责任的，版权归属于单位。并未规定主要使用了单位的物质条件且由作者承担责任的职务作品的版权归属。例如电子媒体对本单位物质技术条件的依赖较大，其作品创作时是"主要利用"了本单位的物质技术条件，但是，电台、电视台的新闻记者创作的新闻作品并不是仅由新闻媒体承担责任的，❶ 通常是作者"文责自负"。法律、法规没有明确规定这部分作品的版权的归属，但是至少不符合归新闻媒体的条件，就应该适用一般职务作品的规定，其版权推定归作者，❷ 新闻机构在两年内优先使用。这就与不使用单位提供的物质条件的一般职务作品的归属相同，那么，新闻机构的物质投入就未得到任何体现，对于新闻机构未免有失公平。从作者角度看，作者需要为自己的职务行为独自承担法律个人责任才能享有作品版权，而雇主可以免责，对作者也是欠公平的。二者的关系尚待理顺。

3. 非职务电子新闻作品没有得到有效保护

电子媒体刊播的非职务新闻作品包括特约记者作品、特约编辑作品、自由撰稿人作品、自由摄影者照片、新闻采制、播出过程中的作品，其版权人可以归特约记者、专栏作家、特约评论员、通讯员、特约编辑、特约新闻主持人、录音像素材作者、采访对象、演讲者、表演者、广播电台、电视台、互联网络和手机网络等。约稿作品的使用从合同约定，无约定或合同，版权属于受托人（作者），依版权法享有的各种精神权利和经济权利。对于自愿提供的录音、录像素材等新闻作品制作过程中使用的版权作品，与同类职务新闻作品的规定相同。即使是转播的文字作品也不能根据《出版文字作品报酬规定》付酬，因为《国家版权局关于贯彻实施〈出版文字作品报酬规定〉的意见》明文规定，该规定只适用于图书、报纸、期刊等以纸介质为载体，经合法授权出版的文字作品。电子出版物、网上使用作品等情况下使用作品，不适用该规定。转载的法定许可根据版权法规定应该付酬，但是截至 2012 年 2 月任何广播电视、

---

❶ 顾理平. 新闻法学 [M]. 北京：中国广播电视出版社，2005：418.

❷ 顾理平. 新闻法学 [M]. 北京：中国广播电视出版社，2005：178.

网络刊播付酬的规定仍未出台。

五、非职务作品地位尴尬、稿酬偏低

(一) 委托作品的版权主体身份较难确定

非职务作品分为纸质媒体和电子媒体两类。纸质媒体刊载的非职务新闻作品的类型主要有约稿（委托作品）、投稿和新闻素材，其版权人包括特约记者、专栏作家、特约评论员、通讯员、自由摄影者、采访对象、演讲者、表演者、报社、期刊社、通讯社、互联网络和手机网络等。电子媒体刊播的非职务新闻作品主要有特约记者作品、自由撰稿人作品、自由摄影者照片，特约编辑作品，新闻采制、播出过程中的作品等，其作者主要有特约记者，专栏作家，特约评论员，通讯员，特约编辑，特约新闻主持人，录音像素材作者，采访对象，演讲者、表演者，广播电台、电视台、互联网络和手机网络等（参见表1新闻作品分类及其版权人）。

根据版权法规定，特约记者、特约评论员和观察家撰写的稿件属于委托作品。委托作品的创作前提是受托人与委托人之间存在书面或口头的委托创作合同或约定。没有合同或合同约定不明的，版权归受托人享有。据此，特约记者和特约评论员撰写的稿件的版权属于本人，因为特约记者的工作编制不属于新闻媒体，特约评论员一般也由编辑部之外的党政机关负责人或从事某一理论研究的专家学者担任，与媒体没有雇佣关系。这类文章发表时常常不署作者真名，而冠以"特约评论员"的字样。根据中国《著作权法》第11条第4款规定，如不存在相反证明，在作品上署名者被认定为作者。除非有充分证据，特约评论员文章作者的身份较难确定。如果不能确定，应按照匿名作者的作品确定其归属。遗憾的是，版权法并未规定匿名作品作者的权利。如能确定作者身份，版权应归作者。

有时，受托人与委托单位之间可能存在劳动法律关系，此时，委托作品容易被误认为是职务作品。区分委托作品与职务作品的关键是考察这种创作行为是否属于受托人的工作任务或应当履行的职责范围，是否与工作单位的法定业务活动直接相关。职务作品的创作基础是具有隶属性质的劳动合同，委托作品的创作基础则是平等主体间的委托创作合同。有些特派记者的作品就属于这种委托作品。特派记者与派出新闻单位之间往往存在雇佣关系，如果创作该作品是特派记者工作范围之内的任务，则被认定为职务作品，根据职务作品的规定确定版权归属；如果不属于正常的工作任务，则应被认定为委托作品，版权归属于特派记者。

观察家文章的作者可以是与媒体有工作合同的记者、编辑、评论员，也可以是媒体外的相关官员和专家。媒体从业人员的观察家文章按照职务作品确定归属；那些由法人主持，以法人名义发表并承担责任的特定新闻职务作品如社论、评论员文章等言论稿件的版权一般归媒体（法人）所有。媒体之外人员撰写的观察家文章的版权则属于作者。

如果作者不事先声明禁止转载，由于这类文章属于新闻媒体可以自由转载的时事性文章，一经发表，权利也受到很大限制。根据中国《著作权法》第22条第1款第（4）项规定，除非作者声明保留权利，报刊、电台、电视台等传播机构刊播已发表的关于政治、经济、宗教的时事性文章，只要指明作者姓名、作品名称，不侵犯版权人的其他权利，就可以不经权利人许可，不需支付报酬。可见，非职务新闻作品的版权仅剩下署名权，并且，网络上刊载或转载的新闻作品不署作者姓名的情况也是司空见惯。

（二）新闻作品自由投稿人地位尴尬

自由投稿人新闻作品主要指记者的非职务作品和通讯员作品。中国版权法规定主动投稿作品的版权归属于作者，但是作了一定限制。

首先，不得一稿多投。根据中国《著作权法》第33条规定，如无特殊约定，向报社、期刊社投稿的自由撰稿人分别在15日和30日内不得一稿两投。如果一稿多投就是违法，甚至被认为缺乏创作道德。这个规定就是片面有利于出版者而对作者是极为不利的。作者被束缚于一家出版者，而出版者却不受任何束缚，随时可以另用别人的❶稿件，显然对于自由投稿者不太公平。

中国台湾地区"版权法"并不禁止一稿多投，出版者仅仅刊载"不得一稿两投"的片面声明是不够的，声明不能算作同作者之间的契约。作者在这种情况下"一稿两投"或许是不道德的行为，但并不违反"版权法"。根据中国台湾地区相关"法律"，出版单位自行规定因一稿多投而拒付稿酬的做法是没有"法律"依据的。如果刊载单位想达到禁止"一稿两投"的目的，需要与作者签订书面约定限制作者的行为。

其次，首次发表之外的权利很难保障。中国《著作权法》第33条第2款规定，除非版权人声明不许转载、摘编，发表后其他报刊可以转载或者摘编，但应当按照规定支付报酬。如果作者不履行声明保留权利的义务，作者的转载权许可实际上就被剥夺了。虽然规定付酬，但是对于转载真正主动付酬的新闻媒体并不多见，自由投稿作品的经济权利只剩下首次刊载的稿费。因为，报刊稿费一次付清。对于汇编、演绎等其他版权权利通常被认为一次买断了。

---

❶ 张佩霖. 著作权的归属［M］//江平，沈仁干，等. 中华人民共和国著作权法讲析，北京：中国国际广播出版社，1991：120.

　　中国台湾地区"版权法"第41条规定了报刊社、广播电台、电视台的外来投稿的权利。如无约定，作者对于报纸、杂志或授权公开播送的投稿，推定仅授权刊载或播送一次，对作品版权人的其他权利不产生影响。❶ 如有期刊社想把刊载于本杂志上的文章汇编成书，必须取得该作者的同意。

　　（三）非职务新闻作品的报酬标准不合理

　　根据中国《著作权法》第33条规定，报刊转载、摘编其他报刊的作品应当支付报酬。委托作品和自由投稿者等非职务新闻作品的稿费付酬标准为国家版权局于1999年4月颁布的《出版文字作品报酬规定》。作品转载依照1993年8月1日发布实施的《报刊转载、摘编法定许可付酬标准暂行规定》《录音法定许可付酬标准暂行规定》和《演出法定许可付酬标准暂行规定》付酬。

　　稿费付酬标准均与职务新闻作品的付酬标准相同，按50元/千字的付酬标准向版权人支付。报刊转载、摘编作品的付酬标准则为25元/千字。录音作品录制发行录音制品采用版税的方式付酬；演出法定许可的付酬办法为从每场演出的门票收入中抽取一定比例向版权人付酬。

　　职务新闻作品的稿酬低是无可厚非的，毕竟有工资、奖金、福利等经济报酬加以抵充；而与新闻机构没有雇佣关系的委托作品和自由投稿人的作品则完全不同，几乎只剩下稿费这一项版权经济权利，虽然规定了转载付酬，但是规定的转载稿酬往往由于各种原因不能落到投稿者手中，转载付酬规定几乎形同虚设，何况还存在版权付酬标准严重滞后的问题（参见下文详述）。

　　（四）版权付酬标准滞后

　　目前的版权付酬标准主要有：1999年4月颁布的《出版文字作品报酬规定》。作品转载依照1993年8月1日发布实施的《报刊转载、摘编法定许可付酬标准暂行规定》《录音法定许可付酬标准暂行规定》和《演出法定许可付酬标准暂行规定》。付酬标准的颁布时间分别为1999年和1993年，距今已经相当长的时间了，由于货币贬值，规定的数额对版权人严重不利。

　　除版权人与出版者另有约定外，出版社、报刊社出版文字作品，应当按《出版文字作品报酬规定》规定向版权人支付报酬，报刊刊载作品只适用一次性付酬方式，出版者按作品的质量、篇幅、经济价值等计算报酬，并一次向作者付清。报刊刊载作品，未与版权人约定付酬标准的，不应低于50元/千字的付酬标准。报刊刊载作品支付基本稿酬以千字为单位，不足500字的按千字作半计算；超过500字不足千字的按千字计算。报刊刊载作品，应在刊载后1个月内向版权人付酬。报刊转载、摘编其他报刊已发表的作品，应按50元/千字

---

❶　章忠信. 著作权法逐条释义［M］. 台北：五南图书出版股份有限公司, 2009：103.

的标准付酬。报刊转载、摘编其他报刊上已发表的作品，版权人或版权人地址不明的，应在 1 个月内将报酬寄送中国版权保护中心代为收转。到期不按规定寄送的，每迟付 1 个月，加付应付报酬5%的滞付费。

中国《著作权法》第 39 ~ 46 条规定：制作者使用、演绎他人作品或制作音像制品，应当经版权人许可，并按规定支付报酬。根据《关于〈录音法定许可付酬标准暂行规定〉的补充通知》（1994 年 10 月 7 日国权（1994）65号）规定，录音制作者经许可复制发行他人的录音制品或广播电台制作的广播节目，而向版权人支付报酬的，适用《录音法定许可付酬标准暂行规定》第 2 ~ 5 条的规定：录制发行录音制品采用版税的方式付酬，即录音制品批发份×版税率×录音制品发行数。录制发行录音制品付酬标准为：纯文字作品（含外国文字）版税率为 3%；录音制品中涉及两个或两个以上作品的，按照版税的方式以及相对应的版税率计算出录音制品中所有作品的报酬总额，再根据每一作品在整个录音制品中所占时间比例，确定其具体报酬。

使用改编作品进行录音，向作品的版权人支付报酬的 70%，向原作品版权人支付 30%。原作品已超过版权保护期或不适用版权法的，只按上述比例向原版权人付酬。被许可人公开传播音像制品，还应当取得所有版权人许可并付酬。当然，属于版权法规定的合理使用的情况不在此限。

上述规定只适用于文字作品，尚无新闻照片、新闻漫画、版面、专栏、专版、专页、副刊和新闻采编过程中的作品等新闻作品的版权报酬支付标准。随着经济和社会的发展，货币逐渐贬值，这些数额规定已经远远不能反映稿件的价值。

对于职务作品来说，优先使用的两年期限实际上是根据图书的出版周期确定的，对于新闻作品来说，未必合适。如果一般新闻由所刊载的新闻媒体享有两年的专有权，对于作者来说，基本上没有可以利用的新闻价值了，只剩下汇编等非常有限的利用途径。中国澳门地区版权法规定雇佣新闻作品，如发表时标明作者身份，则其著作财产权推定归作者，报刊拥有 3 个月的独占使用权。

对于新闻摄影作品来说，新闻作品的文献价值未必就能在两年内显现出来，版权回归作者后，刊播媒体就没有任何免费利用的可能了，对于媒体也未免有失公允。需要根据新闻作品的生命周期，细化版权使用期限的规定。

总之，与国外成熟的版权法已有 300 年的历史不同，中国版权立法的历史不过百年，并且中断了四十年，版权保护有待提高是情理之中的事情。尤其是新闻业也是一个相对年轻的行业，新闻版权保护难以尽如人意也是可以理解的。

六、案例分析：华声月报社诉农民日报社侵犯版权纠纷案

（一）案情

1996 年 2 月，《华声月报》向记者魏运亨约稿，商定撰写《北方边境拦截

偷渡客》一文。《华声月报》收到魏运亨的稿件和五张照片后，与魏商定独家刊登该稿。《华声月报》在 1996 年 5 月 5 日出版的第 5 期上刊登了署名魏运亨、赵华的文章《北方边境拦截偷渡客》，并配发了署名法满和大连周水子机场边防检查站的图片各 1 张。1996 年 5 月 24 日，被告农民日报社的《农村生活报》在头版头条位置，全文刊登了该文，除题目删去"北方"二字外，几乎全文照搬（包括两张图片），且未表明摘自《华声月报》。华声月报社要求被告停止侵害，消除影响，赔偿损失，承担起诉费用。被告辩称，华声月报社不是该文的版权主体，该文的版权属于魏运亨、赵华，华声月报社无权提起诉讼。《华声月报》刊登该文时，文章作者并没有声明不得转载、摘编，自己以原著者的名字转载并支付了作者报酬，符合法律规定。在转载该文的小样中有"原载《华声月报》"字样，只是在排版印刷时漏掉了，只要声明更正即可。自己与被告的所谓损失没有关系，故请求法院驳回原告起诉。

（二）评析

本案的争议主要有三个，一是华声月报社是否拥有《北方边境拦截偷渡客》一文的版权。该文是由华声月报社提供选题、向记者约稿的委托作品。由于未事先约定版权的归属，根据版权法第 17 条的关于委托作品的规定，其版权归被委托人魏运亨和赵华所有。原告华声月报以自己对该文作了编辑加工、配发了两张图片为由，认为自己拥有该文的编辑权是欠妥当的，因为编辑加工、配发图片、安排特稿等行为带来的原创性，尚不足以使原告对本案文、图享有编辑权。虽然华声月报社与魏运亨约定独家刊载该文，但是尚未签署版权使用的转让协议，也未在刊载时明确注明版权所有，禁止刊载。由于署名为魏运亨和赵华，读者或转载者一般不会认为该文的版权属于华声月报社。

二是署名为法满的摄影作品是法人作品还是职务作品。被告认为，由于法满是《华声月报》的员工，二者存在雇佣关系，该照片属于法满职责范围内的工作，摄影作品应为职务作品，因此该照片的版权归属于法满。原告则认为法满是华声月报社记者，从报道意图、图片内容、范围、题材都是按照编辑部的指示进行的，法满只是一个执行者，其创作代表了编辑部的意志，应该属于法人作品，其版权归属于华声月报社，而且法满本人也声称该作品归属于华声月报社，那么自己当然拥有该摄影作品的版权。诚然，法人作品和职务作品有交叉之处，但是法人作品和职务作品的区别是很明显的。判断法人作品的构成要件有三个：由法人或者非法人单位主持并承担责任，代表其意志创作。前两个要件比较容易判断，而代表法人或非法人单位的意志较难确定。国家版权局编写的《中国著作权实用手册》认为，应该根据作品的性质和用途来判断，只有那些由实际作者署名发表而不能达到预期创作目的，不能实现预期的社会意义的作品，才视为法人作品。此外，还有一个条件，就是必须署上法人或非法人单位的名字。❶ 署名为法满的摄影作品显然不能属于法人作品。二审法院认为，法满虽然是华声月报社的职工，他本人也声称该作品归属于华声月报社，但是未提供版权转让协议，法院不予认可。他为完成工作任务所创作的图片是职务作品，版权应由法满享有。

三是在转载时不注明原载刊物是否侵害版权。版权法第 33 条规定，报刊作品的转载条件是版权人声称保留权利和付酬。就本案来看，农民日报在转载时有意或疏忽没有注明原刊载刊物，让人误认为自己是首发刊物，不恰当地提高了自己刊物的社会声誉。而真正的原发刊物华声月报提供了选题，并约稿、编稿、刊发，意在独家刊发而提高自己产品的美誉度。但是，由于法律只规定保护版权人的利益，原发刊物《华声月报》的付出就没有得到二审法院的支持，只能称被告的行为"有悖出版惯例和道德"。在一审败诉之后，华声月报社为了挽回自己的不利局面，为自己的独家首刊找回一些回报，转而请求法院支持自己的版式装帧设计专有使用权，其实是病急乱投医的做法。殊不知，版式装帧设计要想获得版权，必须具有很高的可区别度，才能获得版权法要求的原创性，更难得到法院的版权支持。可见，有必要提高保护自己的独家新闻作品的法律意识，仅仅与作品的作者约定独家刊发是远远不够的，因为，作者在作品刊发之后只能约束自己的许可行为，不能约束别人的转载行为。首发刊物只有在发表前与作者签订版权转让或独家使用许可合同，并发出版权所有的正式声明，才有可能改变现在的被动局面。

从法理上讲，通过正式声明才保护版权的做法与版权自动获得原则是相矛盾的。通行的国际惯例为获得版权不需要任何手续，作品创作完成即可自动获得版权。而要求作者发表正式保留权利的声明才能获得版权保护，其实是为版权产生设置了人为障碍，把自动权利变成了条件权利。保留版权权利本来是不需要任何声明的，反而是放弃权利才需要发表声明。

第三节　中国香港、澳门和台湾地区新闻作品的版权状况

一、中国香港地区新闻作品的版权

中国香港地区自 1841 年成为英国殖民地以后，版权法沿着两个方向发展：一是与英国保持相同的发展道路，从双轨制保护到 1911 年英国版权法的统一

---

❶　国家版权局办公室. 中国著作权实用手册［M］. 北京：中国书籍出版社，2000：567.

保护，1972 年开始实施英国 1956 年版权法，版权保护程度越来越高；二是香港本地制定了版权配套法律法规，监管出版物及机构、广播、新闻媒体，进行执照管理、出版物的登记注册、审查出版物内容合法性等。

中国香港地区分别于 1972 年和 1979 年颁布《版权（香港）法令》，1979 年公布《版权〈国际公约〉法令》，将英国版权法本土化。香港地区本地制定法包括《版权条例》《本地报刊注册条例》《电讯条例》《电视条例》《广播事务管理局条例》，及关于出版通知、录音版本的各种版权规则。

1972 年，中国香港地区在适用 1956 年英国版权法时，已将录音制品、电影作品、广播节目作品或有线转播服务系统作品和印刷品版本版式作品列入版权保护范围，主要保护企业所拥有的版权。经判例确认，公开讲演的完整记录、外国讲演的摘要、考试试卷、电话号码本、价目单和已有材料的编辑都属于版权保护的对象。❶ 中英联合声明签署以后，开始研究、制订一部全面规范版权的香港条例。1994 年行政局批准将版权修正法案提交立法局，将有线电视节目列为版权客体，并规定了版权所有者授权有线电视台播映其作品的权利，旨在为 Wharf Cable 有限责任公司的有线电视节目提供一种临时性的版权保护。

香港现行版权法主要由《版权条例》《书刊注册条例》《防止盗用版权条例》等成文法构成。香港的版权保护详尽、具体、操作性强，还具有很强的国际性，《伯尔尼公约》《世界版权公约》《日内瓦唱片公约》及 TRIPs 协议等国际版权公约均适用于香港。❷

现行《香港地区版权条例》规定版权作品客体涵盖文学作品，戏剧作品，艺术作品，声音、影片、广播或有线传播节目及已发表版本的排印编排，并未对新闻作品的版权客体资格作出专门规定。

如无协议相反规定，雇员在受雇工作期间制作的文学作品、戏剧作品、音乐作品、艺术作品或影片的版权归雇主，雇主是该作品版权的第一拥有人。如雇主利用或授权他人利用该作品，须为不能合理预料的利用方式付给雇员一笔偿金，如无协议规定其数额，则由版权审裁处裁定（第 14 条）。依据服务合同或实习合同受雇于报纸、杂志，专门为出版该期刊而撰写制作的文学、戏剧或艺术作品，作品的版权归该期刊的所有人；该所有权人可以同样的方式复制该期刊，但作品的其他权利如演出、改编等仍旧归原作者所有。❸ 受雇期间业

---

❶ 史际春. 香港知识产权法［M］. 郑州：河南人民出版社，1997：27.

❷ 刘志远，栾甫贵. 香港版权保护评价［M］//玉林，吉全贵. 现代无形资产专题研究，天津：天津人民出版社，2007：312.

❸ 史际春. 香港知识产权法［M］. 郑州：河南人民出版社，1997：29.

余创作的作品归作者所有，也可以用合同方式约定由作者以外的人享有版权。

委托作品根据协议确定其版权归属。无论版权归谁，委托人具有专有特许权，在符合作品委托时合理预料的目的情况下利用该作品，有权合理对抗其他人（第 15 条），但须支付相应的报酬。

文字作品、戏剧作品、音乐作品或艺术作品的版权保护期以作者有生之年加死亡后 50 年，录音资料、电影片、电视和电台广播作品的版权保护期是自作品发行算起后的 50 年。广播（包括在有线传播节目服务内的有线传播节目）的版权，在自该年年终起计的 50 年届满，重播的广播或有线传播节目的版权与原本的广播或有线传播节目的版权同时届满。首次发表的已发表版本的排印编排的版权，在自该年年终起计的 25 年届满。

香港将侵犯知识产权行为明确为刑事犯罪，规定的刑事罪行主要包括出售、出口或进口、管有及分发盗版物品作商业用途，刑罚最高为监禁 4 年及每件盗版物品最高罚款 5 万港币；管有、制造、出口或进口用作制造盗版物品的任何物件，刑罚最高为罚款 50 万港币及监禁 8 年，有效遏制了盗版侵权行为的发生。

版权单位联合起来委托专门的经营机构代收版权费，经营机构按照比例提成。通过香港复印授权协会（HKCLA）、香港版权影印授权协会（IFRRO）、香港音像版权授权协会［PP（SEA）L］等特许版权经营机构代理版权授权和经营业务，可以快捷、高效地保护版权人的利益。其中香港复印授权协会提供一站式集体版权收费机制，让有需要复印报章作日常营运参考的机构，如政府部门、公关公司协会、剪报公司协会、银行和各大上市公司，可以合法复印，这表明对版权的尊重，免受侵权指控。该协会至 2009 年已获得香港 16 份报纸及 20 份杂志的复印及传真授权。❶

总之，香港版权保护制度以《香港特别行政区基本法》和有关版权的国际公约为依据，以 1997 年《版权条例》为核心，以《防止盗用版权条例》和 2000 年《知识产权（杂项修订）条例》为补充，形成一整套本土化与国际化相结合的，多层次、多角度，较为先进而又严密的版权保护制度，使香港版权保护制度更加完善。

二、中国澳门地区新闻作品的版权

中国澳门地区 1972 年 1 月 8 日《政府公报》之 1966 年 4 月 27 日第 46980 号法令，涵盖面广，规范了保护作者权利的法律框架。加入世界贸易组织之

---

❶　王军. 传媒法规与伦理［M］. 北京：中国传媒大学出版社，2009：223.

后，签订了 TRIPs 协议，承担《伯尔尼公约》1971 年巴黎文本以及《罗马公约》规定的义务。第 46980 号法令曾于 1985 年 11 月 25 日第 4/85M 号法律及 1998 年 5 月 4 日第 17/98/M 号法令加以修正。1999 年 8 月 16 日，第 43/99M 号法令公布了《澳门地区著作权及有关权利之制度》（以下简称"澳门版权法"）。

（一）版权法明文规定保护新闻作品

澳门版权法第 2 条明文规定保护新闻作品，甚至延及标题。只要属原创作品，就受法律保护。原创作品尤指："文学、新闻及科学性之文本，以及包括计算机程序在内之其他文字作品"；"电影、电视及录像之作品，以及其他视听作品"，"摄影作品或以类似摄影之任何方法作成之作品"；"插图及地图"。该法甚至保护广告性质的格言或标志。

对作品的保护延及作品的标题、书名、文章，对报纸、刊物的保护延及报纸、刊物的名称，对美术、文学作品的保护延及标记、口号等。澳门版权法第 163 条规定，如果依期出版的报章或其他定期刊物的名称可被识别，且不会与其他任何同类型作品的名称相混淆，该名称按规定在新闻司进行适当登记之后，则对该名称予以保护。此类受保护的名称，仅在权利人以任何方式宣告终止出版有关出版物满一年后，或该出版物的出版已实际中断满 3 年后，方可为其他期刊所使用。

遵照《伯尔尼公约》的规定，不保护日常新闻及纯信息报道，但是其他人的使用仅限于发表行为。"日常新闻及以任何形式就不同事件作出之纯信息性报道不能成为保护标的，但是此类作品由第三人合法使用时，应限制在达到发表作品目的所需的范围之内"（第 5 条）。❶ 根据第 57 条的界定，发表系指透过任何除了出版之外的途径合法使公众认识某作品的行为，其中的"出版"系指透过任何方式复制作品之载体及向公众提供复制品，从而能因该作品之性质合理满足公众之需求的，合法使公众认识某作品的行为。可见，日常新闻及纯信息性报道虽然不能成为版权保护的对象，但是，他人合法使用的范围不能包括制作复制件向公众提供复制品行为，只能限制在发表的范围内，比如表演、上映、朗诵、演奏、传播或无线电广播、展览等行为，发表行为之外的出版权仍在版权法保护之下。如果第三人将此类作品复制及向公众提供，以满足公众的需求的行为则属于侵权行为。

对版权客体保护实行自动保护原则，不需进行作品登记，不需缴存作品样本或办理任何手续，不需要加注"版权保留"的标识。版权作品创作完成即依法享有版权。版权保护期限是作者有生之年加死后 50 年，无论作品在作者

---

❶ 本书汇编组. 中国百年著作权法律集成 [G]. 北京：中国人民大学出版社，2010：557.

死后发表或出版与否。

（二）详细规定了报章等定期刊物和作者的版权范围

1. 明确划定了媒体的财产权和作者权的界线

澳门版权法第 9 节专门规定了报章及其他定期刊物作品的使用。报章及其他定期刊物推定为集体作品，其版权归属于刊物所有人（第 162 条第 1 款）。报章及其他定期刊物的版权，对载于其内的作品的版权不构成影响，但劳动合同作品、独立作品除外（第 162 条第 2 款）。

因履行劳动合同而创作的新闻作品，如标明作者身份，则其著作财产权推定归作者。报刊拥有 3 个月的独占使用权，非经刊载作品的报刊拥有人许可，自刊载作品发表之日起 3 个月内作者不得独立出版（第 164 条）。

除非另有约定，无论是否署名，独立撰稿人拥有其作品的财产权，并且作者可以或许可他人将作品进行独立复制或将其复制成同类型刊物。登载该作品的报刊所有人，有权自由复制其曾刊载有关作品的各期报刊，但不影响独立创作人的相关权利（第 165 条）。报刊只有登载一次和复印其相关报刊的权利，转载权、汇编权等其他权利皆归于作者。

如无书面的相反约定，获补助作品的版权归作者所有。澳门版权法第 11 条规定，"以任何方式为某作品之准备、完成、发表或出版提供全部或部分津贴或资助之人，不因此对该作品取得任何版权，但另有书面约定者除外。"以协助人、技术人员、绘图员、建造人之身份或其他相似身份参与受保护作品的创制、出版或发表的自然人或法人，对该作品不拥有任何作者权，但不影响其倘有之的相关权利（第 17 条）。

2. 详尽规定了作者的人身权

中国澳门地区施行的葡萄牙版权法属于大陆法系，较重视著作人身权，对著作人身权作了详尽规定。著作人身权独立于著作财产权，不可转让、不可放弃及无时效限制，而在作者死亡后，如该作品并未归入公共领域，则由其继受人行使人身权。

如果作者人身权的继受人无正当理由而不保护具有文化价值的作品，致使威胁到作品的真实性或完整性，则本地区可自行通过适当途径对有关作品加以保护。公共领域的具有文化价值的作品，由本地区负责保护其完整性及其作者身份。作者已全部或部分修改完毕的作品一经发表或出版，作者继受人或第三人则均不得复制任何旧有版本。

未经作者同意，不得更改作品，即使属无须作者同意仍可合法使用作品亦然。如某人获得许可使用特定作品，则获得改编权，但不得曲解作品原意，且只能进行按许可方式使用作品所必需的改编。如获得被查封作品的著作财产权的竞买人出版该作品，则作者有修订校样及改正作品的权利，以及其他人身权均不受影响。对于已发表或出版的作品，其作者在基于应予考虑的道德理由并赔偿对第三人造成的损失的前提下，可随时收回在市面流通的作品以及终止对作品进行的任何方式的经营。

（三）合理使用

澳门版权法第 61 条规定了无须经作者同意而自由使用的作品和条件。

下列行为无须经作者同意，属于合法行为：为了提供信息，由大众传播媒介以摘录或摘要方式复制具有版权的公开演说、简短演说及专题研讨；定期汇编定期刊物的内容；为了时事报道而附随性固定、复制及公开传播部分作品；如为保留复制权利，可以对时事文章、讨论经济、政治或宗教的文章进行复制。适用于所有作品可以自由使用的场合，包括私人、学校、图书馆、等机构的合理使用，法院及本地区其他官方机关执行公务时切实必要之限度内加以使用，均不构成侵权，对于新闻作品的使用也不例外。

为了评论论证、注释及讨论或教学，在作品内引述或加插他人任何类别之作品或作品摘要无须经作者同意，属于合法行为。但是，不得以对他人作品进行评论或为他人作品作注释为借口而复制他人作品。如作者将其曾在报章或杂志上刊出的文章、书信或其他辩论性文章复制成书或小册子，则亦可将与其立场相反的文章进行复制，而持相反立场的作者亦拥有相同权利（第 63 条）。

上述所有受保护作品供私人使用及自由使用不得妨碍该作品的一般经营，亦不得无正当理由而损害作者的合法利益；应尽可能指出作者身份及作品名称；不得混淆自身作品和引用作品之间的界限；复制或引用的范围不得损害作者的利益。上述自由使用的演说、简短演说及专题研讨，和未保留作者权利的时事文章，及讨论经济、政治或宗教的文章等作品的汇编权仅属作者所有。法定许可的作品使用者具有法定改动权，根据获准使用的必要性翻译或以其他方式改动作品。

（四）视听作品

视听作品是指电影作品及以类似拍摄电影的方法表达的作品，后者尤指电视作品及录像作品。视听作品的作者有导演；剧本或音乐作者；改编作者。视听作品版权自作品发表后满 50 年灭失。

无线电广播机构，有权通过本身的传送频道，将其制作的电影作品全部或部分向公众传播，而无须经作者许可。制片人的身份，应在影片的胶片上指明。在经营期间内，如版权权利人并未采用其他方式维护其电影作品的权利，则制片人即被视为版权代理人。

对受保护作品进行无线电广播，必须经作者许可。如在经作者许可通过无线电广播或传播作品时因商业目的而固定，则无须每次取得作者同意，但作者仍有权按衡平原则收取报酬。

单纯许可进行无线电广播，不包括许可进行固定。无线电广播机构可以固定待转播作品，以供自身专用，但应在 3 个月内销毁，且在该期间内不得传送超过 3 次，但仍须给予作者报酬。对于具特殊记录价值的固定作品，可贮存在官方档案室内，有关贮存不构成影响版权。

无线电广播的许可包括由获得许可的广播电台对作品所进行一切无线电直播或转播，但仍须就每次传送给予作者相应的报酬。但无线电广播许可并不包括透过电缆或卫星而进行的传送，这类传送应取得特别许可。对经无线电广播作品进行单纯接收，即使在公众地方进行，均无须经作者许可，不必付酬。

（五）摄影作品

只有被视作个人艺术创作的照片，才受版权法保护。单纯具记录价值之照片，尤其系文字作品、文件、商业文件、技术绘图及类似物品的照片，均不受保护。电影胶片的每格画面，视为照片。对刊登在报章、杂志或其他定期刊物上的涉及时事人物或事件或任何属总体利益方面的照片，可无须经作者同意而进行复制而在其他同类型之刊物上刊载，但作者收取报酬的权利不受影响。摄影作品无论发表与否，版权期限均为自作品完成算起 25 年。

（六）相关权

版权法保护表演艺术工作者、录音制品及录像制品制作人、无线电广播机构及表演承办人的相关权利。对其相关权的保护不影响被使用作品的版权。录音制品或录像制品的制作人，是指为商业目的而将声音或影像进行首次之独立或共同固定的自然人或法人。给予保护的条件是制作人居住地原则、固定地原则、首次出版原则。录音制品及录像制品的制作人权利期限为固定后 50 年。

对版权及相关权利，仅能由住所设于本地区、且以进行此种管理活动为主要目标的法人进行集体管理。集体管理机构对版权进行集体管理，在法庭上做代理、提供义务信息。

窃取和伪造作品是犯罪行为，可判处 3 年监禁以及罚金，累犯会加倍处罚。剽窃、抄袭、非法发表他人作品、违法约定而利用作品、非法改编或摘录、非法汇编行为均可能受到刑事制裁（第 209 条）。

该法规规定由其他法律保护的，不影响不正当竞争、工业产权法提供的保护。

三、中国台湾地区新闻作品的版权

（一）版权法的修订

中国台湾地区"版权法"是以 1910 年《大清著作权律》为蓝本并参照 19 世纪日本版权法于 1928 年制定的。该"法"历经多次修订，现行"版权法"在 1992 年第 5 次修订后作了大幅度更改，最近一次修订是 2010 年。

1. 1985 年修订：取消注册，不保护单纯事实新闻

1985 年"版权法"采用国际通行的自动保护原则，放弃了以往的版权注册制度，将版权保护的期限延长至注册前，甚至声音或动作表演的整个过程。摄影作品、电影、录音、翻译等作品类型的保护期由以往的 10 年延展为 30 年。❶ 权利内容增加了公开播送权。

单纯传达事实之新闻报道不得成为版权标的。为了新闻报道而使用演讲、演奏、演艺或舞蹈可以不经版权人同意而笔录、录音、录影或摄影。刊载于新闻报纸、杂志的作品，经注明不许转载者，不得转载或播送。未经版权人同意，非版权人不得另行编印单行版本。未经注明不许转载者，可由其他新闻作品、杂志转载或由广播、电视台播送，但应注明或播送其出处，如作者具名，并应注明或播送其姓名。任何人不得将公共所有作品改编、割裂、变匿姓名或更换名目、冒用他人姓名发行。1985 年"版权法"还增加了版权侵权的救济途径，如收费团体的监督与辅导，版权争议的调解，民事赔偿救济和刑事制裁等。

2. 1992 年修订：如无约定，外来投稿只能刊用一次

单纯为传达事实的新闻报道做成的语文作品不能作为版权的标的。在报纸版面上包括对新闻的描述、文笔运用以及摄影图片等均不得抄袭，属于新闻事实的部分除外。❷ 同时刊登在报纸杂志上的照片和文字，分别归类于摄影著作和语文著作之中加以保护。

如无相反约定，雇佣作品和委托作品的版权，归著作人所有。机关内部刊物转载他人杂志上的作品，属于合理使用范围，但不得公开或送人，否则也属违法行为。任何文章的转载，包括读者投书刊用，都应得到不能低于主管机关公告的最低标准的稿酬。

记者特稿、专栏作品的版权属于记者个人，除非雇用契约明确规定，编辑不能任意修改。主笔撰写的社论，其版权归主笔人所有，社论如不署名，则构成侵犯其著作人格权，契约另有规定的除外。著作人因享有"名目同一性的

---

❶　施文高. 比较著作权法制 [M]. 台北：三民书局，1985：59 – 60.

❷　余先予. 台湾民商法与冲突法 [M]. 南京：东南大学出版社，2001：263.

权利"，编辑不能变更作者投稿时所用的名字。

根据中国台湾地区"经济部智慧财产局"2004 年 10 月 15 日电子邮件 931015 函释，著作人著作完成时，即受"版权法"保护，且著作人将其著作投稿于杂志社，除其与杂志社有特别约定外，该著作的版权仍归著作人享有。❶ 著作权人授权他人利用其著作，其约定不明部分，推定为未授权。除非投稿人另外与出版单位约定，愿意把文章的著作财产权让与出版单位，否则，绝不会因为投稿行为而丧失著作财产权。因此，作者不必经刊载单位同意，就可以将自己的著作收录在个人专著或转帖在个人或其他网站上，甚至可以授权其他人利用。报社、杂志社、广播等刊载单位对于投稿，只能刊载一次，不得将该投稿另做他用，不可主张任何权利。❷ 如有期刊社想把刊载于其杂志上的文章汇编成书，必须取得该作者的同意。著作人向报刊、杂志社投稿，属于出版邀约，经其采用刊载的，通常被视为因承诺而成立民法上的出版契约，报刊或杂志社不过享有利用该著作物的权利（出版权）而已，除契约有特别规定外，并不当然包括版权的转让、抛弃著作人格权中同一性保持权等情形。

第 49 条规定了新闻报道的合理使用："以广播、摄影、录影、新闻纸或其他方法为时事报道者，在报道之必要范围内，得利用其报道过程中所接触之著作"。据中国台湾地区"经济部智慧财产局"2004 年 11 月 24 日电子邮件 931124 函释，此处的时事报道，系指单纯为传达事实的"新闻报道"，如电视台新闻部之记者就当日所发生之事实的单纯报道，在报道的必要范围内可以利用其报道过程中所接触的著作。至于"新闻评论"，则是就单纯新闻事件加上个人意见之论述，如就新闻事实另制作新闻性节目，如专论报道、评论等，则不属于第 49 条所称的合理使用。可依据第 52 条规定，在报道必需的合理范围内，"引用"已公开发表的作品供自己参证或评注等附属性使用。

中国台湾地区"版权法"第 61 条规定："揭载于新闻纸、杂志上有关政治、经济、或社会上时事问题之论述，得由其他新闻纸、杂志转载或有广播或电视公开播送。但经注明不许转载、公开播送或公开传输者，不在此限。"发表声明的可以是作者，也可以是刊载单位，二者均有权禁止转载。

3. 1998 年修订

1998 年 1 月 21 日修订的"版权法"中增加了表演者权，引入了"观念与表达二分法"的法理，把"同一性保持权"改为"禁止不正当改变权"。在不得成为版权标的的规定中增加了对"公文"的界定："公文"包括"公务员"于职务上草拟之文告、讲稿、新闻稿及其他文书。在第 41 条中，将向新闻纸、

---

❶　章忠信. 著作权法逐条释义 [M]. 台北：五南图书出版股份有限公司，2009：103.

❷　章忠信. 著作权法逐条释义 [M]. 台北：五南图书出版股份有限公司，2009：101.

杂志或授权公开播送制作的"著作人"改为"著作财产权人",扩大了投稿人的范围,权利不变,仍然推定仅授予一次权利。中国台湾地区于 2001 年和 2003 年、2004 年、2006 年、2007 年、2009 年、2010 年分别对"版权法"进行了修订。

（二）中国台湾地区新闻版权的现行规定

1. 不保护纯事实新闻和公文内的新闻稿、讲稿

中国台湾地区现行"版权法"规定了不得成为版权标的的有两种新闻作品:一是单纯为传达事实的新闻报道而创造的语文著作;二是"公务员"于职务上草拟的新闻稿,讲稿被包括在公文之内而不受"版权法"保护（我国台湾地区"版权法"第 9 条）。

单纯为传达事实的新闻报道,之所以不受保护,因为日常生活事实应广泛被人周知,不应被独占;并且这类报道仅仅是传递事实,并未表现出思想或感情创作,不应成为被保护的对象。具有记者创作个性和风格的新闻描述,报纸或期刊中记者或编辑的评论文章、社论、新闻照片、新闻漫画、新闻录像等可以成为版权的标的。在报纸上连载的小说、漫画、诗词、散文、随笔、人生感想、游记等则与一般作品无异,❶ 当然应受到版权保护。

公务员草拟的新闻稿和演讲稿属于公文范围,不在"版权法"保护范围之内。并且同一条第 2 款规定,新闻稿和演讲稿的翻译或编辑作品同样不受保护。

2. 职务作品和委托作品的版权归受雇人或受托人

如无相反合同约定,受雇人于职务之上完成的雇佣作品以受雇人（包括公务员）为著作人,享有人格权,作品财产权归雇用人所有（我国台湾地区"版权法"第 11 条）。如无约定,雇用人则享有财产权。其中受雇人只能是自然人,不得是法人,❷ 因为法人不能提供劳务,劳务必须是自然人亲自为之。

如无相反契约规定,出资聘请他人完成的委托作品,以受托人为著作人。以受托人为著作人的,受托人拥有著作人格权,其财产权的归属从约定（我国台湾地区"版权法"第 12 条）。如无约定,其财产权归属于受托人,出资人则可以利用该作品。利用方式依照德国的"目的让与理论",在出资人出资目的的范围内利用该作品。

如以委托人或出资人为著作人,则由委托人享有初始的人格权,并非经受托人让与获得;人格权亦可根据约定归属于受托人。如果以委托人为著作人,

---

❶ 萧雄淋. 著作权法论 [M]. 台北:五南图书出版股份有限公司, 2003:130－131.

❷ 萧雄淋. 著作权法论 [M]. 台北:五南图书出版股份有限公司, 2003:83.

委托人享有财产权，除非另有约定，受托人不得利用该著作。

版权保护期限为著作者终身及死后50年，下列情况为著作发表后50年：别名或匿名著作（第32条第1项本书）；法人著作（第33条本书）；摄影、视听、录音电脑软件（第34条第1项）。放宽了外国人获得版权的发表时间期限，外国人在中国台湾地区首次发行或在中国台湾地区之外发行30日之内在中国台湾地区发行的作品可以享有版权。

本 章 小 结

《伯尔尼公约》关于新闻作品版权的规定大致相当于新闻版权保护的一般水平，毕竟需要照顾不同国家的版权发展阶段和状况，在保障新闻作品版权人最基本的经济权利和精神权利的前提下，很多版权规定交由各成员自行决定。

综观世界各国的立法例，英美法系和大陆法系的国家对新闻作品的保护规定略有区别，根源在于各国的立法理念不同，也与各国的经济水平、政治制度、文化传统不无关系。美国不保护原始状态的新闻，不保护新闻事件、新闻事实、新闻内容，但是保护新闻作品的原创性表达。英国、法国没有特别规定，只要符合该国的一般作品的保护条件即受版权保护，对新闻作品的保护甚至可以延及标题。同时，针对新闻作品的特殊情况作了特殊的限制。德国不保护对现实的综合报道和通过新闻媒介或电台发表的每日新闻，不保护将数篇评论文章或文章做简短的摘要或概要的复制、传播和公开再现的权利，新闻作品的其他权利不受影响。

与两大法系代表国家相比，与中国香港地区、澳门地区、台湾地区的新闻作品版权法规定相比，中国大陆新闻作品版权规定存在不够细致、不尽合理等方面的差距和问题，主要原因在于中国大陆版权立法的历史和实践相对较短。国外成熟的版权法已有300年的历史，而中国大陆的版权立法的历史不过百年，并且中断了四十年，出现一些问题也是难以避免、情理之中的事情。并且，新闻业也是一个相对年轻的行业，新闻版权保护难以尽如人意也是可以理解的。归根结底，中国大陆新闻作品版权的现状和问题与法理基础薄弱不无关系。

第四章　新闻作品的版权性

作品要想受到版权法保护，还需要满足一定的条件，这种条件被称为"版权性"（copyrightability），也称为"可版权性"。一般而言，作品的版权性可以分为两部分：一是作品的原创性，二是足够的技巧、劳动或资金投入。前者是作者权的核心要件，后者构成邻接权的实质部分。新闻作品的版权性是指作者建构新闻话语时的原创性，以及选择、判断等精神投入和资金投入。相对而言，技巧、劳动或资金投入比较容易确定，本书重点论述版权性的核心要件——原创性因素。作品的原创性由于客观标准模糊而很难确定，仁者见仁智者见智。而版权所要保护的也正是这种原创性，寻找相对客观的标准成为绕不开的难题。

版权性精神领域中的智力创作成果不像有形世界那样容易界定，新闻作品尤其困难。因为新闻作品是公益性极强的易碎品，究竟应该如何平衡作者、传媒机构和公共利益之间的关系？如何确定新闻文化产品的创作者应该享有的权利？个体利益究竟可以被保护到何种程度而不至于阻滞整个社会精神生活的正常进行？哪些新闻作品或新闻作品的哪些部分值得保护？哪些必须属于人人均可享有权利的公共知识呢？解答这些问题需要从作品构成要件分析开始。

第一节　版权作品构成要件

根据国际惯例和中国的司法实践，作品的构成要件包括具有某种精神方面的内容、规定的表达形式以及原创性。

一、精神内容

版权法保护的首要条件是具有某种思想或者美学方面的精神内容，具体包括抽象的内容（比如语言作品）、视觉性的内容（比如艺术作品）、听觉性内容（比如声音艺术方面的作品），以及思想生活或者精神生活中涉及的其他内容。但是，人类创造的这些内容必须以综合方式体现在具体作品中，散乱的、未清晰表达的原创性的思想片断达不到作品的要求，必须是相对完整的思想表达。即使是作品的草稿或者作品的一部分，只要已经具备了作品的原创性特征，就会受到保护。书面文字作品还应当通过各种符号记录下来，并且形成可辨认的实体才能受到版权法保护。如果该实体需要其他思想内容加以说明才能被人理解或者使用，认定该实体版权性的时候，不应考虑说明性部分。比如，判断一部电视新闻是否具备版权所要求的原创性内容时，应当把它本身与所使用的电视播放技术区别开来，独立进行判断。

对于违法以及含有违背公序良俗内容的作品，国际上存在争议。如果刑法禁止这些作品发行与传播，这些作品就不能得到完全的版权法保护，因为，法律不可能自相矛盾，一方面为这些作品的使用提供保障，另一方面却把这些使用行为看作犯罪行为。此外，某些作品由于进口手续不齐备而处于非法状态，如果此时遭受侵权则不能获得法律救济。为了解决这一难题，通行的做法是不以是否合法或符合道德作为版权性的前提，把这些作品的相关权利交由刑法调整，使之仅仅产生消极的版权权利，而针对第三人的权利却仍然继续存在，比如针对这些作品的剽窃行为有权请求法律保护。因此，中国 2010 年修订的《著作权法》即删去了第 4 条第 1 款"依法禁止出版、传播的作品，不受本法保护"的内容，同时增加"著作权人行使著作权，不得违反宪法和法律，不得损害公共利益"的约束条款。

二、表达形式

文学、艺术和科学等精神内容的表达形式必须符合法律规定，精神内容与表达形式都应当通过某种表达手段被人们感知。未经表达的思想不受版权法保护，因为在作者头脑中盘旋的精神内容是无法被他人感知的，必须外化为具体的表现形式。根据美国版权法第 102 条 a 款，版权保护的条件必须是用任何现在已知的或者以后出现的物质表达方式固定下来的原创作品，这种物质表达方式可以直接或借助于机械装置可感知、复制或以其他方式传播。

在精神内容外化的过程中，作者需要使用一些可靠的表达手段，通过这种手段，人们把自己的思想传递给其他人。传播手段具体包括符号、图像或者语言、声音。有些表达手段的物质载体能够从外部感知，比如纸张、银幕、电影胶片或者数字化存储的数据库光盘。还有一些材料是不易储存的，比如人们的即兴演讲、文艺演出、广播电视现场直播或者网络虚拟空间信息的快速扩散等。有人把版权的表达形式要件总结为"定影性"不是太合适的，转瞬即逝的节目电波很难说有定影性。并且，表达形式并不要求已经完成，已经整理出来的科学论文采访写作计划、大纲、画家的草图、尚未完成的乐谱都可以成为作品，这与出版法意义上的作品不同，后者仅仅是指已经完成的作品。

版权表达形式指所有承载人类思想、观点、感受等精神内容的具体表达形式，可以细分为外在表达形式与内在表达形式。外在的表达形式是人们利用感官直接感知的符号载体结构，按照表达手段采取的一种造型，比如文字作品的

每个句子、音乐作品的音符先后顺序与音符联结、某个雕像的造型结构等。❶
这种外在的物质化了的表达形式使得表达某种精神内容成为可能。外在表达形
式由智慧创作所必需的普通组成部分和其他的独特部分构成，前者如一般单
词、众人皆知的音乐和弦与节奏、普通的装饰和科学著作的表达形式等；后者
如诗歌、小说中的句子组织，语言作品所选择的表达形式，具体音乐作品的旋
律及非旋律方面的音符顺序与音符连接；某幅画作的线条与色彩搭配等。只要
作品的表达形式具有了独特性，其表达形式的版权就归属于作者本人。而所有
普通的表达形式都被排除在版权保护之外。普通信息符号，如词汇，是没有版
权的，任何人都可以在自己的作品中使用每一个词。重要会议的录音形式人人
都可以利用。使用日常语言、以通常的表达形式写出的文字作品也不受版权保
护，但可能会属于隐私权的保护范围。美国版权法对作者的独创作品的版权保
护，绝不扩大到任何思想（idea）、程序（procedure）、方法（process）、体系
（system）、操作方法（method of operation）、概念（concept）、原理（princi-
ple）或发现（discovery），不论在这种作品中这些是以什么形式描述、说明、
图示或体现的。可见，创作方法、创作技术以及离开了内容的表达形式都不是
版权法的保护对象，比如新闻采访时使用的速记法、叙述技巧中的新闻话语的
常规程式及变体、倒金字塔结构、新闻体裁、导语的写法、写作风格，以及新
闻标题的制作和其他编辑手段等都不属于版权保护的范围。

　　内在表达形式指在作品创作人的头脑中形成的，展示作者独特的思维、理
解与想象方式的表达，表达的内容包括具有连贯性的计划、思想，科学著作的
证明过程，事物的发展过程，小说人物形象的勾勒，电影或戏剧的场景与构图
的发展、画作的构思与构图、建筑结构设计、音乐作品的各个句子与节奏等，
在作者创作思想的指导下，将题材、主题、人物、事件等要素结合在一起进行
有机、整体地表达。即使这种内在表达形式再现的是某种普通的、曾经存在过
的材料，但是，他以完全不同的方式改编成为自己的东西。判断的主要依据是
所表达的思想连贯性方面的可选择性，❷ 即聚合轴上的延展幅度和广度是否可
以提供足够多的选择性，如果选择性越大，越能体现作者的独创性。正是表达
手段与表达形式使得作者有可能将部分来自于公共精神财富、部分属于自己新
创的精神内容发掘制造出来奉献给世人。日常信件在思想连贯性方面不具有选
择性，缺乏有独创性的内在表达形式，不属于版权法保护的作品。

　　作品内容与形式的联系的紧密性程度因作品不同而异。很多情况下，内容
与形式是可以稍稍区分开来的，人们可以无须采用一部小说、一部科学作品的
形式，而只是把其内容从原作品中提取出来。有时作品的内容很难与其表现形

❶ M. 雷炳德. 著作权法［M］. 张恩民，译. 北京：法律出版社，2005：42.

❷ M. 雷炳德. 著作权法［M］. 张恩民，译. 北京：法律出版社，2005：43.

式分离开来，如果表演作品与声音艺术分别除去表演与声音，人们就无法获知其内容。比较通行的只保护形式不保护内容的法则就难以适用。因此，判断一部作品是否应受版权法保护，不应从作品的形式或者内容来判断，而是从作品本身的独创性特征或者以作品本身所含有的公共精神财富来判断。❶ 为了防止对科研成果的垄断而阻碍科学进步，科学著作中所包含的理论、学说，政治、世界观与宗教有关的理论被认为不应被保护，此举招致多方批评。其实，引用和合理使用对版权进行的必要限制可以解除人们担心阻碍科学进步的后顾之忧。

作品的发表与否不影响作品的版权性，但会弱化对作品的法律保护，版权的获得也不像以前那样履行版权注册手续，但是，在美国，注册却是获得版权侵权救济的前提。

三、原创性

法律意义上的作品还必须具备原创性这一前提条件。原创性译自英语"Originality"，也称为"独创性"，是指作者在创作作品的过程中投入了某种智力性的劳动，创造出来的作品具有最低程度的创造性，它来自于作者的精神劳动和智力判断。在版权制度发展历程中，原创性经历了一个演变过程。最初法院往往将作者在作品中所付出的劳动和投资作为作品可版权性的基础。18～19世纪的英国和美国的许多版权判决根据投入作品中的劳动来界定版权的原创性。以美国为例，1845年的 Emerson 案的 Story 大法官指出，一个人可以就其付出了劳动、技巧或金钱通过对已存材料的编辑制作的一个州或一个国家的地图获得版权。❷ 1879年，最高法院在"Trade-Mark Cases"案❸中开始"发现"宪法中的原创性概念。1922年的 Jeweler 案❹的判决确立了额头流汗原则（sweat of the brow principle），或称辛勤搜集原则：一个人经过一个城镇的街道，记录下每一个居民的名称、职业和街道号码，汇编者用他的劳动创造出了有价值的合成物，他就是该资料的作者，能够就此获得版权，就复制他的作品享有专有性的权利。到了19世纪后期，法院和评论开始对原创性作出不同描述，原创性的要求从作者独立的劳动转到了作品观念或风格的独特性。直到1991年的 Feist 案作出了标志性判决，要求作品必须具有最低限度的创造性。

由于版权理念的不同，英美法系和大陆法系对于原创性的要求差别较大。

---

❶ M. 雷炳德. 著作权法 [M]. 张恩民，译. 北京：法律出版社，2005：44.

❷ Emerson v. Davies & F. Cas. 615C. C. D. Mass. 1845（No. 4436）.

❸ Trade－Mark Cases. 100 U. S. 94（1879）.

❹ Jeweler's Circular Publishing Co. v. Keystone Publishing Co.，281 F. 83（2d Cir.），cert. denied，259 U. S. 581（1922）.

英美法系对于原创性的要求较低。❶ 英国 1988 年的《版权、设计及专利法案》第 1 条在列举版权的客体时使用了"原创性"（original）一词，但是未界定"原创性"的内涵。英国的版权司法标准是只要作品具备"技能与劳动标准"（skill and labor criterion）就受到版权保护。"原创性"意味着作品必须源自于作者；而不得是其他任何作品的拷贝。❷ 因此，作品的创作必须至少涉及创作者少量程度上的技巧、判断和劳动的付出。已有作品的再加工仍然可以具有原创性，只要这个再加工的作品版本涉及技巧和劳动。❸

美国 1976 年版权法第 102 条规定，"Copyright protection subsists, in accordance with this title, in original works of authorship...", 意为："依据本版权法对于作者的原创性创作品予以版权保护。"Feist 案否定了"额头流汗"原则，要求作品须具有最低限度的创造性，只要它们拥有一些创造性的火花，哪怕这些"火花，再粗糙（crude）、再粗陋（humble）、再明显（obvious）"也可以满足原创性的要求。1903 年，大法官奥利弗·温德尔·霍姆斯在"布莱斯坦诉唐纳森印刷告诉案"（Bleistein v. Donaldson Lithographing Co.）判词中写道："让只受过法律训练的人来最后判断期刊插图的价值是一项危险的任务"，即使最难看的图片也可能是原创作品。❹ 判例说明期刊插图无论艺术水平高低，只要有原创性就受版权法保护。并且，与专利法要求的"新颖性"与"独一无二"不同，版权法的创造性不排除各自独立创作的、偶然巧合的情况，两种原创性作品可以分别拥有各自的版权。对于数据库，英美法系国家采取了灵活的特殊标准。在原创性测试方面，相对于其他类型的文学作品、艺术作品、戏剧作品和音乐作品而言，数据库的检测存在更多的标准。❺

大陆法系认为作品是一种人格价值的延展，要求作品须达到严格的创造性标准、反映作者的个性才能成为版权意义上的作品。《德国著作权法与邻接法》第 2 条第 2 款规定"本法所称著作仅指个人的智力创作（persönliche geistige Schöpfungen）"。德国著名法学教授曼福里特·雷炳德在其《著作权法》中指出版权作品的构成要件之一是"Individualitaet"，❻ 即德国要求作品不仅反映作者创作作品的思想内涵和独立完成，具有 Originalitaet（原创性），不能是人人均可为之的东西，而且要求这种思想内涵达到一定高度，并且不保护作品中所包含的公共领域里的作品内容。

❶ 卢海君. 版权客体论 [M]. 北京：知识产权出版社，2011：118.

❷ 萨莉·斯皮尔伯利. 媒体法 [M]. 周文，译. 武汉：武汉大学出版社，2004：209.

❸ 萨莉·斯皮尔伯利. 媒体法 [M]. 周文，译. 武汉：武汉大学出版社，2004：210.

❹ 唐·R. 彭伯. 大众传媒法 [M]. 张金玺，张刚，译. 北京：中国人民大学出版社，2005：477.

❺ 萨莉·斯皮尔伯利. 媒体法 [M]. 周文，译. 武汉：武汉大学出版社，2004：210.

❻ M. 雷炳德. 著作权法 [M]. 张恩民，译. 北京：法律出版社，2005：115.

由于这种接近苛刻的标准不能有效保护电脑程序而开始根据作品的不同类型采用不同标准，对于文学作品、艺术作品仍采用原来的创作高度的严格标准，而对于电脑程序则应用"小铜币理论"标准，降低了创造性要求。"一枚小铜币的厚度"最初是由亚历山大·埃尔斯特（Alexander Elster）在《工业产权的法律保护》（1921 年）一书中提出的，是指作品达到法律规定的独创性要求的最低水准，人们把它形象地比喻为小铜币的厚度。很多作品只要达到了小铜币标准就可以被认为达到了独创性标准，因而并不要求有较高的独创性。

目前，德国在法律上作为"小铜币"予以保护的主要有：目录清单、艺术再造、菜单、电话号码簿、普通的计算机程序、数据库等。❶ 但是，现实中也有相反的判例，如联邦法院判例，NJW 杂志，1999 年：通信—信息—光盘案拒绝对电话号码簿提供版权保护。❷ 这种现象的法律渊源在于"小铜币"水平的版权保护意味着法律上的歧视，版权法并不为那些仅仅具有最小限度独创性的音乐作品提供保护，从而引起了宪法争议。海姆欧·沙克（Haimo Schack）建议把具有最小限度劳动投入的保护纳入到反不正当竞争法的调整范围之中。❸ 随着国际版权保护公约的实行，两大法系还是出现了融合的趋势，原创性的标准的差异也逐渐缩小，而向现实的客观需求靠拢，各国普遍接受的原创性的标准是独立创作和最低限度的创造性。

中国《著作权法实施条例》第 2 条规定："著作权法所称作品，是指文学、艺术和科学领域内具有独创性并能以某种有形形式复制的智力成果。"尽管权威专家对于版权法构成要件的解释略有出入，例如在作品"原创性"或"独创性"这一要件的解释却是一致的：❹ 原创性或独创性是作品获得版权保护的前提条件。

根据世界版权制度和司法实践，"原创性"的基本含义包括三层意思，一是独立创作，源自本人，而不是抄袭、剽窃、篡改他人作品的结果。❺ 具体来说，作品来自作者思维的创造性力量，是其创作行为的"智力劳动"的成果。如果作者所提供的仅仅是像"管道""机械"那样的体力劳动，让一件事实或已有的文本片段之类的素材几乎原封不动地"通过"作者，❻ 这样的劳动就不能主张版权。作者权利基础不同，对于作者的原创性来源的理解和要求也相

---

❶ M. 雷炳德. 著作权法［M］. 张恩民，译. 北京：法律出版社，2005：116.

❷ M. 雷炳德. 著作权法［M］. 张恩民，译. 北京：法律出版社，2005：127.

❸ M. 雷炳德. 著作权法［M］. 张恩民，译. 北京：法律出版社，2005：116.

❹ 如刘春田的《知识产权法》（2000 年），李明德，许超的《著作权法》（2003），黄勤楠的《知识产权法》（2000），吴汉东等的《知识产权基本问题研究》（2005）等。

❺ 吴汉东. 知识产权法新论［M］. 武汉：湖北人民出版社，1995：82.

❻ M. 雷炳德. 著作权法［M］. 张恩民，译. 北京：法律出版社，2005：169.

异。作者权利体系基于一种自然权利，强调原创性要件中的人格和精神的层面，要求作品具有一定的创作高度；版权体系的权利保护宗旨是促进科学和实用艺术的进步，重点在经济层面上。并且，法律意义上的原创性要求的也不是艺术层面的作者，尤其不是浪漫主义作者观下的作者。在法律层面，作者指开始者、首先行动者、作品之源、创造者或原创者，强调的是作品的来源，不要求艺术创作的美学价值和独一无二的创造性，也不是专利法上的新颖性。各自独立创作，偶然巧合的作品分别可以获得自己的版权。而在艺术层面，作者往往同艺术家的概念等同。❶ 艺术家作者观强调作者是用词汇、音符、形状或色彩来装饰来自每个作者内心世界的冲动，❷ 强调创造一种作为作者财产的全新的和独特的作品。

　　二是原创性的作品是人类主观选择的结果。个人的智力创作成果的外化，必须经过人的智力思考、判断，在作品上留下自己选择的烙印，对客观情况的简单描述是不能获得版权保护的，比如对原子结构的描述、对他人精神状态的分析，对他人作品的恢复及客观目录的制作不构成版权客体，❸ 而是简单地描述了一个事实，这种表达因为很难与普通人的描述区别开来而不具有原创性。

　　三是原创性的要求是最低限度的。无论是从无到有的独立创作，还是对已有材料进行汇编、分类以及编排而成的科学作品方面应当具有最低限度的创造性。就演绎作品而言，从材料本身的角度来看，这些材料的形式必须有足够的确定性，他人不再可能对其进行重构。至于原创性最低标准到底低到什么程度，还是需要法官在具体的审判实践中仔细裁量。并且，法官的判断仅仅涉及版权的有无，不评价作品创造性和艺术水平的高低。易言之，法律不应当检验作品负载个性烙印的程度，而应当仅询问这种个性烙印的存在与否，即"美学不歧视原则"。毕竟，法官不是文学批评家、艺术鉴定家，无法承担对比艺术原创水平的高下，正如美国大法官奥利弗·温德尔·霍姆斯在判词中所言："让只受过法律训练的人来最后判断期刊插图的价值是一项危险的任务"。并且精神领域的比较终归是仁者见仁智者见智的，缺乏较为客观的评判标准。

　　不同的作品对创造性的要求是不同的，小说、诗歌、戏剧等文学作品由于作者的阅历、角度、心理状态不同，即使是同一主题也容易创作出风格迥异的作品，而使作品具有较高的独创性。人物传记、历史研究、新闻之类的作品，由于创作基础材料相同或相似，以此为基础创作出来的作品容易具有或多或少的相似性。事实性、功能性作品由于需要客观反映现实，创作的余地较小，不

❶ 卢海君. 版权客体论 [M]. 北京：知识产权出版社，2011：173.
❷ Jessica Litman. *The public Domain* [J]. 39 Emory L. J. 965, 1008 – 1009.
❸ 卢海君. 版权客体论 [M]. 北京：知识产权出版社，2011：170.

宜要求很高的创造性，即使较小的细节变化和微小的精彩之处也可能使之获得版权性。德国试图对内容方面的独创性也予以保护，以使某些具有原创性科学思想即使以某种陈旧的形式表达出来的科学作品也受到保护。

第二节 新闻作品原创性的来源

作品要想受到版权法保护，还需要满足一定的条件，这种条件被称为"可版权性"（copyrightability）。一般而言，作品可版权性的要件包括原创性、可复制性和（或）固定性等。其中，原创性是作品可版权性的核心要件。

功能性新闻作品的版权保护存在着原创性悖论。由于历史的原因，不同国家对原创性的含义的理解和要求不同，原创性的认定变得非常复杂，需要综合各种因素来准确界定原创性的含义以及判定特定作品中原创性的有无。与其他版权客体相比，新闻作品的原创性程度低于其他类型作品，这是由新闻作品的专业特性决定的。新闻作品的创作源局限于较为单一的新闻事件上，忠于事实、忠于真理的客观报道理念不允许有任何合理想象和虚构，真实性、事实与观点分开的客观报道被奉为新闻工作者的金科玉律，是新闻安身立命的根本。新闻作品的作者需要彻底放弃、隐藏自身的倾向性和想象力，给人以真实、客观、公正的印象，视创造性为雷区。加之，新闻作品作为一种易碎品，时效性很强，多数新闻作品的创作都有较严格的时间限制，这使得记者在创作过程中个性思维较难得到充分发挥，也造成新闻作品在原创性上低于其他作品类型。而版权法要保护的恰恰是新闻作品极力避免的原创性，正是这一悖论让"新闻作品一直徘徊在《著作权法》保护的边缘"❶。新闻作品是否存在原创性？如有，新闻作品的原创性究竟源自何处？

一、对"新闻无原创性"的质疑

新闻作品的创作受到真实性、时效性、采访活动的限制，新闻事实本身不属于版权保护的对象，致使剥离基本事实内容的新闻作品，尤其是文字新闻作品处境尴尬。作为一种事实性作品，新闻作品与单纯事实作品之间存在一定的差距。单纯事实作品的原创性往往表现为对事实的简单再现和汇编，如地图、电话簿、列车时刻表、电视节目表等。而新闻作品中则包含作者的观点及猜测成分等软事实，如解释性报道、纪实文学、历史考证记录等，其原创性很少像单纯事实作品那样根据简单再现和汇编事实确定，往往根据惯例按照文学作品

---

❶ 张诗蒂. 新闻法新探 [M]. 成都：四川大学出版社，2008：219.

的原创性标准衡量其版权性。这种过高的原创性标准使得新闻几乎无版权可言，新闻版权保护的尴尬现状致使现实中的新闻侵权变得司空见惯，理由正是"新闻没有原创性"。

除了原创性标准过高之外，新闻作品之所以没有原创性，还有两个原因：一是认为新闻作品是客观事实的反映，客观事实只是作者发现的，而不是创造的，因此纯粹客观存在的事实应当属于思想的范畴，理应不受版权保护的。二是认为新闻作品无非是对事实进行选择，协调，编排，调查，推测，分类，评价，预测之后所形成的对事实的主观认识、理解，这些均属于无版权的思想的范畴，不应受版权保护。

上述两条原因都值得商榷。第一条，因为新闻作品来源于客观事实而没有原创性。诚然，纯客观事实无版权是无可争辩、毋庸置疑的，但是从客观事实到发表刊播的新闻作品之间还有不短的距离（详见本书新闻事实部分），而客观事实没有原创性而否认新闻作品的原创性是经不起推敲的，因为从客观事实到新闻作品发表、刊播的过程中，很可能凝结着记者、编辑的原创性成果。

第二条，因为对事实进行选择等处理之后所形成的对事实的主观认识、理解属于思想的范围而不应受保护，这一点同样值得商榷。其一，对事实的选择、协调、编排等成的认识、理解属于不受版权保护的"思想"吗？此处"思想"的概念来自英文的"idea"，主要是指想法、观念，之所以不保护"idea"，是因为"idea"不一定具有固定性，并且，"idea"是人类通用的智慧财富和表达工具，不能被私人垄断。对事实的选择、协调、编排等处理方式的技巧本身属于人类的共同财富，属于思想的范围。这一点是正确的。但是使用这些技巧对作品进行处理后得到的对主观事实的认识和理解并不都属于思想的范畴，如果这些认识和理解没有用人们可感知的方式表达出来，只是萦绕在头脑中的认识和观点，则根本谈不上原创性。如果表达出来的内容没有原创性，即使记者付出了很多心血和代价，甚至差点赔上性命，也没有谈不上版权，因为选择、协调、编排、调查、推测、分类、评价和预测等行为是"额头上的汗水"，本身不必然带来原创性。因为处理结果和这些处理行为本身是有区别的。为此有人提出"表达前"和"表达中"概念不无道理，认为前者不能拥有版权，后者则可能受版权法保护，但是并不必然具有版权性。笔者认为，能否具有版权性的关键不在于创作成果处于"表达前"阶段还是"表达中"阶段，而是在于"表达前"和"表达中"的原创性成果是否固定在作品中。如果"表达前"的创造性能够体现在创作成果中，就构成作品的原创性。如果"表达中"的原创性未能体现在成果中，则不具有原创性。况且，新闻作品的形成似乎需要付出比汇编作品之类的事实作品更多的智力性策划和原创性采访实践，版权法只保护汇编作品的选择，而把原创性较多的新闻作品排除在保护之外似乎道理上讲不通。

　　总之，尽管新闻作品反映的对象是新闻事件，是客观事实，并且可能仅仅是对事实的选择、协调、编排、调查、推测、分类、评价和预测等处理，如果这些处理行为产生了原创性的结果并凝结于作品中，那么谁也不能否认新闻作品的原创性。新闻作品原创性的确认难度因作品类型不同而存在差异，摄影作品、录音作品、视听作品、艺术作品的原创性由于技术原因而比较容易确认，而文字新闻作品的个性较难认定。文字新闻作品的内容仅局限于新近发生或发现的客观事实上，并且记者均按照新闻价值、社会价值等几乎相同的标准去衡量、判断、选择新闻事实，形成了客观报道的新闻理念。由于新闻事实本身不具有版权性，内容方面的原创性受到极大限制，除非是独家新闻，一般新闻作品的版权保护资格主要依靠作者的原创性表达。强烈的时效性却要求文字新闻作品的语言表达以准确、通俗、简洁为主，尽量使用平实的、不带任何感情色彩的中性语言进行客观报道，极力排斥能体现作者表达个性的叙述技巧、修辞手法，可供记者发挥的余地非常狭小。其中的纯新闻作品因为表达方式唯一或很少而不具原创性。由于广播、电视、网络、手机等电子媒体的出现，尤其是即时传播的网络给纸质新闻媒介带来了巨大竞争压力，以文字新闻作品为主的纸质媒介的新闻报道只能朝着内容的深度和表现形式的广度两个方向发展，出现了内容含量丰富的深度报道和语言表达相对丰富的新新闻主义作品、散文式新闻、报告文学等作品类型，为拓展新闻作品的原创性提供了广阔的舞台。

二、新闻原创性源自新闻话语的建构

　　新闻作品远远不是新闻事实的简单记录，而是一种"再现的话语（representation discourse）。"因为，"我们从来不曾和原始的未经处理的事件或事实打交道，我们所接触的总是通过某种方式介绍的事件"，❶ 于是就有了"新闻故事"与"新闻话语"的分别。作为一种话语类型，新闻话语无论是在语义上还是在语用上都是非常连贯的；是发生在报纸、广播、电视和听众（受众）之间的动态过程。❷ 英美学派的话语分析包括文本（text）与情境（context）两个层面。文本层面可以用语法学、语义学、词汇学及语音学对话语进行微观分析，也可以用叙述学、主题学、文体学及修辞学进行宏观分析；情境层面则针对语言的认知过程、社会与文化因素进行描述。法德学派则认为

---

　　❶　托罗多夫. 诗学［M］//波利亚科夫. 符合学文艺学——方法论体系和论争, 佟景韩, 译. 北京：文化艺术出版社, 1994：60.

　　❷　李悦娥, 范宏雅. 话语分析［M］. 上海：上海外语教育出版社, 2002：164.

话语是符号化的意识形态，新闻是根据不同背景的意识形态建构出来的，重在解读新闻话语背后的社会建构。媒介生产者习惯使用框架组织产品和话语。在这样的语境中，媒介框架能够帮助新闻从业人员很快并且按常规处理大量不同的甚至矛盾的信息，并把它们套装在一起。由此，这一些框架就成为大众媒介文本编码的一个重要制度化了的部分，而且能够在受众解码的形成中发挥关键作用。❶ 我们综合两个学派的优点，运用叙述学理论，分别探讨新闻作品创作者在运用新闻话语结构建构事实和神话的过程展现出来的原创性，为探索新闻作品的版权法理打下坚实的基础。

（一）新闻话语结构：原创性的基础

新闻作品的外在形式以语言为基础，其句子的范畴与程式与一般文学语言相同。线性的句子由主语、谓语、宾语、定语、状语和补语等六大范畴组成，组合程式为：定语＋主语＋状语＋谓语＋补语＋宾语。

新闻话语主要由新闻核心事实、场景、新闻背景、所引发的反应与后果、评论等范畴组成，但是这些构成要素组成的常规程式并不是在一个平面层次上，而是分为不同层次，第 1 层次是由概述和故事组成（见图 2）。

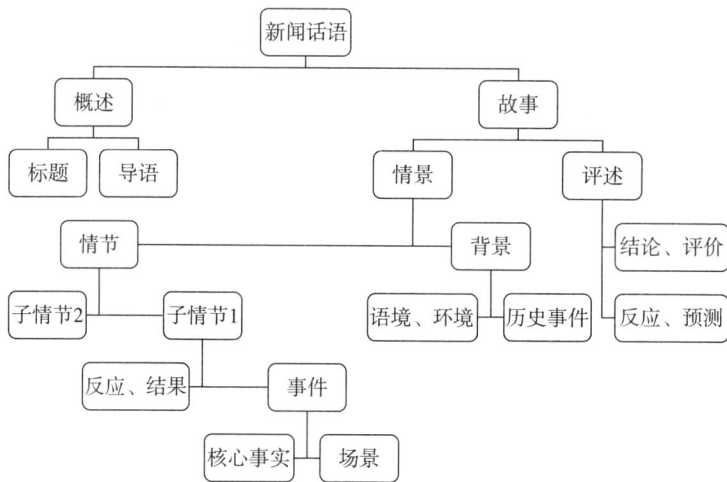

图 2　新闻话语结构层次图❷

新闻话语的第 2 层次包括概述层次下的标题和导语，以及故事层次下的情

---

❶ O Sullivan, T. , Saunder, D. Fiske, J 1994：123.

❷ 据 Van Dijk（1988）的新闻图式，稍作改动。参见蔡玮. 新"新闻语体"研究 [M]. 上海：学林出版社，2010：64.

景和评述。概述包括新闻标题和导语。新闻标题用来揭示、评价、概括、表现新闻内容，是整篇新闻的代称。如果只有标题没有正文，则称为标题新闻。新闻导语突出全部事实中的最重要、最新鲜的内容，引导读者阅读。

情景又细分为情节和背景。评述又细分为结论、评价和反应、预测两部分，与情节和背景共同构成第3层次。情节由一个或多个子情节组成。背景则包括现在时态的语境和环境，以及过去时态的历史事件，用来解释新闻核心事件的某一个或几个要素，或者新闻事件发生的原因。评论常常通过采访对象之口去评价新闻事件，或者表示对情况的推测和估计。

构成情节的子情节和背景中的语境、环境和历史事件属于新闻话语的第4层次。子情节又可以分为事件及其引起的反应或结果和事件，为新闻话语的第5层次。其中的事件由核心事实和场景组成，构成第6层次。新闻核心事实包括全部或部分新闻要素，语法上由主语、谓语、宾语构成主干部分，叙述新闻事件的变动情况；定语、状语、补语非主干部分穿插其中，交代新闻核心事实发生的时间、处所、程度。❶ 这些句子成分浓缩在一个句子中就成为为简讯或一句话新闻之类的新闻作品（单纯事实信息）。新闻场景类似于新闻话语的状语，新闻事件引发的反应和结果即为补语。

尽管新闻话语结构本身没有版权，但是却是创作者裁剪新闻事实、建构话语神话的得力工具，新闻作品的原创性就体现在新闻话语结构的独特使用上。

（二）新闻话语的叙述技巧：原创性的生发点

表面上看，新闻故事的讲述是一种纯客观的报道，是一种新闻事实的忠实记录。实际上，叙述以语言符号为外在形式，语言本身即为一种社会意识和价值系统。人在社会化的过程中习得一种语言，同时也会接受语言所承载的社会意识、价值系统。事实叙述并非独立于传播意识形态和统治关系之外。叙事是某人在某个场合出于某种目的对某人讲一个故事。❷ 他讲的故事通常是有利于或者至少是无害于他自身及其所代表的社会利益。

1. 新闻文本的表达形式

过程的表达可以分为行动型、状态型、精神型、言语型等类别。行动型强调某一事件的发生以及发生的动感，施事、受事和状态元都出现。状态型的表达强调事件的状态，谓语多由形容词或动词充当，强调受事的状态。精神型和言语型则侧重表现的主动精神与心理。在语序上也与普通句子存在差别，常常把最想强调的新闻要素放在最前面，不采用"时间＋人物＋地点＋做了什么"

---

❶ 曾庆香. 新闻叙事学 [M]. 北京：中国广播电视出版社，2005：40.

❷ 曾庆香. 新闻叙事学 [M]. 北京：中国广播电视出版社，2005：107.

的正常语序。

还可以根据信息结构规律把要强调的重点放在句子的后面。其叙述方式为话题（已知信息）—述题（新知信息）。由于话题是已知信息，句末就成了作者要强调的焦点。新闻记者正是利用话题和焦点的位置表达自己的倾向性。"孙杨获得了游泳冠军"和"获得游泳冠军的是孙杨"两条新闻表达的倾向性不同，前者强调获得的游泳冠军，而不是别的比赛项目；后者强调冠军是孙杨，而不是别人。

新闻话语重新建构了我们的日常世界，❶ 被称为媒介环境。新闻话语，根据对事件的理解、观点和立场，采用不同过程类型的句子曲折表达对新闻人物的责任归属所持的基本态度。新闻创作者依据新闻价值标准和内化为记者职业道德的评价标准选择合适的文本叙述方式和信息结构，展现自己作品的原创性和与众不同。

2. 新闻文本的双轴结构方式

符号话语中的文本存在两个张开向度：组合轴（Paradigmatic）与聚合轴（Syntagmatic），也有人翻译成"聚合体"与"结构段"，是在线性序列中研究语言单位前后串联成文句而产生的现实联系。聚合轴上是时间外的一种各种相似因素的聚集，在空间上展开。这些因素是符合解释者意图的、本来有可能被选择的成分，以不同的变体代表着一种确定的意义，一旦符号选定，其他类似成分则隐藏其后不再出现，仅靠联想让人体悟；组合轴则是一种时间内的组合，各种因素存在于同一层次和单一时间平面上，并在彼此相互关系中获得意义，❷ 变成显在的文本结构方式。雅克布森认为聚合轴可以称为"选择轴"，功能是比较与选择；组合轴可称为"结合轴"，功能是邻接粘合。❸ 记者使用符号开始表意时，从聚合轴选择合适的词汇，用以产生组合轴。放进组合轴之后如果觉得不太合适，还会重新回到聚合轴选择，直到满意为止。这两个轴在文本生成过程中同时起作用。文本完成后，只有组合轴是显现的，变成表层结构；聚合轴则隐藏起来，属于深层结构。

人类天生就有聚合和组合的符号能力和语言结构能力。雅克布森认为聚合轴上的各种因素是相似关系，类似比喻；组合轴上的各组成部分是邻接关系，类似转喻。如果语言能力偏向某一个轴，语言文本就展示不同的面貌。如果组合能力消失或减弱，文本表达则偏向聚合轴，表现在文本上则不太讲究词法和

---

❶ 参见吉登斯（Giddens, 1976）有关使用语言建构社会世界的讨论；参见特纳（Turner, 1974）；参见塔克奇曼. 做新闻 [M]. 麻争旗，刘笑盈，徐扬，译. 北京：华夏出版社，2008：8.

❷ 张杰，康澄. 结构文艺符号学 [M]. 北京：外语教学与研究出版社，2004：9.

❸ 参见赵毅衡. 符号学原理与推演 [M]. 南京：南京大学出版社，2011：159.

句法，词语无法正常粘合，语序混乱，句子、篇章内部的连接元素丢失。但是聚合能力却正常，能从相似的符号中选择合适的词汇表达意义。偏向聚合轴的文本表现出是隐喻式的浪漫主义风格。如果聚合能力消失或减弱，文本表达则偏向组合轴，句子语法正确，句子、篇章各要素连接完整，但是想象能力较差，较难在相似的符号之间做出选择，词汇极其贫乏，无法使用隐喻。❶ 这种偏向组合轴的文本表现为现实主义风格。新闻作品属于偏向组合轴的现实主义风格，重在句子、篇章结构的齐整，而聚合轴上的词汇选择在时效性的挤压下难以字斟句酌。如果时间从容，记者也会偏向聚合轴，雕琢出讲究修辞、传达信息和审美功能兼具的新闻作品，这就是新闻作品的独创性所在。

3. 新闻叙述者

新闻作品是一种事实性文本，与小说等虚构文本的区别在于新闻作品可以找到一个对其所讲述的内容问责的人，❷ 与其讲述的内容真实性的程度无关，即使记者讲述的是虚构的假新闻，只要有对其讲述负责的记者存在，读者还是会根据新闻体裁的要求，把它当作真实的新闻接受的。叙述者是叙述的人，只不过叙述的人是一个虚拟的人格，并不是作者。但是，真实性文本中的叙述者与作者很接近，甚至重合，新闻作品中的作者就等于叙述者，因为作者不能让虚拟的人格——叙述者承担问责责任。❸ 为此记者也找到了规避的办法："引用"他人的话，把其放在叙述者的角色上。具体做法主要是引用采访对象的原话，标明消息来源，只对引用人之提供消息的行为本身负责，而把所引用的讲话内容的真实性责任推给了"他人"，让其成为和虚拟人格合一的叙述者而承担问责责任。

一般情况下，在新闻文本中，作为抽象的人格的叙述者与新闻创作者（记者）是合一的，在引用当事人和目击者的谈话时，实际上是记者的超叙述。对于新闻事件的再现或评论并非是"有闻必录"。由于与新闻有关的客观事实不能触摸、感知，记者能够感知的目击者讲述的事实和记者有可能再现的事实就成了故事的底本，记者根据新闻价值、社会价值和职业道德、个性所需等标准从底本中选择可供叙述的材料，尚有许多被选下（De-selected）的叙述部分隐匿在底本中而成为非叙述部分（unnarrated），具体包括因无法表现而不能叙述的内容（比如死亡）；太琐碎的、不值得叙述的内容；不允许叙述的或在政治、经济、文化等方面犯忌的内容（比如经济利益集团的负面丑闻）；超越叙述（指因为各种原因只能闪烁其词，欲说还休）的部分。

❶　赵毅衡. 符号学原理与推演 [M]. 南京：南京大学出版社，2011：165.
❷　赵毅衡. "叙述转向之后"：广义叙述学的可能性与必要性 [J]. 江西社会科学，2008（9）：37.
❸　赵毅衡. "叙述转向之后"：广义叙述学的可能性与必要性 [J]. 江西社会科学，2008（9）：37.

　　新闻文本中是否存在无叙述加工？恰特曼认为直接引用采访对象的对话就没有叙述者的加工了，其实未必如此，记者允许进入新闻文本中的内容均是精心挑选的结果，把底本中人物的言语通过文本或图像再现出来，还有语词选择和再现技术方面的主观倾向。新闻叙述话语中的任何一个部分，都是叙述加工后的产物，新闻事件或新闻现象的叙述者，确切的表述应该是事实性及拟事实性叙述的加工者。新闻作品的原创性就体现在运用这些技巧加工过的新闻话语中。

　　新闻作品中除了叙述者这一虚拟人格之外，还能曲折反映虚拟人格背后支持整个叙述的一套社会文化形态、个人心理、文学观念与新闻观念的价值观，这些道德的、习俗的、心理的、审美的价值观念集合就是隐指作者的人格。这种人格内化为作者的职业习惯和自律惯性，也成为新闻作品原创性的源泉。

　　4. 新闻叙述视角

　　叙述者对底本中的全部信息拥有解释、选择、处理讲述的全部权利。叙述角度实际上是叙述者的权力自限，表面上"全能全知"的权威被取消了，实际上是为了特定目的的自限，布斯称之为"长牙齿的全能全知"。如果叙述者所知大于人物所知，就是全知视角；叙述者等于人物则为人物视角；叙述者小于人物，则为纯客观视角。新闻作品常用的叙述视角有：全知叙述、主人公叙述、次要人物叙述、场记式叙述。

　　全知视角叙述指叙述者无所不知，站在叙述之外，不显露自己的身份，就像上帝一样，全部知道所有事情，可以任意介入人物内心，热奈特称之为"零度集焦"（focalization zero），即无角度可言，是"任意多视角叙述"。就新闻作品而言，叙述者全知全能，通盘掌握新闻事件中所有人物的行为、动作和内心活动，直接对新闻事件和人物做出评价和判断，甚至揣测新闻人物的行为动机和深层次原因，常被深度报道所采用，信息比较全面。例如灾难现场报道，基本上是记者客观说情况。为了显示客观公正，消息较少描述新闻人物的内心活动。

　　主人公叙述则指叙述者故意缩小自己的视野范围，从某个新闻人物的视角叙述所见所闻，让受众去想象事件的全貌，比如："亲历春运"电视栏目记者访谈客运司机；报道火灾救援采用一位救火员视角，让镜头跟着任务狂跑颠簸，使场面更加紧迫。主人公叙述者的感染力较强，但是单一视角往往是叙述过于主观，富有感情色彩，而引起视角叙述同情。布斯认为原因在于"持续的内视点是读者希望与他共行的那个人有好运，而不管它暴露的品质如何"（1962）。新闻报道中，以何人为主人公，采访何人，实际上给对象一个伸张主体意志的机会，持续下去的长篇采访，会赢得读者的同情，比如对戴安娜王妃的关键采访客观上起到了视角叙述同情的作用。❶ 即使报道罪犯的心路历程，也会发现他犯罪是情有可原、值得同情的。

次要的新闻当事人叙述，比如采访车祸场面，让见证者、目击者直接叙述；不能采访已经去世的新闻当事人，只能让其周围人的叙述情况。目击者的视角叙述，多方互相印证才能给人以公正的印象。表面客观的目击者叙述其实也受制于记者的倾向性，这种倾向性在记者的选择之初就打上烙印。

中性的全知叙事视角。与全知视角叙述相比，中性的全知叙事视角只是避免直接站出来评论新闻事件或新闻人物，是消息常用的叙述手段。不过，为了表现消息的客观性，常常避免对新闻人物的内心活动进行描写，主动放弃透视人物内心的权力。

场记式叙事视角。作者只是以自我为视角客观叙述人物或事件的外部表现，就像剧场中展示的戏剧一样，比如报道失散多年的父女相见，几乎无解说。

新闻运用叙述技巧把新闻事实外化为语言符号，放到社会中得到传者期望的解读，在这种意义上，新闻就是神话的建构者（News is a mythmaker）。❷ 意识形态是一种特定的抉择新闻事件的建构面貌的"框架"（frame），新闻话语建构神话就是在建构意识形态，因为新闻具备神话的两度意指行为和自然化运作的实质。新闻神话建构技巧的灵活应用，让新闻创作者有了更深层次的创作空间。

（三）新闻话语意义的建构：原创性的产生过程

新闻话语可以认为是以事实为基础建构的神话。神话的建构分为两度符号化、两度意指化两个过程。运用文字、图片、声音、图像等可感知的符号把新闻事实表述出来，指向一种知识、历史、事实或理念、意向的一个片段❸，称为第一次符号化和意指化。同时这些符号又是一项另外意义的告知，变成了另一层次的能指，又获得了新的历史、知识、理念和意象等所指。能指和所指之间通过隐喻、转喻、象征和蒙太奇等方式产生关联。表面上看，新闻话语是客观、真实、公正、全面的报道，是一种事实叙述；在更深层次上，在事实背后隐藏着一种文化意义和意识形态。于是，用事实说话的倾向性了然无痕地消融在客观报道的华服之下。

由于每篇新闻话语都戴着"客观报道"的面纱，那么新闻话语与"客

❶　赵毅衡. "叙述转向之后"：广义叙述学的可能性与必要性 [J]. 江西社会科学，2008（9）：37.
❷　罗兰·巴特. 神话——大众文化诠释 [M]. 上海：上海人民出版社，1999：167.
❸　曾庆香. 新闻叙事学 [M]. 北京：中国广播电视出版社，2005：161.

观报道"之间就形成了新的能指和所指关系，亦即新闻话语就意指为真实的"客观报道"，而形成更高一层的符号系统。随着"报刊的有机运动"，自始至终乃至将来，新闻话语都意味着真实的"客观报道"，再加上新闻界事实与观点分开的专业主义理念的标榜，在别人的眼中，新闻话语就与客观新闻事件甚至新闻事实画等号了，此时的新闻事件成了新的能指，把隐藏其后的新闻话语变成了所指，完成了第二次符号化和意指化。并且还把新闻话语的真实性延及新闻媒介传播的其他内容，比如广告，从而缔造了名副其实的媒介神话。也正是新闻从业者奉行的真实性、客观报道等专业理念和媒介的有机运动让新闻话语奠定、形成一套套框架和模式，让意识形态的建构具有了不着痕迹的自然化效果。

　　现以获得 2011 年中国新闻奖一等奖的报纸消息《179 小时，王家岭见证生命奇迹》❶ 为例分析新闻话语的建构和新闻作品的原创性。这篇新闻作品的新闻话语包括文本部分和新闻摄影部分。文本部分的标题是复合题，由引题（《党中央国务院高度重视 首批获救矿工成功升井》）、主题（《179 小时，王家岭见证生命奇迹》）和副题（《代表党中央、国务院，代表胡锦涛总书记、温家宝总理，张德江致电向获救矿工表示亲切慰问，向所有参加救援的同志们致以崇高的敬意。希望同志们再接再厉、争分夺秒，继续加大救援力度，全力以赴解救被困矿工》）三部分组成。复合新闻标题精准地概括了核心新闻事实和记者及刊载媒体的态度。引题说明了基本新闻事件中的 3 个 W：首批获救矿工（Who）、升井（What）、党中央国务院重视（Why），是实题，把最新鲜、受众最关心的事情、最想告诉受众的事情放在了最突出的位置。主体是虚题，对新闻事实作出评价，感慨生命的奇迹，增加了王家岭（Where）和救援持续的时间（When）。副题补充说明了党和国家领导人致电慰问和希望继续救援的事实，完成了意识形态的建构。即使没有新闻导语和主体结尾部分，几乎也可以看作标题新闻了。

　　导语部分补充了矿工获救的精确时间——4 月 5 日凌晨 1 时 15 分（When），救援和送医细节，以及受众最关心的矿工生命状况。新闻故事由情节和评论两部分组成。情节主要是矿工获救升井和领导人的关心救援的行为，增加了致电慰问、救援之前的批示、采取的救援措施等新闻背景和子情节。评论除了"以人为本，生命至上""一方有难、八方支援"等直接评论之外，字里行间还渗透对救援行为的赞誉，缓解了矿难带来的压抑心情和紧张气氛。结尾"矿井深处不断传来声声敲击管道的生命之音"的细节和场景扣人心弦，

---

　　❶　安洋，刘鑫炎.179 小时，王家岭见证生命奇迹［N］. 2010－4－5（1）.

增添了救援的动态和过程感，激发受众产生新的新闻信息期待，拓宽了核心事实的范围和张力。

在叙述技巧方面，记者通过精心挑选、裁剪事实，采用全知视角，多角度摹写救援背后的领导因素，选词上注重组合轴上语言的平实、简练，引用医生的介绍，给人以客观公正的印象。把叙述重点放在了党和国家领导人的关心、部署、希望等环节上；采用倒金字塔叙述结构，根据新闻事件的重要程度和轻重缓急安排次序，新闻素材的选择、裁剪，舍去不少救助措施等细节，把最重要的新闻事实放在最前面，符合读者迫切需要或者重要信息的阅读习惯。受众最关心的被救矿工的生死状况到导语的最后才出现等，显示了记者处理新闻事实的态度；结尾的余音又一次绷紧了受众的神经。配发的矿工升井被抬上救护车的瞬间的摄影照片，不仅印证了新闻的真实性，而且突出了现场感，与文字报道相辅相成，图文并茂，满足了受众渴望细节的新闻欲。

整篇文字符号组成的文本及其所携带的意义构成了新闻事件的符号——王家岭矿难事件，完成了第一次能指和意指。同时该事件又作为新的能指符号与字里行间的引申意义——救援成功是党领导下的负责任的政府关心普通民众生命安危的结果紧密结合，令人揪心的矿难事件变成了令人振奋的救援精神，新闻文本成为新的能指，充分表达了文本隐指作者的立场和价值观念，突出了"负责任的政府"的意指，把新闻的真实性迁移到意指上，完成第二次符号化和意指化，不着痕迹地构建了的新闻神话。"一切新闻都是当下史"。毕竟，新闻叙述与历史叙述之间的差别仅仅在于题材不同，而无体裁的差别，❶受众的对于新闻叙述和历史叙述的阅读期待完全相同，都把它们作为真实文本阅读。

新闻话语的具体建构过程，主要从合规律性和合目的性两个向度展开。合规律性指新闻事实的选择需要考虑新闻价值尺度和传播工具尺度，符合这两个尺度标准的新闻事实才有可能进入记者选择的视野。合目的性指符合传播者及其背后的意识形态、经济势力的根本利益，外化为合法性和合道德性，是无处不在的无形的手。从总体上说，新闻事实的选择与确定是合规律性与合目的性相互矛盾、斗争、统一的过程，博弈的结果最终会表现在一篇篇具体的新闻作品之中。新闻作品的原创性也正是体现在作品的建构中形成并固定于作品之中。

❶ 赵毅衡. "叙述转向之后"：广义叙述学的可能性与必要性 [J]. 江西社会科学，2008（9）：37.

第三节 新闻作品原创性的认定

一、原创性的认定路径

通常情况下，从"作者导向型分析"（the author – focused analysis）与 "作品导向型分析"（the work-focused analysis）❶ 两种路径确定新闻作品的原创性。

"作者导向型分析"是从作者本身的身份、意识、创作行为方面来考察某种成果是否能够成为版权法意义上的作品，用来判断创作行为的有无，这一点对于新闻作品尤为重要。作为新闻作品的创作来源的客观事实不具版权性，没有人能够对事实主张原创性，因为事实并不是来源于作者的创作行为。❷ 尽管新闻采访活动本身属于"发现"的活动，本身不能申请版权保护，但是，却是新闻作品原创性的现实来源，是创作活动存在的外在的、客观的证明。要想确定版权是否存在首先要看新闻创作活动的有无，这是新闻作品，尤其是事实性新闻作品版权分析的起点。有些记者报道会议新闻时不去现场采访，而是在事先拟好的"预制构件"中添上别人报道的关键内容，一篇"新闻作品"就大功告成，这样的所谓"作品"肯定不应具有版权性。

作者导向分析还可以对合作作品的作者身份确定起到辅助证明作用。普遍认可的合作作品是两人或多人共同提出主题，参与采访，共同确定题目，共同拟定大纲，共同完成初稿、修改、定稿的情况下创作作品。尤其是电视新闻作品，单兵作战的可能性较小，往往是文字记者和摄像记者配合完成，二者均付出了自己的智力创作，创作活动是作者身份最有力的证明。

作品导向型分析，指在判断作品原创性的时候将焦点集中在作品之上，将作品同已有作品或材料进行比较，看该作品与已存作品或材料的基础之上是否有所变化，是否达到可区别性的程度，称为"可区别性变化测试法"。❸ 当然，"可区别性变化"是一个比较模糊的概念，区别的界限较难清晰划定。就新闻作品来说，新增加的事实或细节无疑属于可区别性变化的范围，但是，由于新闻事件的发现是不具有版权性的，主要看作品中体现出来的作者的"主观性才能"，如凝聚在作品中的作者和编辑的个人选择和判断，以及表达方面的叙

---

❶ Urszula Tempska, *Origianlity" after the Dead Sea Scrolls Decision*: *Implications for the American Law of Copyright*, 6 Marq. Intell. Prop. L. Rev. 119（2002）.

❷ Feist Publication, Inc. v. Rural Tel. Serv. Co. , , 111 S. Ct. 1288（interim ed 1991）

❸ 卢海君. 版权客体论［M］. 北京：知识产权出版社，2011：203.

述技巧的质和量。根据通例，一般作品原创性的认定常常依照思想和表达二分法原则、合并原则、情景原则、约减主义与整体概念和感觉原则。这些原则是世界多个国家几百年的版权司法实践积累的宝贵财富，值得仔细分析、借鉴。

二、新闻作品原创性的认定原则

新闻作品的原创性究竟何在？如何认定新闻作品的原创性？这些确定新闻作品是否享有版权的关键性前提。新闻作品的原创性介于地图、节目预告单、电话簿、历史纪年表、词典、辞书和统计图表等单纯事实作品与小说等文学作品之间，纯客观报道接近于单纯事实作品，纪实文学作品则比较接近于文学作品。前者原创性的主要体现在固定于新闻作品中的对已有事件的解读和素材的搜集、选择和编排时所作的主观判断上。后者的原创性体现在内容和表达形式两方面的虚构和创造上，体现在聚合轴和组合轴上选词的转喻、提喻和象征手法上。新闻作品与普通文学作品的主要区别在于体裁的不同，新闻作品的阅读期待是内容的真实性，可以向叙述者（作者）问责；而普通文学作品则不需要作者承担问责责任，因为读者阅读的伦理是虚构，不可能像问责假新闻那样责问作者为什么写了假小说。根据国际通例，新闻作品原创性的认定原则有：层次性原则、合并原则、公共因素排除原则、整体概念和感觉原则、新闻采访原则。

（一）层次性原则

对于新闻作品的版权原创性的要求不能等同于普通文学作品。如果采用文学高度的原创性标准，绝大多数的文字新闻作品将被排除在版权法保护之外。当然，新闻作品也不能全部适用最低原创性要求的"小铜币"标准。如果这样，众多的新闻作品都会跨入版权保护的门槛，每天海量的新闻作品版权侵权会给司法带来巨大的压力。更为严重的是，过低的"小铜币"标准将极大限制新闻作品的传播自由和传播速度，影响公众对新闻信息的获知。因此，需要在"小铜币"标准和文学作品的高标准之间寻找一个合适的平衡点，既能维护新闻作品创作者、传播者的合理的版权权益，又不至于影响公众对新闻作品在时间和空间上的合理需求。新闻作品的原创性主要能体现在固定于作品中的对于新闻事实的采访中做出的判断，对新闻素材的选择，新闻细节、新闻叙述的过程中的叙述技巧的运用上，体现在新闻语言的特色和记者的个人表达风格上。不同的新闻作品类型，在内容和表达方面表现出来的原创性不同，大致可以分为无版权、弱版权性和强版权性新闻作品三类。这里版权性的强弱仅仅是相对的概念，与新闻作品之外的其他作品相比，不具有可比性。

第四章 新闻作品的版权性

1. 无版权新闻作品

无版权的新闻作品多采用合并原则确定，多为一句话新闻或标题新闻，即《著作权法》中规定的纯事实消息。比如 A 新闻为："山西省工会要求十万干部公开手机号码引热议"。B 新闻为："山西总工会令十万工会干部公布手机号码引发热议"。B 新闻就不会侵犯 A 的版权，因为 A 新闻的内容和形式表达基本合一，不具有版权原创性。B 尽量表现出自己与 A 新闻的区别，如名词"山西省工会"与"山西总工会"、动词"令"与"要求"，"十万干部"之间增加"工会"限定词。不是因为 A 新闻有版权，而是想突出自己的新闻个性和对新闻事实的评价。适用合并原则而不受版权法保护的主要有日常新闻、动态消息、简明新闻等。

虽然新闻传播的目的在于保障社会公众更快、更多地获取知识和信息，但是如果构成行业竞争，宜对无版权的新闻提供其他法律保护。因为新闻作品毕竟是一种产品和商品，不同作者、不同媒体之间存在着竞争现象。某一作者或传媒投入人力、物力采访、制作的新闻消息，无偿为另一传媒使用，未免有失公平，不利于激励作者和媒体创作质量更高、更多的新闻产品。对此，一些国家的此类新闻作品转而寻求其他法律保护，比如不正当竞争法、民法、宪法等法律，以实现利益的平衡。1918 年，美国最高法院即通过一项指导性原则，规定新闻为"准财产"，因此，剽窃新闻的行为适用于商业上的"不公平竞争"原则，❶ 一字不差地盗取别人的新闻会受到反不正当竞争法（unfair competition）的惩罚，需要支付损害赔偿。

2. 弱版权新闻作品

弱版权新闻作品是指创作空间狭小的新闻作品和权利受限制的强版权新闻作品。前者指时效性最强的消息、新闻摄影、美术作品等，占新闻作品的绝大多数，通常采用"小铜币"标准，即最低限度的原创性原则，使用公共因素排除法判定版权的存在；当公用因素与非公用因素的界限模糊、难以截然分开而造成判断困难时，则采用整体概念和感觉原则，辅以采访原则确定原被告双方新闻作品的相似性，判定侵权是否成立。

权利受限制的强版权新闻作品是指出于保障公共利益考虑而允许自由转载、合理使用或法定许可使用的有关当前经济、政治和宗教问题的版权作品，一般来说，这种新闻作品的时效性相对较差。《伯尔尼公约》第 10 条从三个方面限制了的这类作品的版权：其一，适量、合理引用或摘引已经公开发表的文字作品书籍、报纸、杂志、电影、录音制品或广播电视节目用于正当目的，

---

❶ 曹瑞林. 新闻法制前沿问题探索［M］. 北京：中国检察出版社，2006：205.

不足以影响该作品的正常使用和市场利益，并且指明出处和作者姓名。合理使用时，均不应损害作者的精神权利和获得正当报酬的经济权利。其二，如果作者为声明保留权利，可以转载、播放在通过报刊、广播或公开有线、广播电视节目中的有关当前经济、政治和宗教问题的作品，任何时候均必须明确指明出处。其三，为了报道新闻，在报道的正当需要范围内，可以复制、摄录、有线或无线广播等手段合理使用时事事件过程中出现或公开的文学和艺术作品。

中国版权法规定，不经版权人许可，允许报纸、期刊、广播电台、电视台等媒体刊登或者播放其他报纸、期刊、广播电台、电视台等媒体已经发表的关于政治、经济、宗教问题的时事性文章，但须指明作者姓名、作品名称，可以不向其支付报酬。

3. 强版权新闻作品

强版权新闻作品自身创作空间相对宽裕的其他新闻作品，如长篇通讯、深度报道、报告文学，其原创性标准可以略有不同，但也不宜适用小说等虚构作品的较高的原创性标准。毕竟，深度报道和报告文学还是受所表述的真实性内容的制约。在确定独立创作的前提下，作品的原创性主要表现在作者的个性因素上。新闻作品中的作者的个性因素通常表现为因作者原创性的独家采写而获得的内容和表达方面的个性。非独立作品确定版权时，则须考虑作品的可区别性和创造性因素。

（二）思想和表达二分法质疑

"思想和表达二分法"（idea/expression dichotomy），指只保护作品的表达（expression），不保护作品的思想（idea）。版权不保护思想的原因在于思想具有公共产品的属性，保护思想会导致思想的垄断，阻碍人类文明的进步，有悖于版权法的立法本意。具有抽象性特点的思想是个人头脑中的思维活动，如不表达出来别人就无从获知，无法确知版权保护的起点。[1] 也有人认为版权法不保护思想可以调整作者与后续作者之间的关系，给后者以重新表达的机会，充分体现了现代私法要求的机会平等精神。在一定程度上协调了作品私有与表达自由之间的紧张关系，并暗含了表达私有化的范围和历史条件。[2] 思想和表达二分法是法官们在长期的司法实践中逐渐总结出来的金科玉律，可以简便快捷地判断版权性，被称为"不死的神话"[3]。这一规则不仅出现在法庭上，还在制定法条文中占有一席之地，美国版权法明文规定了版权不适用的"idea"。

---

[1] 陈维. 论著作权法上的独创性 [D]. 重庆：西南政法大学硕士论文，2008：17.

[2] 李雨峰. 思想/表达二分法的检讨 [J]. 北大法律评论，2007（8）：448.

[3] 李雨峰. 思想/表达二分法的检讨 [J]. 北大法律评论，2007（8）：448.

不可否认，思想和表达二分原则在很多情况下是很方便适用的，这是延续"不死的神话"的基础。然而，思想和表达的界限却很难界定，汉德法官在 Nichols v. Universal Pictures Corporation 案的判决中曾说过一句略显悲观的话：思想与表达之间的界限"没人曾经能找到，也没人能找到"。但是人们还是不能停下同时的脚步，毕竟版权性有无的界限是所有版权问题的核心，是无法回避的难题。

版权真的不保护所有的思想吗？也有人把思想和表达二分原则描述为不保护内容，只保护形式。难道人们购买智力成果进行阅读、欣赏的只是表达或形式，而不是思想或内容？有人把别人的版权作品变成自己的"创作作品"可以受版权法保护？用自己的话改写别人的小说，署上自己的大名，自己就成该小说的作者？显然不可以。如果某作品内原创性的思想，但是却用老套的表述方式表达出来，难道就得不到版权法的保护？实际上，版权法还是保护有原创性的思想或内容的。尽管有时间和空间的某些限制，但是，谁也不能否认爱因斯坦对于其相对论的作者身份，这实际上还是在保护作者的原创性内容。

版权真的保护所有的表达或形式吗？如何解释内容和表达的"合并原则"这一例外？当思想合一或表达方式很少时，就不再保护表达了，如《伯尔尼公约》和中国版权法都把单纯事实消息排除在版权保护之外。实际上保护的是有原创性的表达，因为符合"合并原则"的表达没有原创性，所以不可能受保护。并且，作品内容与形式之间联系的紧密性可以是不同的。很多情况下，相对而言，内容与形式是可以稍稍区分开来的，比如人们可以从小说或科学作品中提取内容。而对于表演作品与声音艺术作品，几乎不可能仅提取作品内容而抛弃形式要素。因此，只保护形式不保护内容的做法是有缺陷的。版权法究竟保护什么？结论只有一个，无论作品的思想还是内容，只要有原创性，均可受到版权法的保护。反之，原创性也只能在作品的思想和表达之中，作为智力成果的作品只有这两种方式才能被人们感知、消费和赏鉴。

因此，我们尝试在思想和表达二分法的基础上稍作改造，尝试使用公用因素排除法，排除新闻作品中关于思想和表达的公用因素，就不难认定作品的原创性了。因为仔细分析美国版权法所排除的所谓"思想"，不难发现，不保护的内容不过是人类知识领域里不能被作者垄断的公共因素。

（三）公用因素排除原则

公用因素排除原则也称为减除测试法（subtractive test），法官先解构（dissect）受版权保护的作品，滤除不受版权保护的成分，然后将剩余受版权保护的部分与被告的作品比较。原理非常简单，就是排除作品中的不受版权保护的部分，关键在于如何清晰界定这一部分。

公用因素可以分为公用内容和公用表达两部分。排除法分三步进行：第一步排除公用内容部分。第二步排除共用表达部分。第三步，检测新闻作品自身的原创性。就新闻作品来说，首先需要进行新闻话语分析，厘清新闻作品中的公用内容和公用表达的范围。

1. 新闻作品的公用内容

新闻作品的公用内容包括一般公用内容和新闻作品特有的公用内容。

（1）一般公用内容

一般公用内容是指处于公共领域的、国际版权公约和多数国家版权法明确规定不保护的内容，这些具体规定可以给我们划定一般共用内容的大致范围。

《伯尔尼公约》第2条8款规定，本公约所提供的保护不适用于单纯消息报刊性质的每日新闻或各种事实。第2条之2规定，本联盟成员有权立法规定把政治演讲和诉讼过程中发表的言论部分或全部排除在保护之外。《TRIPs协议》第9条第2款规定，"版权的保护应该延及表述方式，但不延及思想、程序、操作方法或数学概念本身。"

美国版权法和美国版权办公室给我们划定了公共内容的大致范围。美国版权法第102条（b）明确规定："在任何情形下，对作者独创作品的版权保护，不得扩大到思想、程序、方法、系统、运算方式、概念、原理或发现……"，美国版权办公室在《美国1976年版权法之前》发布了特定材料不具备版权性的规则，❶ 对于规定的特点材料拒绝予以版权登记。与新闻作品有密切关系的有：

> 单词和诸如名字、标题与口号的短语；常见符号或图案；有关印刷装饰的简单变化，如字母或颜色的变化；成分或内容的简单列举；全部由属于公共财产的信息组成的不具备原创性的作品，比如体育赛事进程表、从公文或者其他公共资源中提取的列表或表格；作为字体的字体等。

《巴西著作权法》（1998年2月19日第9610号法律）第8条规定了不受版权法保护的内容：思想、标准化程序、系统、方法或数学方程或概念等；用于智力活动、游戏、商业活动的表格、计划或规则；用于填写各种科学或非科学信息的空白表格及其使用说明书；国际条约或公约、法律、法令、法规、司法判决以及其他官方文件的文本；诸如日历、日记簿、登记簿或传说所包含的通用信息；单独的姓名和名称；对作品所包含的思想进行的工商业利用。

---

❶ Material Not Subject to Copyright, 37 C. F. R. §202.1 http: //www. law. cornell. edu/copyright/regulations/202.1. html.

埃及《知识产权保护法》（2002 年第 82 号法）第 141 条规定，版权不保护纯粹的思想、程序、方法、操作手段、概念、原理、探测发现以及数据；即使其被表达、描述、说明或者包含在某一作品中；不保护官方文件（法律、法规、决定、国际协定、司法判决、总裁判决、行政或者司法当局的裁判）；不保护具备纯新闻信息特征的时事新闻。但是，前述新闻如果在编排、呈现方式上存在创新性或者任何其他经由个人加工而合乎保护条件的，则应当受到保护。

德国《关于著作权与有关权的法律》（1965 年 9 月 9 日制定，2009 年 10 月 27 日最后修订）不保护法律、法令、官方公告和通告，以及判决和官方撰写的判决要旨。

《俄罗斯联邦民法典·著作权部分》（国家杜马 2006 年 11 月 4 日通过，联邦委员会 2006 年 12 月 8 日批准）规定，版权不适用于思想、概念、原则、方法、程序、体系、技术和组织及其他任务的解决方案、发现、事实、程序设计语言、国家机关和市政机构、地方自治机关的官方文件，包括法律、其他法规、法院判决书，国际组织的官方文件及其正式译文；国家象征和标志；关于事件和事实的纯新闻性质的报道（今日新闻报道、电视节目表、运输车辆时刻表等方面的新闻报道）。

《韩国著作权法》（根据 2009 年 7 月 31 日第 9785 号令修正）第 7 条规定，本法不保护下列作品：宪法、法律、条约、法令、市政条例和市政规则，由国家或地方政府发布的通知、公告、说明书、判决、裁决及类似文件及其翻译；不保护传播简单事实的时事新闻报道。

总之，国际公约和世界主要国家版权法所排除的内容主要包括：思想、程序、方法、系统、运算方式、方程等数学法则，概念、原理、发现或事实，商业操作方法或程序，实用表格及其说明书、日历、登记簿等通用信息；法律法规文件、公告等官方文本；关于事件和事实的纯新闻性质的报道；对作品所包含的思想进行的工商业利用等。

（2）新闻作品特有的公用内容

新闻作品特有的公用内容主要有新闻事实的最简叙述内容、新闻主题（观念、理念）、情景、纯事实新闻等。

①新闻事实的最简叙述内容。

就其哲学本质来说，事实可以分为两种，一种是客观事实，具有自在性，不以人的意志为转移，为人们的一切认识活动提供基础和前提。另一种是经验事实，即事实的内容是客观的、形式是主观的，是对客观事实的认识和把握。"经验事实作为人所认知、经验的事实，是人们以概念、判断所把握的事实，经验事实就其内容而言是客观的，其客观规定性是不因人的认识如何而可随意改变的。"❶ 新闻事实是一种特殊的事实，是一个包括不同层次新闻事实的有机整体，不能笼统地说新闻事实是客观事实还是经验事实，需要具体分析。

事实由外而内可以分为7层，第1层为所有的客观事实。第2层为与新闻有关的客观事实部分（F_0），是一种特殊的客观事实，指发生过的具有新闻价值的、有可能成为新闻创作来源的客观事实，是一种自然状态下的、未经过人类干预的纯新闻客观存在。在消息《179小时，王家岭见证生命奇迹》中，F_0是整个矿难发生的经过。第1、2层均属于没有人类干预的纯客观世界，纯客观的自在世界，没有进入人类视野，谈不上被认识与否，是未被认识的自在事实。

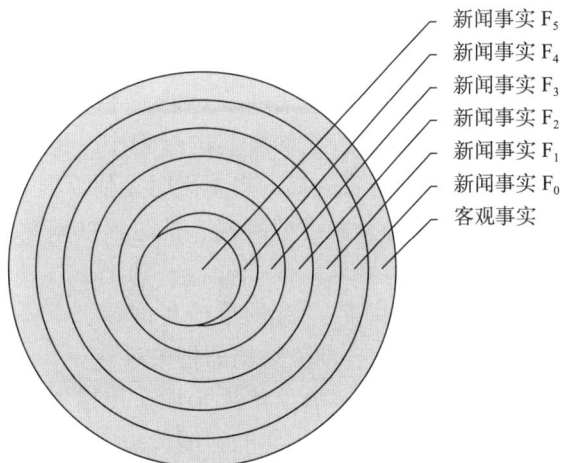

图3　新闻事实层次图

注：F：客观事实；F_0：与新闻有关的客观事实；F_1：可能被认识和表达的新闻事实；F_2：实际被表达出来的新闻事实；F_3编审过的新闻事实；F_4刊播的新闻事实；F_5：受众理解的新闻事实。

第3层是可能被认识和表达的新闻事实 F_1，就目前人类的认识能力来看，还无法彻底还原事件的真相，因为在现实中不存在全知全能的上帝。F_1属于任何人都可以挖掘和探秘的公共领域。一名记者发现了独家新闻，如果通过版权法禁止别的记者进一步探求真相则不利于人类认知水平的进步。

第4层为实际被表达出来的新闻事实 F_2，根据讲述者的身份又可细分为 $F_{2.1}$ 和 $F_{2.2}$。$F_{2.1}$ 指当事人自己叙述的亲身经历，比如被救矿工讲述自己亲身经

---

❶　秦志希. 论新闻事实的确立与意见的生成［J］. 新闻大学，1997（3）：16.

历，是最接近事件真相的部分，但是已经有了视角局限，并且还受讲述者的感知能力和表述能力、经验、实践和背景知识以及个人利益的影响，存在主观倾向性。$F_{2.2}$指非当事人讲述一个新闻事实，即由他人再现的"故事"，被他人讲述的、符号化了的、能够被人理解的故事。例如《179小时，王家岭见证生命奇迹》中的矿难事件4W、矿工被救升井、领导人致电慰问、等待救援敲击管子等故事。这是记者通过现场采访和观察、判断、推理结合$F_{2.1}$重新还原的所谓客观事实。除了包含$F_{2.1}$的内容之外，$F_{2.2}$中还加入了叙述人的主观判断和合理想象。现实中真实发生的新闻事件是连续的、无间断的，但是通过符号再现新闻事实却只能围绕新闻要素结构文本，这些新闻要素是分散在新闻事实链条上的点，点分布的疏密程度与作者的叙述意图有关。点和点之间的空隙需要作者或读者根据各要素之间的逻辑联系，在自己的经验世界调取背景知识，填补空白，解读出合理的因果关系。尽管新闻写作极度排除新闻作品创作中的"合理想象"，但是，这是人的认识能力和表达能力不能企及的领域，除了拥抱"合理想象"之外，别无选择。建构事实的过程中，记者的职业身份要求的新闻价值和意识形态他律及记者人格的自律无时无刻不影响着记者的选择和判断。$F_{2.1}$和$F_{2.2}$构成了记者选择、裁剪事实、把过程抽象化、符号化了的新闻话语。

第5层为编审过的新闻事实F_3。F_3的形成是编辑、审稿者采用一系列的选择、裁剪等新闻手段进一步建构新闻话语的把关过程。

第6层为刊播的新闻事实F_4。由于传播手段、传播媒介、传播技术的不同，形成了和物质载体结合在一起的不同的新闻传播产品，比如报刊新闻、广播电视新闻、网络新闻等。与F_3相比，F_4因为传播技术等因素的影响，可能会发生一定程度的变形，比如报刊的印刷错误、广播电视信号的暂时中断等。

第7层为受众理解的新闻事实F_5。从第1层到第6层每层两两之间都是包含关系，第6层与第7层之间的关系则比较复杂，因为受众理解的新闻事实F_5这一圆圈是游移的，大小会发生变化。如果受众对于新闻事实的解码未超出传者的传播意图的范围，则$F_5 < F_4$，二者为包含关系；如果超出范围，F_4与F_5之间为交叉关系；如果$F_5 = F_4$，则受众的对于新闻事实的解码与传者的意图完全吻合，只有在新闻事实的内容与表达完全合一，这种情况才会出现。新闻通过大众传播工具流向受众，受众对承载新闻故事的符号所做的解读是新闻作品价值实现的基础。根据受众的解读与传播者原意的符合程度，可以分为正向解码、协调性解码和负向解码三种类型。法官在评价新闻作品的版权性时对于作品的解读则是根据自己的知识、阅历和背景进行的普通的、一般性解读，比较接近于受众平均人的解读。因此，尽管F_5反映的新近发生或发现的人们共

同感兴趣的事实，距离作为底本的 F 已经很遥远了，在新闻话语建构的过程中，融入了记者的选择、判断、叙述、个性风格等原创性的东西。但是，由于法官仅受过法律专业训练，不能苛求法官按照新闻事实的层次判断新闻的真实性，进而从新闻专业的角度判断新闻的原创性，因此，在法官那里是没有从 F 到 F_5 之间 7 个层次的区别的，他们认为所有的新闻作品都等同于 F（客观事实），即新闻事实，新闻事实和新闻事件是不受法律保护的，原创性只能在他们认定的表达里。因此被抹平为客观事实的 F_4 和 F_5，从一开始就被划入了公共领域，新闻事实、新闻事件均毫无版权性可言。加之，为了保障公众快速获取信息的自由，多数新闻作品在表达方面的原创性乏善可陈，结果新闻作品几乎被列入了毫无版权的公共产品了。随着时间的流逝，经过记者报道和受众重新解释的新闻话语很快变成历史，沉淀在人们的记忆中渐行渐远，只剩下不再清晰的模糊轮廓，彻底溶化为公共记忆或公共知识、公共经验的一部分。

把描述新闻事实时无限抽象，则只剩下不能约减的最基本叙述要素。历史哲学家丹图（Arthur C. Danto）认为所谓事件，就是时间在变迁中，事物状态有变化[1]：在第 1 时间（t–1），x 是 F；在第 2 时间（t–1），H 对 x 发生了；在第 3 时间（t–1），x 是 G。将它借用到新闻叙述上，可以表述为：在第 2 时间，H 发生，使 x 在第 3 时间由 F 变成了 G。事物的变化及意义是通过叙述把时间变成"人的时间"的，变成叙述接受者可以感受的时间经验。简言之，叙述就是变化被人感知。新闻文本是叙述化的结果。叙述化是给某些卷入人物的事件细节一种时间—因果性，从而给予一定的意义。接受叙述（阅读）也是一种"叙述化"（即读出有因果关系的故事来），组成连贯的事件。丹图并没有提及事件发生变化的空间，变动可能发生在自然中、经验中或符号文本及其接受中。现实中的新闻叙述总需要界定一个空间，以消除人们的不确定性，因此，事件性新闻的最简叙述的要素可以由上述丹图最简叙述中的 x、时间、F 变成 G 组成，成为叙述三要素 What、When、Change。H 因素相当于 4W 中的 Why，但是这个因果关系的存在与否与叙述接受者的解读有关，因此不能成为叙述最简因素之一。于是事件性新闻可以抽象为 4W（Who，When，Where，Change/What），非事件性新闻可以抽象为 When，Where，Change/What。

有的学者把新闻要素归结为 5W + 1H + M，即 Who、What、When、Where、Why、How 和 Meaning，[2] 5W1H 容易理解，上面的最简叙述即为 5W 中的前 4 个 W，属于显在的，可以看得见或感觉得到，属于感性层面。Meaning 是指

[1] Arthur C. Danto. *Analytical Philosophy of History*, Cambtige：Cambrige University Press, 1956, p236
参见赵毅衡. 符号学原理与推演 [M]. 南京：南京大学出版社，2011：326.

[2] 杨保军. 新闻事实论 [M]. 北京：新华出版社，2001：28.

整条新闻所包含的客观的和潜在的"意义",这一"意义"是人们从 5W1H 组成的有机结构中得出的可以被正常理解的意义。Meaning 属于隐在的,不能直接被感官感知,需要理性认识的分析、判断和推理,并且只有在一定的关系中才能现实地呈现出来,属于知性层面,包括新闻事实的最简叙述内容和作者原创性的内容(如言外之意)等,不宜简单划入公用内容之中。How 和 Why 在处于"显在"和"隐在"之间,有些可以直接感知,有些需理性分析❶,也不宜划入最简叙述的内容。

总之,前 4 个 W 和 Meaning 中最简叙述的内容即为版权法不保护的新闻事件的最核心部分,属于新闻事件中的公共因素,任何一名记者都可以使用。

②新闻主题和情景。

新闻主题是指新闻作品通过全部内容表现出来的基本观点或中心思想,以及所体现的观点、态度、观念和理念。作者传播目的是与受众交流情感。实际上,人们的思想是有限的,有人认为人们只存在 36 种悲剧情境及相应的 36 种情感。某种思想、研究和主题会反复出现,❷ 例如自由、平等、公正、正义、担当、爱情、亲情等等理念是包括新闻作品在内的新闻艺术作品永恒的主题,求真、求善、求美是新闻作品的美学追求。例如《179 小时,王家岭见证生命奇迹》中的表现出的党和国家对普通人生命的尊重、负责任的政府的人文关怀等,经常成为新闻报道所要表达的主题。记者通过选择事实、叙述技巧等方式"藏舌头",把自己及其所代表媒体的报道立场、政治性、思想性、意识形态等主观倾向巧妙隐藏在新闻事实之中。这些经过新闻报道策划而体现报道主题的思想内容也属于新闻作品特有的公用内容。

"情景"一词来自法文"Scenes a Faire"法官 Leon Yankwich 翻译为"scene which must be done",意为"必要的场景或必须采用的场景",用来描述不受版权保护的主体或情节。❸ 其中的"情景"或"必要场景"指当讨论一个特定话题、故事线索或流派时,要想适当地论述这个话题,必须使用的特定主题、情节、事件、角色类型或背景,例如普通图像、经考验证明了的故事情节、寓言和民间传说、自然景色、普通的视觉和文化情境等。❹ 这些普通情节和主题所必需的这些术语或措辞的运用不具有原创性,是公共领域里的公用材

---

❶ 杨保军. 新闻事实论 [M]. 北京:新华出版社,2001:28.

❷ 德利娅·利普西克. 著作权与邻接权 [M]. 中国翻译出版公司,联合国教科文组织,译. 北京:中国对外翻译出版社,2000:41 - 42.

❸ 罗明通. 著作权法论(第二卷)[M]. 台北:群彦图书股份有限公司,2005:438.

❹ Michael n Murray, *Copyright*, *Originality*, *and the End of the Stories a Faire and Merger Doctrines for Visual Works*. 58 Baylor L. Rev. 779(Fall. 2006).

料，作者不能对其享有垄断权。新闻作品中的情景表现在该类新闻的惯用套语上，比如《179 小时，王家岭见证生命奇迹》使用了许多描述矿难新闻场景的惯用套语："截至几点几分""据……介绍""党中央、国务院高度重视""省政府认真贯彻落实中央决策部署""向获救矿工表示亲切慰问""加大救援力度""指导抢救工作"和"截至记者发稿时"等。

③纯事实新闻。

纯事实新闻，也称纯事实消息，是指经过记者采访活动之后，形诸文字或图像等各种大众传播符号而为公众接收到的新闻产品。纯事实新闻主要包括叙述新闻事件的人物、时间、地点、事情等最基本要素（4W：Who，When，Where，Change/What），表达方式单一或者选择的余地很小，内容和表达合一。这种新闻作品几乎不能体现作者的个性，经过专业训练的普通记者均能根据新闻价值、社会价值等选择技巧和通用的表达方式报道新闻，不具有版权法所有权的最低程度的原创性，适用内容和表达的"合并原则"。人类的表达方式是有限的，当特定思想只有一种或有限的几种可能的表达方式时，思想与表达交织在一起而成为一体，思想和表达不可分离，表达被视为与思想合并。如果赋予这种表达以版权保护，实际上就保护了思想，而思想之上不应存在垄断性权利。❶ 退一步说，即使这类新闻具有版权法所要求的原创性，还是不能享有版权。这是由新闻作品的社会功能决定的，为了保证公众的知情权也不能由新闻版权人垄断权利，最多给几个至几十个小时的版权。只不过把无版权的范围限制到最低限度。因此，纯事实新闻也属于版权法应该排除的公用内容。因此《179 小时，王家岭见证生命奇迹》中的公用内容应该包括该新闻话语的 4 个 W：首批获救矿工（Who）、被救升井（Change/What）、王家岭（Where）和新闻发生的时间即 4 月 5 日凌晨 1 时 15 分（When）。至于党中央国务院重视（Why）与核心新闻事实的最简单叙述无关，是记者运用事实解释新闻，掺入了记者的判断和选择，似乎不应划入公用内容的范围之内。至于新闻事件的 1 个 H（How），即救援的指挥、方法、手段，虽然是客观存在的事实，但是是经过记者筛选、裁剪过的结果，已经打上了记者的个人印记，也可能具有原创性。

2. 新闻作品的公用表达

新闻作品的公用表达是指一般新闻作品采访、写作、传播过程中公用表达工具和表达技巧的总称，同样可以分为一般公用表达和新闻作品特有公用表达两部分。

❶　Brian Johnson. *An Analysis of he Copyrightability of the "Look and Feel" of a Computer Program*：*Lotus v. Paperback Software*，52 Ohio St. L. J. 947（Summer，1991）.

（1）一般公用表达

一般公用表达是指基本叙述工具，即所有承载人类思想、观点、感受等精神内容的外在表达中的普通组成部分，比如单词、句子组织、语言作品的表达形式等，包括概念、普通叙述符号、普通叙述形式等外在表达形式。

概念是反映事物的特有属性（固有同性或本质属性）的思维形态，具有抽象性。概念是人类在长期的丰富的实践基础上，逐渐地认识到的某类事物的内在本质和具有决定性的特有属性。人类认识的发展过程就是一个由真概念逐渐代替假概念、深概念逐渐代替初步概念的过程。概念是判断、推理与论证的基础，是思维的起点，同时又是判断、推理与论证的结晶。即使是作者原创的概念，只要为公众所获知、理解，就会被指称而立刻变为公共共享的财富，版权可能保护的只是作者的署名权。例如表达爱因斯坦的"相对论"概念的名词本身不能被作者垄断，否则，人们就不能了解、学习、谈论和研究这一概念。版权法保护的是他的署名权，任何时候都不能否认该概念是爱因斯坦创造的。人们只要不照搬爱因斯坦本人的表达方式，就可以自由谈论概念的内容。概念反映事物的内在本质，是人类的共同财富，人类思维的任何表达都离不开概念，不可能为某个人独占，版权不可能保护这些概念。

普通叙述符号是指罗兰·巴特尔所说的物化了的社会文化符号及其符号载体，是"与接收相关的可感知品质指片面化集合"，是处在文本中有机结合了的物质符号。物化了的叙述文本由根据语言语法有机结合的词汇符号链组合而成，变现为句子、段落和篇章。普通叙述符号往往是人们利用感官直接感知的外在表达部分，包括文本形式和视听形式，比如文字新闻作品的词汇、句子，广播作品的声音结构方式、电视新闻作品的画面等。

普通叙述形式是指作为单个作品的各个基础要素来使用的各种表现形式，比如文体、表现手法、技巧、方式等。尽管这些元素可能由于某些作者的首次使用而具有一定的创新性，但是为了文化发展的需要，法律不允许人们对它们进行垄断——就像法律对待那些具有独创性的思想一样。这些思想与表现形式都属于时代精神，作为某个文化时代的标志而自由地存在，是属于公用领域的表达技巧。

判断所用符号是否属于公用领域的普通符号的方法是可选择性，面对同样一个表述对象，表述方式是否有选择的余地，与作者的叙述水平相同或相近的人能否进行多种不同的表达，如果表达方式唯一或很限，则属于公用领域的基本表达工具。

（2）新闻作品特有的公用表达

新闻话语的事实建构工具有新闻作品成品使用的语言和非语言符号，如符号、词汇、事实建构技巧、文本结构方式、话语建构技巧等。与一般公用表达相同，新闻作品特有的公用表达包括普通新闻表达符号、新闻叙述技巧两类。新闻作品的创作是作者运用普通叙述符号组合成受众可以解读的文本的过程，普通新闻叙述符号和新闻叙述技巧都是众多新闻记者集体智慧的结晶，属于公共领域，不是版权法的保护对象。

新闻作品特有的公用内容的普通惯用表达符号均属于新闻作品特有的公用表达符号。（参见公用内容部分的相关例证）。

新闻叙述技巧是指新闻作品文本建构过程中使用的特有的叙述工具或技巧，包括体裁的要求，题材、素材的选择、隐指作者的人格特征的表现、叙述视角的安排、叙述时间，采访、制作、传播过程中选择新闻事实的技巧（如速记法）、新闻作品文本生产过程中的常规程式及其变体，新闻版面（版式）的叙述技巧、新闻作品话语的结构特性（如倒金字塔结构、已有的新闻背景），写作风格，叙述修辞手法以及不同文本之间的配合技巧等。

我们借用阿道夫·凯特勒提出的"平均人"的概念，使用"标准新闻文本"一词表示新闻专业平均人水平写出的新闻作品，包括新闻作品的一般的语法、修辞习惯、惯用套语、预制构件等。以文字作品为例，标准新闻文本可以解构为标准新闻句、标准新闻段、标准新闻片，标准新闻主题、标准新闻场景、新闻最简叙述及叙述技巧等。这些标准材料构成新闻作品特有的公用表达。新闻体裁要求新闻文本必须是事实性的，读者的接收伦理和前提是真实性，对于新闻语言的美学要求则在其次。由于时效性和传播资源的限制，新闻语言以简短、实用为主，常常生造缩略语。这些新闻特有的缩略语不能被创造者垄断，部分原因是原创性不够，更重要的是因为垄断后别人不能方便地表达意义。体裁的最大作用是指示接收者应当如何解释眼前的符号文本。作为一套控制文本接受方式的规则，体裁解释特点文本与文化之间的"写法与读法"契约。❶

新闻作品的生产过程中，新闻叙述在建构文本的同时也在建构新闻事实和意识形态。作者围绕主体从整个宏观意义上发出建构命令，根据新闻价值原则和社会价值原则从最近发生或发现的变动了的事实（F_0）中选择表意符号，运用叙述技巧把符号巧妙地组合成文本建构 $F_{2.1}$ 和 $F_{2.2}$，用披着客观外衣的故事论证其主题意义，达到自己的传播目的。叙述语法的使用会影响表达的面貌，是新闻记者刻意训练的看家本领。该技巧本身不具有原创性，属于新闻表达的公用部分。

---

❶　赵毅衡. 符号学原理与推演［M］. 南京：南京大学出版社，2011：137.

以《179 小时，王家岭见证生命奇迹》为例分析新闻作品的公用表达部分。首先是新闻事件的最简表达，即根据事实和表达合并原则确定的无版权部分。该则新闻中人们感官可以直接感知的新闻事件的最基本内容 4W 是 4 月 5 日 1 时 15 分（When），王家岭（Where）遇险矿工（Who）获救升井而救治（What），最简表达的标准句为："4 月 5 日，王家岭矿难的首批获救矿工送医救治"。其他的新闻事实的公用表达为："党中央国务院致电慰问""张德江副总理于事故发生次日凌晨紧急赶到现场指挥施救""被困矿工正在求救"等。

其次是该新闻中的新闻话语结构、叙述技巧和话语意义的表现形式。新闻导语、主体、背景组成的倒金字塔结构，先把最新的矿难救援结果和党中央国务院的重视放在最前面，然后追叙领导的重视和部署救援的情况及救援的简略过程。这种倒金字塔结构是适应新闻的时效性要求而演变而来的经典的消息叙述模式，属于新闻写作的基本常识，是所有新闻记者的公用财富。此外，引题、主题和副题的复合标题形式（不包括具体的表达内容），标题的制作手段和配发图片的编辑手段，跳笔的断裂行文方式、自然结尾等文本结构技巧，新闻素材的选择、裁剪，舍去不少救助措施等细节，甚至受众最关心的被救矿工的生死状况到导语的最后才出现等，都显示了记者处理新闻事实的态度。话语表现手段主要是选择叙述单位用事实说话，不同新闻作品组合造势，有目的地讲故事。这些新闻叙述技巧本身均属于公用表达的范畴。

（四）整体概念和感觉原则

尽管"思想—表达二分法"有着某些缺憾，但是在司法实践中，一般采用这一方法判定新闻作品原创性。文字、声音、图像等可以人的感官直接感知的部分都属于作品的表达部分，而作品的主题、中心思想、段落大意等必须运用抽象思维把握的则属于思想部分。[1] 思想部分因难以被直接感知和固定而被排除在版权保护之外。然后找出作者运用自己的思维组织语言结构形成的个性表述部分，看其是否可以约减。如果作者的个性表达构成作品的核心和主导部分，具备了版权法所要求的最低要求而给予版权保护。[2] 然而，作者表达个性部分是建立在文本结构的基础之上的，往往把文本碎片化，消减了文本有机结构表达的字里行间的意义和表达风格。尤其是在判断两部作品是否相似时，公共因素排除法的缺陷更加明显。为了弥补这一缺憾，可以使用整体概念和感觉原则。

与公用因素排除法注重作品解构为"组成部分"（segments）不同，整体

---

❶ 张诗蒂. 新闻法新探［M］. 成都：四川大学出版社，2008：219.

❷ 张诗蒂. 新闻法新探［M］. 成都：四川大学出版社，2008：219 - 220.

概念和感觉原则更关注作品的"整体性"(*holistic nature*)❶，把作品中受保护的因素和不受保护的因素看作一个整体，将原被告双方的作品进行比对，确定是否侵权。在 Arnstein 案❷的判决中，法院提出了"观众测试法"(audience test)，由"一般的外行人"(the ordinary lay person)基于整个作品的印象来决定。"一般的外行人"往往是以"平均人"的水平衡量的。Roth Greeting Cards 案❸确立了整体和感觉原则，法院判决指出：尽管贺卡的文本材料本身因为处于公共领域而不受版权法保护，但是，对其版权性的分析需要考量每张贺卡的文本、文本的安排、图片即文本和图片之间的联系等所有要素，这些要素应当作为"整体"来考虑。因为被告复制了原告贺卡的"整体概念和感觉"因而判决侵权成立。Sid & Marty Krofft 案❹确立了"外部测试法"(extrinsic test)和"内部测试法"(intrinsic test)。先使用专家证言进行外部测试，分析两部作品的特征判定是否具有相同的思想；再请"普通的通情达理的人"(the ordinary reasonable person)根据整体感觉进行内部测试思想的相似性是否构成实质相似。整体概念和感觉原则尤其适用于视觉作品，如电视新闻记录片、电视专题片等。

（五）新闻采访原则

新闻采访是以报道新闻为目的的调查研究活动，是新闻作品创作的源泉和起点，是判断新闻作品独立创作的重要证据。记者为了新闻作品创作而付出了艰辛的劳动和汗水，甚至有可能付出生命的代价。记者在采访过程中，沿着新闻线索多方求证，追求事实真相、追求真理，为新闻创作搜集众多的资料，其中不乏作者个人对事实的选择、判断，不乏创造性的思考和个人因素的影响。同样一起新闻事件，不同记者采访得来的新闻作品可能差距很大。从叙述学角度而言，底本虽然相同，但是，记者个人的发现事实的调查研究能力，思维、语言表达能力，选择、裁剪事实的能力，提炼主题的能力、建构事实和建构意识形态的能力以及驾驭语言的能力差距很大，叙述出来的述本就会风格各异。记者新闻作品原创性形成的基础就在于新闻采访活动，新闻采访的深度和广度决定了写作的面貌，因此把新闻采访当作辅证新闻作品创作行为存在的条件是无可非议的。并且，还可以排除大批转载新闻作品的人或机构请求原始版权保护的可能性，让转载新闻作品的版权真正回归作者本人或新闻刊播媒介，符合

---

❶ Michelle Brownlee, *Sageguarding Style: What Protection in Afforded to Visual Artists by the Copyright and Trademark Laws*? 93 Colum. L. Rev. 1157（June, 1993）

❷ Cooling Systems & Flexibles, Inc. v. Stuart Radiator 777 F. 2d 485（9th Cir. 1985）.

❸ Roth Greeting Cards v. United Card Co. 429 F. 2d 1106. 1110（9th Cir. 1970）.

❹ Sid & Marty Krofft Television Productions. Inc. v. Mcdonalds Corp. 562 F. 2d 1157（9th Cir. 1977）.

激励作者创作，促进信息传播和文化进步的版权立法宗旨。由于新闻事件真实性的限制，原创性主要体现在作者的个性表达上，这就为其他记者改头换面剽窃他人作品打开了方便之门。新闻采访活动虽然并不必然产生具有原创性的新闻作品，但是新闻采访活动可以反过来证明作者的创作活动，可以把通过改头换面方式把别人的新闻作品窃为己有的现象排除在版权保护之外。

三、新闻作品原创性的认定方法

为了叙述方便，把新闻作品的原创性分为内容和表达两个方面进行分析。

（一）作品的表达是否具有可选择性

要想确定新闻作品的个性表达，必须排除新闻写作的共同特征。版权法真正要排除的是属于公共领域的基本新闻叙述工具，这是所有记者共有的财富，如果禁止别人使用，除了作者之外的其他人就无法正常使用这些工具、技巧，就会动辄得咎，时时处处可能侵犯别人的版权。只要把新闻作品的基本叙述工具、技巧新闻作品中剥离出去，就不难在作者的叙述技巧中找到表达个性了。

新闻作品表达方面的原创性应依据不同的作品类型而确定，表达方面创作空间狭小的新闻作品宜采用可选择性和可区别性的"小铜币"标准。判断版权从无到有、是否存在宜采用可选择性标准；判断版权从 A 到 B 是否构成侵权宜采用可区别性标准。

可选择性是指某作品与平均人水平的新闻记者写出的"标准新闻文本"相比，是否存在可选择的表达空间及其大小。可选择标准是指对于同样的新闻内容是否存在可供选择的表达方式，首先根据合并原则排除表达和内容合一的作品。其次，看新闻作品的可选择的余地的量的多少。可选择性的量的测定属于外部测试，由新闻写作专家根据该类新闻作品的题材、体裁特征写出代表新闻新闻专业平均人水平的"标准新闻文本"，称为"新闻专业平均人作品"，划定标准新闻句、标准新闻段、标准新闻，标准新闻主题等。再把被测新闻作品与之比对，分析该新闻话语的叙述语法、叙述技巧、叙述修辞、新闻话语的建构、意识形态的建构方面的特色，判断可选择性的大小。当然，可选择性的量只是一个大致的范围，司法实践中需要根据具体的个案裁量。如果可选择性强，可区别性越强，则可以判断作品越具备原创性。

从新闻作品的成品来看，作品表达的原创性主要体现在新闻主题、新闻材料、新闻角度、新闻语言（符号）、新闻结构、新闻导语、新闻背景、新闻结尾等方面的独特设置上。如果新闻作品与新闻专业平均人作品相比在这些方面有较明显的可区别性，则容易找到记者的表达个性。

首先，判断对新闻事实的选择和表达上是否存在原创性。每一篇新闻作品的文本都是从新近发生和发现的众多的新闻事实当中精选出来的，关键是看这种选择是否具有原创性并且体现在该新闻作品中。第一个发现并报道某一新闻事实的作者写出的独家报道，体现了作者选择的原创性，应该拥有该作品的版权。意大利版权法第101条规定，"在新闻公报发布16小时内，或在通讯社授权发布的报刊发行前，转载或广播通讯社发布的新闻公报"视为违法行为，原因在于保护新闻作品的原创性，尽管只有16个小时，但是对于时效性强到按照分秒计算的新闻作品来说，已经算不短的时间。

　　新闻事实选定之后，记者新闻作品的表达个性则主要体现在新闻符号文本的聚合轴、组合轴及双轴关系上。如果记者撰写的新闻作品在报道同一事实的众多新闻作品中脱颖而出，给人耳目一新的感觉，是因为他的聚合轴和组合轴是宽幅的，聚合轴方面的词汇丰富、语言符号充满想象力、善于使用隐喻等修辞手法，尽管新闻作品成品中的聚合轴是隐藏的，但是读者可以在理解、阐释时感觉到；组合轴方面语言组织技巧娴熟，善于使用转喻和象征手法。聚合和组合双轴面充分延展，摇曳多姿。同时，在宽幅展面上在预设几个出其不意、给人带来意外惊喜的刺点作为新闻点进行点睛，更是锦上添花。预设和组合能力强的记者，写作新闻作品时体现为聚合轴的宽度。新闻特写是宽幅的单纯消息是窄幅的。新闻照片较难有刺点，而新闻描述的刺点往往是新闻点，❶ 而具备了表达个性。《179小时，王家岭见证生命奇迹》的绝大部分篇幅都在叙述救援现场及之前的救援措施，形成了一个展开的叙述面，而结尾"矿井深处还不断传来声声敲击管道的生命之音"使叙述平面陡起波澜，形成具有强烈冲击力的刺点，让受众因部分矿工获救而稍稍舒缓的心立刻高悬起来，文章豹尾不仅拓宽了报道的信息量，展示了作者对被困矿工的焦虑和挂念，也为后续报道埋下了伏笔。以往整篇新闻作品的重心在组合轴上，设置这一刺点，巧妙透露了聚合轴的存在，声声敲击管道的声音比"绝望的呼救"更加具有穿透人心的力量，平衡了双轴关系，使整篇新闻摇曳多姿。

　　其次，考察新闻背景等原创新闻材料的可选择性。此处的原创新闻材料，并非是指新闻材料中包含的新闻事实是作者原创的，而是指记者通过亲自参与的原创性采访活动时获得的新闻素材，这些新闻素材是记者在采访活动中付出智力判断得来的，经过对新闻素材的选择、编排、评价、预测等处理方式打上了个人的烙印，并且将其固定在新闻作品成品中的原创性智力成果。原创材料及其加工的结果不同，表达当然具有可区别性。对于新闻背景的巧妙利用，可以围绕新闻要素说明、解释新闻事件的来龙去脉、因果关系、诸种矛盾之间的

❶　赵毅衡. 符号学原理与推演［M］. 南京：南京大学出版社，2011：167.

内在关系，剖析、揭示新闻中和新闻背后的新闻。对新闻背景的独特安排展示了记者的独特判断和思考，是智力创作成果的体现，具有原创性。

再次，可选择性体现在叙述技巧上。从叙述学角度看，新闻作品的叙述视角（全知作者式、第三人称、第一人称）的选择、叙述者（混合、隐藏式、现身式）的使用、叙述时间（倒叙）、结构（分析者模式、游客模式、侦探模式）的安排等方面的可选择性越大，记者发挥原创性的空间就越宽。在文本结构方面，新闻作品中灵活选择应用不同的"句意编排规律""句意衔接规律""中观层次语意结构规律"和"宏观层次语意组织规律"通常会使新闻作品的个性凸显。

最后，分析新闻文本所透露出的观念和提炼主题的可选择性。新闻主题具有客观性，是客观新闻事实本身所蕴含着的东西。但是，新闻主题同时又是一种作者对事物的认识、评价、判断，与作者自身素质相关。新闻作品的主题是从采访及其所获材料中选择、提炼出来，反过来统率采访、写作及所有材料。生活阅历、学识修养的差异、性格特点和审美理想不同，提炼主题的深度及受众所能感受到的文本隐指作者所要表达的观念和理念也各异。同样是矿难的现场救援报道，甚至是同一次矿难的救援报道，不同的记者提炼的主题总是层次不同。《179小时，王家岭见证生命奇迹》之所以获得中国新闻奖一等奖，和该作品提炼的"党中央、国务院重视矿难救援、反应迅速"这一主题密切相关。采访和表现那次矿难的记者和作品肯定不可能仅有获奖记者的一篇新闻作品，这篇新闻的成功就得益于其主题的提炼和表现程度。主题包含的观念和理念本身虽然不具有版权性，但是作者对主题的提炼和表达包含较多的可选择性，使之从同一新闻事件的众多报道中脱颖而出，具备了版权保护所需的原创性。

（二）最低原创性内容是否由作者引发

事实报道新闻作品和经验性新闻作品中的原创性内容不同。对于采访札记、创作经验谈等经验性新闻作品，只要无抄袭就属于作者个人的智力创造成果，其原创性适用于"小铜币"标准，原创性内容的确认与一般作品的认定相同，本书不再述及。

对于事实性新闻作品来说，认定其原创性内容绝非易事，因为真实性与原创性悖论的存在，事实性新闻作品的原创性内容备受质疑。原创性内容并非指新闻事件本身是作者原创的，而是作者在发现新闻线索之后，由于作者及其媒介机构的干预而影响事态发展的原创性内容部分。这部分内容因违背新闻的客观真实性而引起争议。由于记者和媒体的介入，新闻事件被干预和被策划，朝着新闻策划人希望的方向发展。这种干预和策划可能是正面的，也可能是负面的。比如记者解海龙拍摄的大眼睛女孩引发了后来的"希望工程"，后续的一系列的新闻"事实"均起源于记者的主动推动和干预，可以说在一定程度上记者引发、"创造"了新闻事件。还有一些新闻事件由于记者的干预朝着恶的方向发展，比如媒体出钱、策划推动杨丽娟追星导致杨父投海身亡的案例，媒体和记者介入之后而形成的事件可以说都是记者引发、"创造"出来的。这些原创性内容突出表现在独家新闻中。

独家新闻是新闻主体为满足受众的需要而对具有独特新闻价值的事实进行的率先刊播的新闻作品，源自于新闻主体对新闻信息中潜存的新闻价值进行原生态的率先开发与利用。独家新闻的作品类型包括解释性报道、调查性报道等深度报道和广播电视新闻、专题片、新闻记录片等。独家新闻的外部特征是独特的发现、独特的表现、独特的效果，内在特征是独特的新闻价值、对人生独特的启迪、对事物客观规律独特的探索。❶ 独家新闻是新闻机构树立声誉、创造自身形象和形成自身特色的重要因素，采写时要求编排人员具有较高的新闻业务素质，强烈的进取精神和竞争意识，特别要求记者有高度的新闻敏感，能迅速发现重要新闻线索并能紧追不放，抢先采写。❷ 早期的独家新闻称为时间差独家新闻，当今的信息时代，单纯的时效性、独占性的独家新闻已经很难立足，已经转向新闻报道内容所具有的深刻性和独特性的真正的独家新闻，通过对众家都可发现的新闻事实信息资源的独家开发、挖掘，用独家眼光、独家视角、独家思考去创造独家新闻。❸ 独家新闻由作品所指记者通过议程设置和新闻活动策划，把某个原本未进入受众视野的新闻事件发掘出来，记者碰巧亲身经历新闻过程或者通过采访新闻当事人获得 $F_{2.1}$（当事人讲述的事实），通过精心选择事实、裁剪事实，把事实符号化制作出 $F_{2.2}$（他人再现的事实），变成公众可以理解的新闻话语。独家新闻采写过程中体现出来的独家开发、独家眼光、独家视角、独家思考形成的原创性内容，以及促进新闻事件向作者预期方向发展的原创性（是否符合新闻职业道德姑且不论，因为版权甚至给予非法的作品以版权，何况有违道德），只要被固定在新闻作品中，其内容的原创性就不容置疑。对细节的挖掘、对新闻故事的裁剪、新闻背景的引用、用相关新闻事实解释新闻事件的主观性等原创性表达都影响新闻内容的面貌，体现了新闻作品内容的原创性。除了新闻事实的最简叙述（基本事实内核）是没有版权性之外，其他的"独特"性都可能形成作者作品的原创性，揉入了作者的主观选择、判断、思考，只要该作品出自作者本人，内容的原创性就不难确认。

❶ 南长森. 新闻思维与主体运筹［M］. 北京：中国社会科学出版社，2002：206.
❷ 邱沛篁，等. 新闻传播百科全书［M］. 成都：四川人民出版社，1998：133.
❸ 杨保军. 谈谈独家新闻（上）［J］. 新闻与写作，2003（3）.

在这些独家新闻中，有一部分是经过记者的原创性手段发酵促成的、推动其进一步发展的媒介事件。把处于萌芽状态的新闻事件催化为真正的新闻事件，使新闻事件从 0 到 1，即"0/1"效果模式；经过记者进一步提供干预过的事实不断造势，使事件进一步变成 2，即"0/1/2"模式；递推下去，在记者之手的推动下，原本为 0 的所谓新闻事件变成了放大了 N 倍的"新闻事件"，称为"0/1/2……N"。说得夸张一些，记者使新闻事件"无中生有"，"由小变大"，真可谓是创造了新闻事件的内容。这些"新闻内容"是否具有版权原创性现在已经有了定论。版权法对内容的保护与道德、法律标准无关。2010 年修订的中国《著作权法》已经根据法的精神删除了第 4 条第 1 款，即"依法禁止出版、传播的作品，不受本法保护"的内容。况且，上述记者"原创"的内容还谈不上违法，负面的内容最多受到新闻职业道德的谴责。况且此类内容尚有积极的一面：一张新闻摄影变成了希望工程的起点，使新闻事件的发展促进了社会的公平和公正。当然，此类事件的后续发展不仅仅是作者"创作"的结果，实际上是大众传播媒体的"社会地位赋予"功能在起作用，但是也不能否认作者对新闻作品的"原创"作用。这些"原创性"内容似乎不应被排除在版权法保护之外。

严格来讲，没有无内容的表达，也没有无表达的内容，表达和内容是一个问题的两个方面。和原创内容密切结合的独家新闻的个性表达最容易确认。

（三）两部作品是否具有可区别性

可区别标准是判断涉嫌侵权的新闻作品与原新闻作品之间的相似性的标准。

从 A 到 B 的作品，B 是否与 A 相似，是否构成侵权，需要经过两道关口的检验。第一道关口是表达个性两步测试法。第一步，先剥离人类表达此事的非用不可的一般公用表达部分（概念、最简叙述要素、叙述技巧等），排除新闻专业平均人作品中的"标准新闻文本"部分。第二步，分析被检测新闻作品与原新闻作品的差别，采用普通人标准，由"普通的通情达理的人"进行感受测试，根据外行人的整体概念、整体原则和一般感觉判断和确定 A 与 B 是否存在可区别性。两者之间的差别越小，被检作品的版权性的程度就越低，两者雷同则可区别性为 0；差别越大，可区别性越高，越具有自己的个性和原创性，越不构成新闻侵权。

第二道关口是测试包含在 B 作品中 A 作品元素的整合性。如果包含在 B 中的 A 具有整合性，说明 B 基本照搬了 A 的选择、取舍、安排，那么，B 只是对 A 的抄袭或复制；如果包含在 B 中的只是 A 的某些散乱的、不成系统的元素，B 则构成独立作品。❶ 整合性的判断宜采用专家标准，考察新闻事实、新闻材料的选择、新闻主题的提炼、叙述技巧等方面的可区别性，分析从 B 中 A 的元素的整合性，是否照搬了 A 的相对完整的表达。

新闻作品的原创性的认定一项复杂的工程，两种方法和标准并非截然分开、泾渭分明的，只是为了行文方面，才分开论述，原则和技巧之间是相辅相成的，没有放在任何一部新闻作品皆准的规律，所谓方法都有其适应的范围和程度，因此只有综合运用各种原则或技巧，才能准确把握新闻作品的版权性基础。

本 章 小 结

新闻作品的版权性最主要的特点是存在着原创性悖论，版权法要保护的主要是作者运用各种表达技巧建构新闻话语的原创性，以及选择、判断等精神投入和资金投入。新闻原创性源自于新闻话语的建构和表达过程。新闻作品原创性的认定原则有层次性原则、合并原则、公用因素排除原则、整体概念和感觉原则、新闻采访原则。这些原则并非是毫无关系、泾渭分明的，认定原创性时需要综合考虑各种原则。认定原创性的办法主要有三个：考察作品的表达是否具有可选择性、判断新闻作品中最低原创性的内容是否由作者引发、分析两部作品是否具有可区别性。

---

❶ 郭禾. 知识产权法教学参考书 ［M］. 北京：中国人民大学出版社，2003：61.

第五章 新闻作品版权的客体、主体和权利归属

版权的客体是指版权法规定的受保护的文字艺术和科学技术作品。由于新闻作品的真实性与版权要求的原创性存在悖论，新闻作品的版权保护变得异常复杂，首先需要厘定的是新闻作品版权的客体。

第一节 新闻作品版权的客体

新闻作品是指版权法视野下的一切与新闻有关的作品，即新闻从业人员在新闻采写、制作、刊播、解读、研究过程中创作的作品、最终作品及其他相关作品的总和，包括新闻作品成品和新闻相关作品两类。新闻相关作品又可以细分为新闻附随作品、新闻伴生作品、新闻演绎作品、新闻研究作品四类。根据国际惯例和中国的司法实践，版权客体的构成要件具有某种精神方面的内容、规定的表达形式以及原创性。并非所有的新闻作品都能成为版权的客体，世界不同的国家由于各自的历史传统不同，形成了不同的新闻作品版权保护制度。

一、新闻作品版权客体的制度规定

一般情况下，并非所有的新闻作品都可以成为版权的客体。《伯尔尼公约》第 2 条第 8 款规定："本公约给予的保护，不适用于每日新闻或单纯报刊信息性质的各种事实"。世界上实施版权保护的国家严格限制无版权的新闻作品的范围。以在版权法中是否存在专门规定、是否保护新闻作品两个因素为划分依据，将世界主要国家关于新闻作品版权保护情况分为四类：一是同时规定保护和排除；二是只规定保护和未规定排除；三是未规定保护和只规定排除；四是未规定保护也未规定排除。

（一）同时规定保护和排除

同时规定保护和排除，即在版权法中明文规定保护哪些新闻作品，把哪些新闻作品排除在版权保护之外，比如俄罗斯、埃及、中国澳门地区等。

俄罗斯联邦民法典著作权部分第 1259 条第 6 款规定："Не являются

объектами авторских прав：4）сообщения о событиях и фактах，имеющие исключительно информационный характер（сообщения о новостях дня，программы телепередач，расписания движения транспортных средств и тому подобное."❶，意为"不属于著作权客体的有：……关于事件和事实的纯新闻性质的报道（今日新闻报道，电视节目表，运输车辆时刻表等方面的新闻报道）。"第 1260 条第 7 款在规定编辑作品时提到了报纸、期刊和其他定期出版物中的版权保护，"收入这些出版物的作品作者或者其他专有权所有人保留这些权利，而不为出版者或他人整体使用这些出版物的权利所制约，"但是法律另有规定的除外。

埃及《知识产权保护法》（2002 年第 82 号法）第 141 条规定，"著作权保护不包括具备纯粹新闻信息特征的时事新闻。但是，前述新闻如果在编排、呈现方式上存在创新性或者任何其他经由个人加工而合乎保护条件的，则应当受到保护。"

中国澳门地区版权法明文规定保护新闻作品，甚至延及标题。只要是原创作品，就受法律保护。澳门地区版权法第 2 条受保护作品中第 1 款规定，"原创作品尤指：文学、新闻及科学性之文本……"。对作品的保护延及作品的标题、书名、文章，报纸、刊物的保护延及报纸、刊物的名称，对美术、文学作品的保护延及标记、口号等。在第 163 条中规定保护期刊名称（详见中国澳门地区版权法部分），第 5 条规定了不受保护的作品。日常新闻及以任何形式就不同事件作出之纯信息性报道不能成为保护标的，但是此类作品由第三人合法使用时，应限制在达到发表作品目的所需的范围之内。❷ 对于排除保护的纯信息性报道，只限于对此类作品的表演、上映、朗诵、演奏、传播或无线电广播、展览等行为，但是这些发表行为之外的出版权仍在版权法保护之下。

（二）只规定保护和未规定排除

规定保护和未规定排除，即明文规定保护哪些新闻作品，不规定排除哪些新闻作品。这类国家主要有意大利、巴西和南非。

意大利版权法（1941 年 4 月 22 日第 633 号法律，依 2010 年 5 月 5 日修订文本翻译）第 3 条规定，为文学、科学、教学、宗教、政治或者艺术而汇编的具有独创性的期刊和报纸等集合作品，将作为原创作品单独受到保护，但是其不得损害所涉原作的全部或者部分版权。不仅保护整个期刊、整张报纸，而且保护原作的全部或部分版权。

---

❶　Статья 1259. ГК РФ Объекты авторских прав. http：//www.gk‑rf.ru/statia1259.

❷　本书汇编组. 中国百年著作权法律集成［G］. 北京：中国人民大学出版社，2010：557.

巴西版权法保护智力创作成果，无论其表达形式如何，也无论其以任何有形的或无形的、现在已知的或将来可能开发的载体固定，并未将新闻作品排除在版权保护之外，并且明文规定保护报纸的名称。第 10 条单立款规定："连续出版物，包括报纸的名称的保护期截止于最后一期出版后 1 年；连续出版物是年刊的，保护期截止于最后一期出版后 2 年。"

南非版权法（1978 年第 98 号，2002 年第 9 号版权修正法修正）第 2 条规定，文学作品如具有原创性则可取得版权，该法第 1 条（1）中对"文学作品"的解释中包括报道。

（三）未规定保护和只规定排除

未规定保护和规定排除、限制，即不规定保护哪些新闻作品，只是明文规定不保护哪些新闻作品，比如日本、韩国、中国台湾地区和中国大陆等。

日本将无著作权的新闻限制到最小的范围。日本版权法第 10 条第 2 款规定，"只是传达事实的杂闻和时事报道"不属于第 1 款第 1 项所列的受版权保护的文字作品。据日本书化厅在《新版权概要》中所作的行政性解释，所谓"只是传播事实的杂闻和时事报道"，是指关于人事往来、讣告、火警、交通事故等日常消息，❶ 仅仅限定于在追述人事交往、死亡记录、火灾、交通事故等方面单一纯粹的记事。❷ 这些东西没有版权。一般的报道、通讯、新闻照片，不属于这个范围，应作为作品以保护。

《韩国著作权法》（根据 2009 年 7 月 31 日第 9785 号令修正）第 7 条规定，本法不保护单纯传播简单事实的时事新闻报道。第 26 条规定了时事新闻报道的使用："在符合正当的报道目的的范围内，为了报道时事新闻，可以以广播、报纸或其他方式复制、发行、公开表演或向公众传输在事件中所见或所闻的作品。"第 27 条规定了时事新闻和社论的复制情况："其他媒体有权对《报纸促进法》第 2 条规定的报纸、网络报纸或者《新闻机构促进法》第 2 条规定的机构出版的时事新闻与社论加以复制、传播、广播。但标有禁止利用标志的除外。"可以自由复制、传播、广播的只有相关法律规定的报纸、网络报纸或出版机构的时事新闻与社论，前提是没有禁止利用的标志。

中国台湾地区现行"版权法"规定了不得成为版权标的的有两种新闻作品：一是单纯为传达事实之新闻报道所作成之语文著作（我国台湾地区"版权法"第 9 条第 1 款），比如"'政府首长'异动、'外国'元首死亡、高速公

---

❶　童关. 新闻与版权 [J]. 新闻学刊, 1987 (2). 转引自：吴汉东. 著作权合理使用制度研究 [M]. 北京：中国政法大学出版社, 2005：102.
❷　日本新闻协会. 日本的新闻法律制度 [M]. 甄西, 译. 北京：中共中央党校出版社, 1995：21.

路之连环大车祸等报道"❶；二是"公务员"于职务上草拟之新闻稿、讲稿被包括在公文之内不受"版权法"保护（第9条第2款）。未针对新闻作品的客体情况作出特别规定。

中国大陆《著作权法》第5条第（2）项明确规定："本法不适用于时事新闻"，中国大陆《著作权法实施条例》第5条中规定"时事新闻，指通过报纸、期刊、电台、电视台等传播媒介报道的单纯事实消息"。

（四）未规定保护和未规定排除

未规定保护和未规定排除，根据一般作品的要求对待新闻作品，在司法实践中根据具体个案的情况而定，比如英国、美国、法国、德国、中国香港地区等。

英国现行版权法原则上不将任何作品排除在版权保护之外，包括新闻作品。只要新闻作品符合版权保护的要件，没有例外规定，均可以受到保护。在1911年BBC电台与Magit之间关于电视节目时间表发生纠纷时，英国甚至并未否定节目时间表的独创性，仍给予其版权保护。❷ "Walter诉Lane（1990）案"保护已公开进行的演讲者的版权，也保护记录这一演讲的新闻报记者的版权。❸ 在前文谢德兰时报案件❹中，苏格兰法院认为报纸新闻的标题具有版权而颁发了临时禁令进行法律救济。此外，在对抗泄密行为时，标题可以成为保护对象。

美国现行版权法并未直接排除对新闻作品的保护，能够成为版权客体的作品须具备三个条件：物质固定性、作品原创性、非排除领域。现实中到底哪些新闻作品没有版权，由法院在具体的司法实践中根据内容和表达合并原则、是否具有原创性加以确定。

法国版权法规定的版权客体并没有排除新闻作品，规定保护作者对其一切智力作品的权利，不论其类别、表达方式、价值或用途（第L.112-1条），只要有原创性或个性特征均受保护。在独创性标准方面，针对版权客体的实际情况采取不同的标准。翻译、改编、改写、整理的智力作品，在不损害原作品版权前提下受版权法保护。各种文选、文集因其选材、编排构成智力创作，其创作享有同等保护。智力新闻作品的标题，只要其体现了创造性，就可受到版权法保护。

根据德国版权法，保护所有的个人智力创作。作品创作后作者即可自动取

❶ 萧雄淋. 著作权法论 [M]. 台北：五南图书出版股份有限公司，1996：130.
❷ 吴汉东，曹新明，等. 西方诸国著作权制度研究 [M]. 北京：中国政法大学出版社，1998：42.
❸ 英国卡文迪什出版有限公司. 知识产权法 [M]. 徐亮，译. 武汉：武汉大学出版社，2003：115.
❹ Shetland Times v Wills（1997）FSR 604.

得版权，条件是须具有独创性，并未专门针对新闻作品的客体资格作出特别规定。目录、烹调书籍、通讯社等作品对独创性的要求相对低一些。作品的标题及作品中的人物角色，若具有独创性，则可根据该法及反不正当竞争法受到保护。

中国香港地区现行《版权条例》很多条款仍然比照英国1988年版权法，并没有把新闻作品排除在版权法保护的客体之外。

二、新闻作品版权的客体分析

新闻作品是指版权法视野下的一切与新闻有关的作品，即新闻从业人员在新闻采写、制作、刊播、解读、研究过程中创作的作品、最终作品及其他相关作品的总和，包括新闻作品成品和新闻相关作品两类。按照国际公约和世界主要国家版权法对作品的分类，新闻作品包括下列类型：文字作品，录音作品，视听作品，美术、摄影作品，口述、手语作品和其他作品（见图4）。

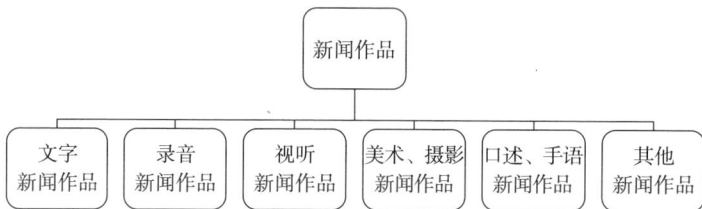

图4 新闻作品分类图

每一类新闻作品又可以根据新闻作品的外在形态划分为新闻作品成品、伴随新闻作品两部分。新闻作品成品根据所表现的内容的时态又可细分为过去时、现在时和将来时三部分。过去时的新闻作品包括记录性的新闻作品、调查性新闻作品、解释性新闻作品和其他新闻作品。其中的每类又可以根据刊播的新闻传播媒介细分。现在时的新闻作品主要是与现场直播有关。将来时态的新闻作品包括预告性新闻和预测性新闻两种类型，详细分类见表2。

（一）文字新闻作品的版权性分析

根据新闻作品的性质，文字新闻作品可以分为新闻作品成品和新闻相关作品两部分。新闻作品成品可以细分为过去时、现在时和将来时三类。过去时新闻作品有事实性新闻、评论性新闻、新闻汇编作品。事实性新闻根据作品的性质又可细分为记录性新闻、调查性新闻和解释性新闻。现在时指新闻直播解说词。将来时包括预测性新闻和预告性新闻两类。新闻相关作品可以分为附随作品、演绎作品、伴生作品和新闻研究作品四类（见图5）。

表2 新闻作品分类总表

			文字作品	录音作品	视听作品	美术、摄影作品	其他作品
新闻作品成品	事实性	记录性	报纸、通讯社、新闻期刊	消息类新闻（简讯，标题新闻，短消息，长消息，号外，答记者问，发言与谈话）；新闻公报、文件类新闻和新闻资料，口述文字作品	采访对象口述录音等	电视消息，口播新闻	新闻漫画，图片；插图照片，图片新闻	—
			广播电台和电视台	口播广播电视消息、专题，电视字幕新闻等	广播新闻，电视录音新闻，网络录音新闻	—	电视图片报道，电视漫画，电视片头、舞美设计；图片新闻	—
			新闻网站	网络原创新闻，网络新闻访谈等	网络录音新闻	网络原创新闻	网络新闻动画、漫画，新闻图片，插图照片，图片新闻	博客、播客、twitter新闻等
			其他	—	—	新闻纪录电影	新闻记录片、专题片的单张画面	手机原创新闻
		调查性	调查性报道，调查报告，内参		广播新闻专题	电视新闻专题	访问式照片	戏仿新闻
		解释性	Why	解释性报道			照片故事	
			How	新闻速写，通讯，特写，网络新闻专题等			特写照片	

续表

		文字作品	录音作品	视听作品	美术、摄影作品	其他作品
新闻作品成品	评论性	社论；评论员文章；短评；编者按语；专栏评论；述评类；口播广播电视评论的文字稿；网络原创新闻评论等	广播评论，新闻访谈节目	评论、新闻访谈节目，网络原创评论	评论性新闻漫画，宣传画，等	戏仿评论
	汇编作品	报纸版面，报纸专栏、专版、专页，期刊栏目设计、广播电视栏目设计、网页设计；报纸，新闻期刊；新闻摘要，新闻文摘，系列新闻照片，新闻美术作品集、新闻摄影作品集等				
	直播性	新闻直播解说词	现场直播新闻	电视现场直播新闻	—	采访对象口述作品、记者现场报道，主持人作品，手语新闻，唱新闻，演新闻等
	预测性	预测性新闻：预测性消息；预测性新闻分析、解释性预测新闻；预测性新闻通讯				
	预告性	预告性新闻				
	系列、连续、组合	系列、连续和组合报道	系列、连续和组合报道	系列、连续和组合报道	新闻连环画	—
新闻相关作品	附随作品	新闻背景、新闻资料、引用作品	影像资料、新闻音乐资料等附随录音作品	影片资料、视听资料	新闻图表，新闻照片的文字说明，插图照片等	—

第五章 新闻作品版权的客体、主体和权利归属

续表

		文字作品	录音作品	视听作品	美术、摄影作品	其他作品
新闻相关作品	伴生作品	记者作品：新闻素材、新闻采访报道（包括广播电视节目）策划书，采访笔记，草稿等。	采录音响素材	电视、网络新闻素材	新闻美术作品手稿，拍摄计划，备选新闻照片	未发表的新闻成品（非内参）
		编导播作品：新闻标题；广播电视新闻节目编排、提要、解说，广播电视节目脚本，电视导演的分镜头脚本，串联词、串联单，电视字幕，故事版，插播词，电视节目表，网络新闻标题等。	新闻节目制作人作品，播音员作品，主持人作品等	编导、制作人、主持人作品等	新闻标题，版式设计，封面设计；刊头，题图（饰）、饰线、绘画、篆刻等装饰性作品，图片专栏，画刊	说新闻、唱新闻、演新闻、戏仿新闻等
	演绎作品	改编、翻译、注释、整理已有作品而产生的作品				
	新闻专业论文	报纸、期刊、通讯社、作品集、会议等的新闻专业论文	—			

注："－"表示此类新闻作品没有或很少。

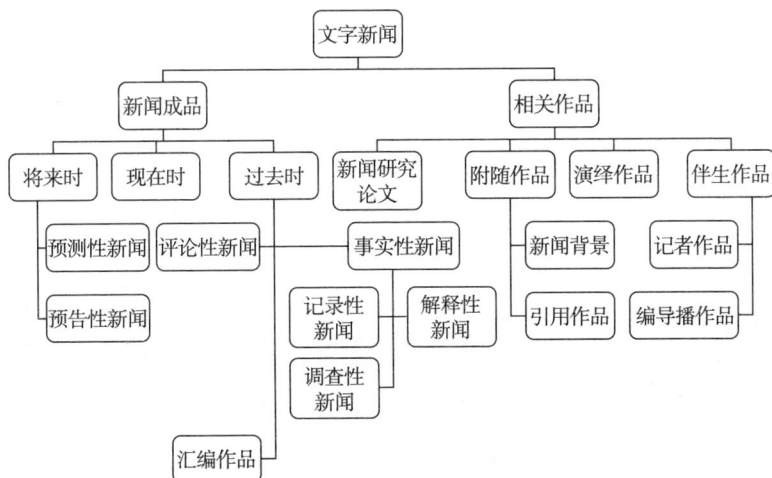

图5 文字新闻作品分类示意图

一般情况下，文字新闻作品均为版权所要求的文学、艺术和科学领域的创作，具备了版权规定的表达形式，可以被复制或被受众在瞬间感受到。文字新闻作品能否成为版权的客体关键在于是否符合第三个要件——原创性。

1. 文字新闻作品成品

新闻作品成品根据所表现的新闻内容的时态可以分为过去时、现在时和将来时三种类型。过去时新闻在新闻作品成品中占绝大多数，可以分为事实性和评论性两类。根据德国版权法第 49 条第 1 款规定，只有作者发表声明保留权利，对于涉及日常关心的政治、经济、宗教问题且没有声明保留权利的报纸和其他只报道时事的新闻纸上发表的单篇文章及其附带的图片才能充当正常的作者权保护的客体。

麦尔文·曼切尔在《新闻报道与写作》中把记者新闻通过采访探求事实真相的活动比作挖掘矿藏，从浅至深可以分为 3 个层次（见图 6），与此相对应，根据每个层次发掘的新闻素材的不同把单篇新闻作品分为三类：记录性新闻作品、调查性新闻作品和解释性新闻作品。

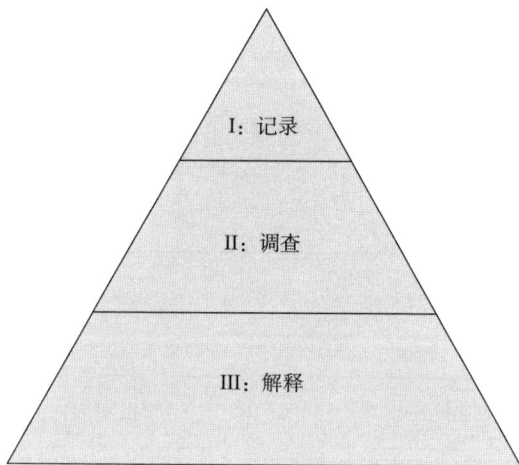

图 6 新闻报道层次图❶

（1）记录性新闻作品基本上无版权

记者在第 1 层获得的是消息来源提供的材料，是多数新闻中选择事实的起点，通常是新闻公报、记者招待会、演说、声明，宣言、命令、决定和意见等。在这些新闻素材基础上写成的新闻作品可以称为记录性作品，主要有消息

---

❶ 麦尔文·曼切尔. 新闻报道与写作 [M]. 北京：中国广播电视出版社，1981：120. 引用时略作改动。

类新闻（简讯、标题新闻、短消息、号外、答记者问、发言与谈话），新闻公报、文件类新闻和新闻资料，口播广播电视消息、专题，电视字幕新闻，网络记录性新闻、网络记录性访谈等。写作这类作品时通常原样照抄、照搬原始记录、发言、记者招待会的内容，从较为固定的公共关系人士那里获得上述材料之后，整理、挑选他们提供的事实，识别"宣传性事件"，避免被消息来源及其背后的政治、经济操纵，核实地址、日期、名字的拼写等。写作方法主要是在现有材料或公共关系人士提供的通稿中选择合适的内容加以改写，记者发挥自己个性的余地很小，与新闻平均人新闻作品相比大同小异，较难体现出版权所要求的原创性，多为内容和表达合一的情况，运用合并原则和可选择性原则衡量，基本上被排除在版权保护之外。

（2）采用原创性表达的调查性新闻作品可以有版权

调查性新闻是指以新闻媒介为主体，记者为主要调查人员的，通过专门性、专题性、系统性的调查研究活动而产生的新闻，具有较强的新闻性、针对性、指导性、参与性、政策性、接近性，是调查性消息、调查报告、调查汇报、调查后记、调查附记等的通称。❶

在第2层，记者发挥自己的主动性和能动性，从事件中争取自己需要的材料，比如在记者招待会上由读声明转为提问题，从照抄新闻通报变为处理新闻通报，重点放在纠正消息来源、证实材料、寻求背景、现场观察、发掘超出公共关系机构控制范围的自发事件等方面。这是一个发现新闻事实的过程，发现那些"新发生的事实""新变动的事实""新披露的事实""新预测的事态"，❷所有这些事实，都是广大受众所关注的事实、感兴趣的事实。

由于第1层和第2层 F_0 均为没有人类干预的不可知的部分（参见新闻事实层次图），新闻记者的任务就从第3层开始，运用自己的专业技巧发现和发掘可能被认识和表达的新闻事实 F_1，把它们写成实际被表达出来的新闻事实 F_2。有些新闻事实已经发展成为成熟形态，有些处于演变过程之中，有些还在初始阶段，有些则可能仍在孕育、萌芽、苗头时期，存在各种各样具体的表现样式和形态。发现新闻事实的难度显然主要不在于对成熟的新闻事实的发现，而在于各种潜在事实的发掘。因为根据这种形态的新闻事实写成的调查性报道渗透着记者主动性、主观判断、选择性，包含了作者创造性的精神投入和劳动。

然而，版权法保护的仅仅是创作成果和智力成果——作品，而不保护作者精神方面的投入行为本身。因为作者的写作基础是先于记者发现而存在的客观

❶ 邱沛篁，等. 新闻传播百科全书［M］. 成都：四川人民出版社，1998：175.

❷ 吴勤茹. 新闻走向科学［M］. 北京：中国广播电视出版社，1992：26.

事实，事实本身不具有版权性。从性质上看，精神方面的创作行为与精神方面的投入行为存在区别。创作行为是在表达形式上体现了个人智慧，产生了新的精神内容，获得了自己独立的智力成果。而投入行为仅仅是个人的精神劳动对于智力成果起到了服务作用，自己的精神劳动既不纳入该精神财富的结果之中，也不对该精神财富施加影响。作为精神创作成果的作品具有主体上的独创性；与此相反，精神方面的投入仅仅在客观上是独特的，与其他的成果有区别，而且并不表达任何具有独创性的智慧。❶ 因此，在精神方面的投入经常是可以被替换的，这种替换不对结果产生根本性影响。面对同样的新闻事件，经过专业训练的记者写出的调查性报道的内容大同小异，能表现作者原创性的表达也因为客观报道受到较大限制，发挥的余地相当小，是否具有版权性，需要根据具体个案详细分析。但是在精神方面的创作，作者本人则是不可以替换的。

因此，尽管在新闻工作者将这些新闻报道出来之前，一般的社会公众并不知道这些新闻的存在，新闻中的事实细节需要新闻工作者进行调查才能够将其清晰地呈现在公众面前，作者在调查新闻事件的时候付出了艰苦的努力，有时候甚至付出了宝贵的生命，但是，新闻调查行为本身并不能够使这些新闻获得版权保护的资格。

在具体的司法实践中，法官接触到的调查性报道是受众理解的新闻事实（F_5），与不受版权保护的客观事实——新闻事件之间至少已经插进了四个环节：F_1（可能被认识和表达的新闻事实）、F_2（实际被表达出来的新闻事实）、F_3（编审过的新闻事实）、F_4（刊播的新闻事实）（参见新闻事实层次图）。层层变形之后的 F_5 与客观新闻事件相比，已经发生了很大变化，甚至面目全非了。但是，我们不能苛求经过法律专业训练的法官了解众多的变形过程和事实形态，也不能让他们承担起辨别新闻真实性的重任，他们只能认为 F_5 等同于客观新闻事件，即法官把自己理解的新闻等同于客观事实。既然新闻事实却并不是由作者所创造的，作者对此所起到的作用仅仅是发现而已。第一个报道了某个事实的人不是创造了这个事实，他只是发现了这个事实的存在，这个事实不包含作者的原创性，属于版权不保护的"发现"的范围。即使以调查性报道这种深度报道等比较复杂的形式表达出来，其中也不乏作者的选择、判断、观点和解释，这些新闻事实、新闻事件本身也是没有版权性所要求的原创性的，不能享受版权保护。版权法保护新闻报道的表达方式——它被讲述的方式、事实被呈现的风格与方法，但是不保护报道中的事实。

---

❶ ［德］M. 雷炳德. 著作权法［M］. 张恩民，译. 北京：法律出版社，2005：56.

对许多撰稿人而言，这一概念既难以理解、也难以接受。毕竟，如果一位记者历经艰辛挖掘出一个故事，甚至可能付出生命的代价，难道他不应该享有独家讲述这个故事的权利吗？艰辛的工作必须从其本身获得回报。版权只保护故事的讲述方式，而非故事本身。美国米勒诉环球电影公司案❶的判决充分证明了这一点。

《迈阿密先驱报》的吉恩·米勒（Gene Miller）花 2500 多个小时撰写了一部名为《黎明之前的 83 小时》（83 Hours Till Dawn）的新闻作品，叙述了一起发生在 1971 年的芭芭拉·麦克尔（Barbara Mackle）绑架案。环球电影公司（Universal Studio）在因改编权报酬问题未能与米勒达成协议的情况下，拍摄了一部关于这一事件的电影。米勒提起版权侵权诉讼，认为环球电影公司的剧本与他的著作惊人地相似，甚至连他在写作该书时犯下的一些错误也出现在电影中，因为该案的许多情况都由他发现且只见于他的报道。但是，被告环球电影公司认为，它只是讲述了一个新闻事件。米勒在挖掘与故事相关的新闻事实时所做的工作不受版权法的保护。地区法院同意原告米勒的观点。该院认为：为获得那些不能享有版权的事实而投入的劳动和代价与那些事实本身是有区别的，它更近似于事实的表达，而非事实本身，❷ 有必要奖励为表达事实而投入的精力与创造力。但是，美国第五巡回区上诉法院驳回了下级法院的判决。理由是：如果调查研究可以享有版权，那么，版权法中事实与事实的表达之间有价值的区别便不能得以维持。就没有合理的根据来分辨事实与为获得事实而进行的调查研究。而认为调查研究可以享有版权便等于认为，作为调查研究之结果的事实也应该获得版权保护。❸ 事实不是源自叙述事实的作者，也不是源自事实的发现者。发现者只是发现了事实，并做了记录。他不能声称事实是他"原创"的，虽然报道方式（事实的"表达"）可能存在原创性或创造性。❹ 根据该上诉法院的解释，之所以不能保护"报道方式（事实的'表达'）可能存在的原创性或创造性"，是因为作者叙述的内容是事实，事实是属于美国版权法明令不能保护的"发现"，是没有版权的。并且，和事实密切相关的调查研究由于难以与事实相区分，也不能得到版权法的保护。

尽管调查行为不产生版权性，但是为了促进调查性作品的创作，还是有必要保护作者调查的积极性的，应当确保这种投入而获得适当的报酬。只是，这

---

❶　Miller v. Universal City Studios, 460 F. 984 (1981).

❷　Miller v. Universal City Studios, 460 F. 984 (1981).

❸　Miller v. Universal City Studios, 650 F. 2d. 1365 (1978).

❹　唐·R. 彭伯. 大众传媒法 [M]. 张金玺, 张刚, 译. 北京：中国人民大学出版社, 2005:
480.

种保护不能像以原创作品的版权保护形式进行。德国《著作权法典》第 70 条以及以下各条对类似权利以一种特殊邻接权的形式予以保护。❶ 与调查性报道类似的包含精神方面劳动投入的作品还有：首次出版的古典文献、演员与音乐家对智力成果的艺术再现、平常的摄影、音像制品制作、广播电视组织的无线播放等。值得说明的是，即使为调查性报道争得了邻接权，由于绝大多数调查性报道属于职务作品，其版权权益也会首先落在这些作品的雇主（传播组织）头上，与作者本人的距离较远。如果想到达激励创作的目的，尚须另辟蹊径。

（3）解释性新闻在事实性新闻作品中版权性最强

记者在第 3 层解释性报道中进行阐明和解释，表现为正义、影响、原因、结果、分析、说明。因为人们不仅仅满足于发生了什么，不满足于第 1、第 2 层采集的事实 4 个 W，还想知道新闻事实为什么发生，怎样发生，事件意味着什么，结果又是什么，会带来什么样的影响，还需要知道 Why、How 及更深层次的 Meaning。解释性报道是危险的，因为记者离开了新闻所要求的客观性，进入了方向不明的区域，动因、意义、后果虽然可以揭示更深层次的东西，但是探索这些内容使记者离开了真实性的根基，解释性报道会带来许多麻烦。尽管如此，记者几乎没有其他选择的余地，一个重要事件如果不加说明，其本身的意义将是模糊不清的，"为什么"变得同"什么"一样重要，如果记者只告诉人们发生了什么，而不告诉原因和意义，他的工作只做了一半，很难说是一名称职的记者。第一次世界大战中各世界通讯社未能就政治局势、事态发展方向播放解释性文章，在战后新闻界开始反思。另一方面，广播电台和电视台声像新闻的崛起夺去了文字新闻的许多阵地，为了应付这一挑战，各大通讯社的记者和报社不得不扬长避短，着力发展事实准确、背景丰富、解释有力、文字生动的解释性报道。20 世纪 30 年代的经济大萧条，社会矛盾日益尖锐，也需要记者对客观新闻事件加以解释。因此，必要的冒险也是值得的。

记者从 Why 和 How 两个方向开掘，分别写成解释性报道和特写、通讯、新闻故事和网络新闻专题之类的深度报道。解释性报道运用大量背景材料来分析新闻事件发生的原因、意义或影响。记者的解释不是漫无目的的，而是受到新闻真实性和客观性的制约，"解释需要诚实、知识、理解力、全面和公正"。❷ 美国新闻学教授卡尔·林兹特诺姆认为：解释性报道应该在报道正在发生的新闻事实时，注意适当补充"历史性的、环境性的、简历性的、数据性的、反应性的"事实，使正在发生的新闻事实更令人明白易懂。需要使用长期积累的和临时采集的背景材料，查阅原始记录等，运用具体事实来解释新

---

❶ M. 雷炳德. 著作权法 [M]. 张恩民，译. 北京：法律出版社，2005：56.
❷ 麦尔文·曼切尔. 新闻报道与写作 [M]. 北京：中国广播电视出版社，1981：140.

闻事件。作者在解释性报道的原创性主要体现科学的选择、安排这些背景性材料，以及运用其他新闻事实揭示新闻事件发生的原因、结果和影响、意义等方面。由于新闻作品的真实性限制，记者发挥的余地较小，解释性报道适合采用"小铜币"原则。对于一件新闻事实，如果记者创作的解释性报道体现了最低程度的外在表达和内在表达方面的个性，就可以认为符合版权客体的原创性要求。

How 方向的文字新闻作品主要表现为特写、通讯、纪实、传记类作品和网络新闻专题等。随着广播、电视、网络等电子媒介的崛起，文字新闻由开始的注重时效、抢发新闻、重点发挥传递信息的功能，逐步转移到强调报道的深度、报道的生动性、形象性、准确性、趣味性、人情味上来，审美功能逐渐显现，出现了借鉴小说手法撰写新闻的新新闻主义、散文式新闻，以及注重准确性的精确性新闻，把新闻事件报道当作叙述一个故事。更加重视提炼主题，讲究新闻角度、叙述技巧和文章结构方式和叙述修辞，充分发挥记者的表达个性，写成放大精彩瞬间的特写、视觉新闻、体现人物精神风貌或地点风貌的通讯、报告文学、非虚构文学等纪实作品。这类新闻作品中，作者的外在表达和内在表达的个性体现得较为充分，具备了版权保护要件原创性，属于事实性新闻作品中版权性最强的部分，最可能成为保护版权的客体。

（4）评论性新闻作品的版权受到较大限制

新闻评论指报刊等新闻传播工具就当前社会关注的、具有普遍意义的新闻事件、热点话题、社会现象等重大问题、新闻事件进行评论、分析的论说性文体，是所有新闻传播工具的各种评论形式的总称，具有新闻性、政治性、指导性、说理性和大众性等特征。尽管新闻评论中包含的"评"和"述"的比例不同，但是都是作者针对近期发生的新闻事件发表观点、看法。新闻事件是一种客观存在，但在这些事实之上如果添加了作者的立场和评价因素，在作品的主题选择、材料筛选和组织、遣词造句、布局谋篇等方面包含作者的个性表达，具有一定的原创性，可以成为版权保护的对象。不过，为了保障公众的知情权和获取信息的自由，关于政治、经济、宗教问题的时事性文章在作者为声明保留权利的情况可以自由转载，版权受到较大限制。

（5）汇编作品可以就汇编成果本身享有版权

汇编作品指通过对已存材料或数据进行收集、选择、协调或编排，使之构成一个在编排方面具有原创性的作品。在汇编之前，汇编作品内容的各个元素之间是互相独立存在的；汇编之后，在具有独创性的汇编结构上产生了新的作品。汇编作品可以分为定期的和不定期的两类。就新闻作品来说，定期的汇编作品有报纸、新闻期刊；不定期的有新闻摘要、新闻文摘；新闻作品集等。

新闻作品中的汇编作品来源于各类新闻作品，无论来源作品是否具有版权性，均不影响汇编作品的性质。换言之，汇编作品是否能成为版权客体，与原材料的性质无关，只要汇编作品的整体具有原创性，就可以成为版权客体。新闻摘要、新闻文摘的版权性更多情况下不是取决于汇编作品自身的原创性，而是取决于保护公众知情权的公共利益的平衡。德国不把新闻摘要和新闻文摘看作版权的客体。新闻作品分为一般新闻作品选集和作者自选集两种。只要汇编本身体现了版权法所要求的原创性，就可以就汇编成果本身享有版权。

（6）现在时文字作品对抗竞争时有可能成为版权客体

现在时文字作品主要有新闻直播解说词，这类新闻作品往往是现场直播新闻的有机组成部分，难于单独成篇，一般不能单独请求版权保护，除非对抗剽窃或竞争，有可能成为版权的客体。

（7）将来时新闻作品

将来时新闻作品分为预测性新闻和预告性新闻。预测性新闻是指在客观现实已有的信息基础上，通过用已然信息透视未然信息的方法，对可能发生或即将发生的事实或事物未来的发展趋势，进行预先报道的新闻，又称"预见性新闻""观测性新闻""透视性新闻""预测性报道"。根据题材可以分为全球、人类、社会、国际关系、政治、经济、科技、军事、教育、文化和气象等预测。❶ 其中，气象预测的公益性极强，气象预测类新闻基本上属于思想与表达合一的情况，不应具有版权性。对未来可能会发生的事实进行的预测具有较大的社会价值，在预测过程中需要投入大量的劳动、专业知识、判断和技巧，尽可能使自己的预测符合未来的实际情况。

在版权史上，预测作品是可以获得版权保护的。CDN案❷充分证明了预测作品的版权性。经营钱币生意的Kapes为了回应钱币价格询价，用一种电脑程序在CDN批发价的基础上得出零售价。CDN在推算这些价格的时候运用了他们的主观判断，从事实数据中"提取"了有价值的信息，并依据这些信息，"推断"出钱币的价格。在CDN所列价格中的运作包含了"充分的判断"和"原创性"从而使这些价钱具有版权性。估价数据之所以受到版权保护，是因为其中包含着全新的创造，反映了来源于作者的预测和观点。

有人认为预测性作品之所以具有版权性，部分原因是"作者在作出估价和预测的时候往往运用了专业判断和专业知识，这个过程将会表现出充分的原创性水平"，❸ 这种看法是值得商榷的。预测行为和调查行为一样，本身属于

---

❶ 张惠仁. 现代新闻写作学 [M]. 成都：四川人民出版社，2001：484.

❷ CDN Inc. V. Kapes, 197 F. 3d 1256 (9th Cir. 1999).

❸ 卢海君. 版权客体论 [M]. 北京：知识产权出版社，2011：453.

创作作品付出的劳动，和作品中体现出的原创性不是一个概念。预测行为过程中付出的判断、技巧、选择等原创性劳动仅对于智力成果起到了服务作用，如果这种精神劳动既不纳入该精神财富的结果之中，也不对该精神财富施加影响，那么预测过程的原创性则不是版权法所要求的作品本身的原创性。预测行为并不是获得版权的要件，关键还是要看作品本身所体现出的原创性，这种原创性并不排除来源于预测行为原创性的可能。

预告性新闻，就是泛指对已决定的、必然发生的新闻事实的提前报道，预告的依据是已经发生的某种事实与举措，其预告的内容，除遇特殊干扰和变动之外，总是必然为后来发生的事实所证明的，通常情况下只有预告的内容，没有评说、议论。❶ 媒体向受众预告的即将发生的新闻。与预测性新闻相比，预告性新闻侧重于"告"，变数很小，且所预告的内容必须是最近一段时间将要发生的新闻事实。相对而言，预告性新闻所体现的作者的原创性低于预测性新闻，往往限于事实的通报，拥有版权的可能性很小。

（8）系列、连续和组合报道可单独享有版权

系列、连续和组合报道，是一种动态的新闻报道过程。系列、连续和组合报道是较具新闻特色的作品，与汇编作品相比，更强调新闻报道之间的有机联系，并且往往是作者本人完成综合报道，可以认为是一套或一系列新闻作品成品，单篇新闻作品和整个新闻作品的版权主体是合一的，不存在所谓的汇编的原创性，只能就单篇新闻作品要求版权。而汇编作品不能看作一篇新闻作品，只能看作多部具有独立性的作品的汇集，单篇新闻作品和汇编作品可以分别单独作为版权的客体而享受版权保护。

2. 新闻相关文字作品

新闻相关文字作品包括除新闻作品成品之外的所有与新闻相关的文字作品，主要包括四部分：新闻附随作品、新闻伴生作品、演绎作品、新闻研究作品。

（1）新闻附随作品和新闻专业论文的版权性与新闻无关

新闻附随作品是指新闻作品成品使用的已有作品，这些作品可能享有版权，也可能属于公共领域。比如新闻背景、新闻资料、引用作品；音响资料、新闻音乐资料、影片资料、视听资料；新闻图表等。新闻专业论文指报纸、期刊、通讯社、作品集、会议等刊发的新闻专业论文。新闻附随作品和新闻专业论文的版权性的认定与一般作品相同，完全依照一般作品的版权构成要件判定，可以成为版权的客体。

---

❶ 邱沛篁，等. 新闻传播百科全书［M］. 成都：四川人民出版社，1998：181.

（2）独立成篇的新闻伴生作品可能有版权

新闻伴生作品可以分为独立成篇和作品片段两部分。具有原创性的独立成篇的记者或编导创作的新闻伴生作品均可能成为版权保护的对象，其中采访侧记、版面设计、电视拍摄计划、网页设计等艺术性较高的新闻伴生作品版权性较强，中国的司法实践中曾发生过支持记者采访侧记版权的案例。《建筑行业经验谈》作者诉张朝侵犯版权案的审判法院认为，该文章虽然根据他人材料写成，但并非简单照抄，而是根据自己的写作意图，运用自己的学识和构思，对素材进行了整理加工择取安排，具有作者的写作风格，属于版权意义上的创作，采访侧记属于版权意义上的作品，❶ 属于版权的客体。

新闻标题、节目提要、解说词、串联词、串联单、插播词、收播词等作品片段的版权性较弱或较难具有版权性。标题通常情况下意味着作品内容的缩略，一般对作品有宣传作用。由于新闻事实和新闻内容不受版权保护，作为新闻作品成品的新闻标题在内容方面没有原创性，而在表达方面发挥的余地很小，较难受到版权保护。版权保护水平较高的英国和法国的版权法保护具有原创性的作品标题或名称。一般情况下，当标题成为区别于其他产品的代码时，可能受到标识权的保护。

（3）电视节目表等较难成为版权的保护的客体

《国家版权局广播电视节目预告转载问题的意见》（1987 年 12 月 12 日，2002 年 5 月 8 日废止）中指出，"广播电视节目预告，应视为新闻消息，不属于版权保护的作品范畴。广播电视报应视为期刊，可以适用《图书、期刊版权保护试行条例》1985 年颁布，已废止第 8 条之规定，作为一个整体，由其编辑部享有版权。广播电视报如认为有必要，可以声明：所刊节目预告只允许部分转载（例如允许转载当天和第二天的），但不得全部复制或转载。"《关于广播电视节目预告摘转问题的补充通知》规定："各地非广播电视类报纸，可以摘转广播电视报所载节目预告表中当日和第二日中央电视台和本地省级电视台第一套节目黄金时段的重点节目预告；市级非广播电视类报纸可加登本市电视台第一套节目黄金时段的重点节目预告；节目预告表中所列的其他节目预告需摘转时，应征得有关广播电视报同意。"

（4）新闻标题、名称、电视节目表等在对抗竞争时完全可以享有版权保护

在对抗同业竞争时，本来无版权的新闻作品会纳入版权法保护的视野。2005 年日本曾出现过无版权的"新闻标题"被保护的判决案例——"读卖在线

---

❶　篁勤南. 1996 年全国律师资格考试案例精析［M］. 北京：经济日报出版社，1996：164.

新闻标题案"。❶ 原告东京读卖新闻东京本社以日报出版发行为主业，在互联网上开设"读卖在线 Yomiuri On-Line"网站，提供每日的在线新闻，包括"新闻标题"和文本部分，并授权日本雅虎网站有偿使用"读卖在线 Yomiuri On-Line"的主要新闻。被告在其以营利为目的网站上的"新闻标题链接 LINE TOPICS"使用了原告有偿提供给日本雅虎网站的新闻标题，并可以通过其链接打开相应的新闻文本。原告以新闻标题作品的复制权、传播权受到侵害为由，将乙诉至东京地方法院，请求被告乙停止侵害并承担损害赔偿责任。东京地方法院认为本案新闻标题只是日本版权法第 10 条第 2 款所规定的"日常新闻及时事报道"，不是著作权法上的作品，一审驳回了原告的诉讼请求。二审法院分析了原告从涉案的 365 条新闻标题中选出的 6 个新闻标题，只是否定了涉案新闻标题具有作为作品的创作性。同时认为，读卖在线新闻标题，是其投入巨大人力物力进行新闻报道的成果。即使不能认定为应由著作权法予以保护，考虑到其已成为具有独立价值的有偿交易对象，应当视为值得法律保护的"利益"。本案被上诉人擅自以营利目的反复长期地复制新闻标题，不需要投入特别的劳力，将"新闻标题"链接传播给众多用户，构成了侵权行为。

报纸、期刊的刊名，报纸专栏、专版、专页的名称，电台的呼号，电视台的台标等都不可以被别人随意拿来用在同类事物上，否则会误导公众。中国澳门地区版权法规定，如果依期进行出版的报章或其他定期刊物的名称可被识别，且不会与其他任何同类型作品的名称相混淆，该名称按有关法例规定在新闻司进行适当登记之后，则对该名称予以保护。此类受保护的名称，仅在权利人以任何方式宣告终止有关出版物之出版满 1 年后，或该出版物的出版已实际中断满 3 年后，方可为其他期刊所使用。

英国在 1911 年 BBC 电台与 Magit 之间关于电视节目时间表发生纠纷时，英国并未否定节目时间表的独创性，仍给予版权保护。❷ 德国的司法实践中拒绝给予电视节目表以版权保护，但是不排除竞争法、产品标识法等其他法律的保护。中国的《广西广播电视报》诉《广西煤矿工人报》案的判决否认了电视节目表的合理使用，适用《民法通则》支持了基于电视节目表之上的合法的民事权益。

（5）演绎作品就其原创性投入享有版权

"演绎作品"中的"演绎"是指一种在对已经存在作品进行的使用中带有独创性特征的智力创作行为，中国版权法中把"演绎作品"称为"改编、翻

---

❶ 韩赤凤，等. 中外著作权法经典案例［M］. 北京：知识产权出版社，2010：43.

❷ 吴汉东，曹新明，等. 西方诸国著作权制度研究［M］. 北京：中国政法大学出版社，1998：42.

译、注释、整理已有作品而产生的作品"，这种使用现存作品所改编出来的作品具有明显的独创性特征。版权法对演绎行为的保护不依赖于被使用作品的版权情况而存在的，❶ 演绎作品的内容甚至可以是已经进入公众领域的作品或者不受版权保护的作品（如官方作品）中产生。通过省略、添加等行为对原创作品稍作改动并不带有任何独创性特征，不能受到保护。

通常情况下，演绎往往不对原作品的内在形式以及内容作出更改，其独创性体现在对原作品外在形式的更改方面，比如翻译行为仅仅更改了作品的语言形式，而保留了原作品文中的内容、构思以及思路。就演绎本身而言，它必须体现某种创作性劳动。演绎作品在对原创作品的改编过程中必须体现出原创性特征而成为一个新的创作。

演绎作品的原创性与原作品的原创性之间应该有明确的界限。德国版权界提出了"退隐"原则，被改编的作品所具有的独创性特征必须从新作品中"退隐"，❷ 也就是说，演绎的新作品必须清楚地远离原作品的内在的与外在的形式，不允许出现原作品之所以受到版权保护所必需的原创性，新作品不能依靠原作的原创性获得版权性。德国拉拉的女儿 Laras Tochter 案❸的判决说明："只有被使用作品的独创性隐含在新作品中，并且与新作品的独创性相比原作已经黯然失色"的情况下，才能构成演绎行为。相对而言，美国对于演绎作品的构成要件稍显宽松，形成了与之类似的"实质性标准"❹，在判例中也适用"超过仅是微小限度的变化标准"及"可区别性变化"标准。❺

新闻作品的演绎作品由于保留了原作品的真实性内容，往往被看作对新闻事件的调查研究而被排除在版权客体之外。在前述美国米勒诉环球电影公司案对于电影剧本侵犯记者米勒的版权诉讼中，地区法院认为："为获得那些不能享有版权的事实而投入的劳动和代价与那些事实是有区别的，它更近似于事实的表达，而非事实本身"。而第五巡回法院以调查研究不享有版权为由，驳回了下级法院的判决。❻ 法院判决就把米勒的新闻作品不能成为版权保护的对象。

《伯尔尼公约》第 8 条虽然规定作者享有翻译权，但是，对于可以合理使

---

❶ M. 雷炳德. 著作权法［M］. 张恩民，译. 北京：法律出版社，2005：159.

❷ M. 雷炳德. 著作权法［M］. 张恩民，译. 北京：法律出版社，2005：160.

❸ M. 雷炳德. 著作权法［M］. 张恩民，译. 北京：法律出版社，2005：258.

❹ Gracen v. Bradford Exchange 698 F. 2d 300（7th Cir. 1983）.

❺ L. Batlin & Son，Inc. v. Snyder 536 F. 2d 486（2d Cir）（en banc），cert. denied，429 U. S. 857（1976）.

❻ 唐·R. 彭伯. 大众传媒法［M］. 张金玺，张刚，译. 北京：中国人民大学出版社，2005：480.

用作品的却存在着翻译"默示例外"（详见本书合理使用部分）。

（二）录音作品和视听作品版权性分析

1. 承认录音作品的版权

对于录音作品，在国际上存在两种立法例。第一种立法例是承认录音作品，将其纳入版权法保护的对象，如美国、英国、意大利、俄国、罗马尼亚、波兰、突尼斯样板版权法，中国台湾地区"版权法"。美国版权法第 102 条规定版权的客体包括电影和其他音像作品和录音作品。录音作品包括音乐作品、口述作品、其他声音作品，但是不包括作为伴音的各种声音，显然包括广播电视新闻作品。在司法实践中，不保护原始新闻材料（raw metieral）的内容，但是保护有原创性的表达，因此，如果广播电视新闻的摄制体现了作者的原创性风格，是可以作为版权法的客体的。

英国版权法中规定版权存在于具有原创性的录音、电影或广播，以及版本之版面安排之中。其中的"录音"指可从中再现出声音的声音录制品，或者文学、戏剧或音乐作品之全部或部分的原创录制品。"广播"的定义排除任何经由互联网进行的传输，除非互联网的传输与其他手段同时进行；除非对于时事的即时传输或者互联网被记录下来的是其他在确定的时间提供的广播节目的一部分。英国版权法第 6 条之（6）规定侵犯或在某种程度上侵犯其他广播版权的广播不享有版权。

2. 保护录音制品的邻接权

第二种立法例是，不承认录音作品，法国、德国、日本将录音制品列为邻接权保护。德国对于视听作品的保护方面，严格区分电影作品和活动图像。电影作品必须是体现独创性的智力创作成果，而活动图像仅仅是简单的、不具原创性的图片的前后衔接以及图片与声音的衔接，比如对体育运动与自然活动的拍摄、对谈话节目的拍摄、对某个戏剧或者歌剧的拍摄行为通常也不能构成电影作品，仅仅属于活动图像。但是对于那些所谓的录像剪辑或者纳粹时代（为了宣传的需要而制作）的新闻影片则例外，被看作电影作品保护。

德国版权法第 2 条第 1 款第 6 项规定，对于类似于电影作品的作品（如电视作品）保护等同于对电影作品的保护。尽管各种电视现场直播不像电影那样预先被固定在电影胶片上，而且相关录像带的保存时间也很短，但是制作过程中的表达工具的液体性（电影胶片定影）或者固体性（电磁录制）以及技术上所需的固定时间不影响版权的性质。只要电视作品的一连串图像表达出的独创性精神内容被确定下来或者以某种形式被固定下来，就可以产生真正意义上的电影作品。但是，仅仅对某些事件、活动的再现（比如对体育活动的转播或者对大自然的拍摄）也与对歌剧、戏剧表演的转播行为一样属于活动图像，不是电视作品。二者的本质区别在于图像的衔接是否体现了作者的独创性劳动投入和创造性改动。据此，简单记录客观事实的电视新闻报道不可能享受作者权的保护。并且，除非另有法律规定，德国拒绝给予以事实为内容的所有新闻报道以作者权保护，因此，调查性、解释性、评论性电视新闻均被排除在作者权保护之外，无论它们是否具备构成版权意义上的语言作品的构成要件。但是，不排除邻接权方面的保护。

根据德国《著作权法》第 49 条第 1 款规定，除非作者声明保留权利，否则单篇广播电视评论允许在其他类似报纸、新闻纸上复制与传播或公开再现，但应付给著作人适当报酬，将数篇评论文章或文章做简短的摘要并以概貌的形式复制、传播或公开再现的除外。

《罗马公约》规定了表演者、录音制品制作者、广播组织享有国民待遇的条件：录音制品录制者须同时符合国籍标准、录制标准或发行标准；广播组织的总部设于任何一个成员内，且从该成员的发射台播放。在录音制品录制者享有专有权方面，实行非自动保护原则，必须在录音制品上附加三种标记：在发行的录制品复制品上或者包装物上注明℗（英文 Phonogram 的字首略语 P 外加一个圆圈），首次发行年份和版权人姓名。绝大多数录音新闻作品的发表与一般录音制品不同，常常通过广播组织或网络等其他电子媒体播放。

3. 中国版权法没有"录音作品"的概念

中国版权法没有使用"录音作品"这一概念，而是分别规定了音乐作品、曲艺作品等和声音有关的作品，没有提及广播电视录音作品的概念和保护。新闻作品中的录音作品包括广播新闻作品、电视录音新闻、网络录音新闻、广播新闻素材（如新闻音乐资料）。视听新闻作品根据传播媒介分为新闻记录电影、电视新闻、网络新闻和伴随视听作品四部分。因为录音、视听作品增加了技术含量，改变了文字作品的外在表达形式，增加了录音作品制作者、摄像作品制作者的权能，其版权客体的地位不像文字作品那样遭受质疑。

作为视听作品的重要组成部分，新闻摄像作品是指摄制在一定物质上、由一系列有伴音或无伴音的画面组成，并借助适当设备放映、播放的作品。有一种观点认为，"新闻摄像作品实质上是电视新闻的组成部分，它与不受著作权法保护的新闻制品结合，成为电视新闻。新闻摄像作品与新闻摄像制品的区别在于有无创造性"。❶ 电视新闻是由具有原创性新闻摄像作品和无原创性的新闻摄像制品组成的，以创造性作为划分二者的标准。这种观点值得商榷之处在于：新闻摄像作品与新闻摄像制品的区别不是有无原创性，而是作品与制品的

---

❶ 张诗蒂. 新闻市场的规范与法治［M］. 北京：中国检察出版社，2001：149.

区别。作品作为一种智力劳动成果——知识，是无体的知识，本质是一种形式。而制品则是作品的承载物，就新闻摄像作品来说，制品指记录新闻摄像作品的录像带，其权利属于物权范畴，同时也可能享受邻接权保护，但是它与是否存在原创性无关。

记录性广播电视新闻作品有广播新闻，电视录音新闻，网络录音新闻；记录性电视新闻作品有电视消息，口播新闻，网络原创新闻等。这类新闻作品的版权性较弱，但是强于记录性文字作品。广播电视新闻专题和新闻评论、访谈类节目、网络原创性评论等作品的版权性增加，均可成为版权客体。不过，广播电视新闻作品是作为广播组织的产品而成为版权保护的对象的，作品的作者和制作者的权利退隐到职务作品的保护中，变为作者和广播组织的利益关系，与具体国家关于职务作品的版权规定密切相关。

中国《著作权法》第三次修订正在进行中，草案第46条拟规定不经授权可使用版权人录音作品，"录音制品首次出版3个月后，其他录音制作者可以依照本法第48条规定的条件，不经著作权人许可，使用其音乐作品制作录音制品"❶，引起音乐人强烈不满。该草案规定主要针对音乐作品，但是也不排除录音新闻作品。这类作品的法定许可规定，最大的获益者将是广播、电视、网络、手机等大众传播媒体。

（三）美术、摄影作品版权性分析

1. 表达性要素使新闻美术作品具有版权性

版权法主要保护表达性要素，而不保护功能性要素，后者属于专利法保护的范畴。美术作品中同时包含表达性因素和功能性因素，存在艺术性和实用艺术作品的区别。但是，不少美术作品中的功能性因素达不到专利法保护的标准，因此，从世界范围来看，版权法对于实用艺术作品的保护经历了从无到有的过程。因为实用艺术作品既具有美学性，也具有功能性，如果将实用艺术作品作为普通美术作品进行保护，对实用艺术作品的版权保护将可能会延及其功能性层面，使之与专利法保护客体之间的界限变得模糊不清。在1908年《伯尔尼公约》柏林会议上，伯尔尼联盟的成员首次提出了实用艺术作品的类别，❷ 修订本第2条明确将实用艺术作品列入受保护的版权客体范围之内。美国1970年版权法对"美术"（fine arts）的强调，使版权和实用物品保持相当的距离。❸ 美国1976年版权法界定了"实用物品"的概念和版权，用"绘画、

---

❶　张瑜. 高晓松、汪峰声讨"第46条"［J］. 现代快报（多媒体数字版），2012 – 04 – 05（10）.

❷　卢海君. 版权客体论［M］. 北京：知识产权出版社，2011：314.

❸　Robert C. Denicola, *Applied Art and Industrial Design: A Suggested Approach to Copyright in Useful Articles*, 67 Minn. L. Rev. 707（April, 1983）.

刻印和雕塑作品"涵盖了平面和立体的美术作品、刻印艺术作品、实用美术作品、照片、印刷和艺术复制品、地图、地球仪、图表、技术绘图、图解和模型。英国版权法则使用"艺术作品"一词表示图画作品、照片、雕塑或拼画，不论其艺术性程度如何。以建筑物或建筑模型出现之建筑作品、工艺美术作品。并且，美国和英国的版权法中的概念包括照片。

中国的版权法并未明确把实用艺术作品当作版权客体，《著作权法实施条例》规定，"美术作品是指绘画、书法、雕塑等以线条、色彩或者其他方式构成的有审美意义的平面或者立体的造型艺术作品。"但是《实施国际著作权条约的规定》第 6 条第 1 款规定了对中国实用艺术作品的保护期，出现了"超国民待遇"的法律漏洞。

记录性新闻美术作品反映的内容往往是不能受到版权保护的新闻事件，内容方面几乎没有原创性。这类作品即使在艺术方面具有原创性，其版权性也会因传播公众必需的信息而受到很大限制。同样，评论性新闻漫画、宣传画、新闻速写等评论类美术作品等来自于作者评论和艺术方面的原创性稍高，基于同样原因，对于这类美术作品，可能只有报酬权得到保护。新闻相关美术作品中的新闻标题、刊头、题图（饰）、饰线、绘画、篆刻等装饰性作品等虽然离新闻事实稍远，但常因过于琐碎，而被拒绝在版权保护之外。相对而言，新闻相关美术作品中的版式设计，电视片头、舞美设计、封面设计等因褪去了新闻的外衣和色彩，而显现出较高的原创性，成为版权保护的客体。

2. 新闻摄影作品因艺术而获得版权性

《伯尔尼公约》1908 年的柏林会议增加了电影作品和摄影作品，开始对摄影作品的版权保护。多数国家批准生效的《伯尔尼公约》1971 年文本第 2 条规定的"文学艺术作品"中，列举了摄影作品及以与摄影术类似的方法创作的作品，最低保护期限为自该作品完成时算起 25 年。

德国版权法在第 2 条第 1 款第 5 项中把摄影作品与照片区分开来，规定"受保护的著作包括以类似摄影方式制作的著作在内的摄影著作"。受作者权保护的是摄影作品，而照片则是以类似摄影方式制作的著作，被认为是具有某种邻接权的劳动投入。只有那些表达了摄影师的艺术观点与创造力的摄影照片才会被认为属于摄影作品。通过对题材的选择、灯光阴影的映衬、润色、照片的剪辑，或者通过对不同角度或使用图片片断等艺术工具体现创作者的原创性，[1] 符合德国版权法第 2 条第 2 款规定的"个人智力创作成果"这一前提条件，可以适用"小铜币"标准。

---

[1] M. 雷炳德. 著作权法［M］. 张恩民，译. 北京：法律出版社，2005：151.

　　新闻摄影作品也可以分为新闻作品成品和新闻相关作品两部分。根据新闻作品的性质，新闻作品成品可以分为记录性、调查性、解释性和汇编性新闻作品成品。记录性新闻摄影作品主要有访问式照片。解释性新闻摄影作品包括照片故事和特写照片。德国版权法第49条第2款虽然允许不受限制地复制和公开再现日常新闻事件，但是并不适用于图片新闻报道。

　　意大利版权法第32条之2规定，摄影艺术作品的经济使用权为作品摄成之年起50年。对于受版权法第87条第4条之相关权利保护的摄影作品，其保护期限为自照片摄制在负片上起20年。这一20年的保护期同样适用于仅能作为一系列单纯摄影照片（例如新闻片或记录片）的电影作品。

　　中国的类似案例——"凡一等诉王小涛案"证明了无版权的时事新闻作品不包括新闻摄影作品。1992年6月，王小涛未经摄影作品作者凡一许可，未支付报酬，在自己的《新闻摄影的理论与实践》一书中使用了凡一的两幅获奖新闻摄影作品加以点评。凡一以王小涛侵犯其摄影版权为由，向某市某人民法院提起诉讼，要求被告公开道歉并赔偿经济损失。王小涛辩称：所使用的获奖新闻摄影照片属于时事新闻，不受版权法保护，系合理使用。法院认为：原告凡一等拍摄的虽然是时事新闻照片，但不属于不受版权保护的时事新闻所指的单纯事实消息，时事新闻摄影一般都是经过摄制人在取材、拍摄角度的选定、拍摄器材的调整、构思等方面进行了创造性劳动才产生的成果，不经同意擅自使用其作品的行为，系侵权行为。❶

　　德国《著作权法》第72条规定了对照片的保护，不具有独创性的其他以类似于摄影作品的制作方式制作出来的图片作品（比如照片、电视直播的单幅照片、"电脑照片"等）只能作为某种劳动投入而受到邻接权保护。❷ 中国澳门地区版权法同样只保护个人艺术创作的摄影作品。单纯具记录价值的照片，尤其是文字作品、文件、商业文件、技术绘图及类似物品之照片，均不受保护。电影胶片之每格画面，视为照片。对刊登在报章、杂志或其他定期刊物上的涉及时事人物或事件或任何属总体利益方面的照片，法定许可复制而用于其他同类型的刊物，但是保护作者的获得报酬权。汇编性新闻摄影作品主要有新闻摄影作品集，其版权性与一般汇编作品相同。

　　新闻摄影相关作品可以分为新闻照片的文字说明、插图照片、备选新闻照片、装饰性新闻照片、图片专栏、画刊等。新闻照片的文字说明是新闻照片的一部分，较难单独作为版权的客体。备选新闻照片属于未发表的作品，其版权性强于发表的作品。具有原创性的插图照片、装饰性新闻照片、图片专栏和画

❶　杨金琪. 最新知识产权案例精粹与处理指南［M］. 北京：法律出版社，1996：645.

❷　M. 雷炳德. 著作权法［M］. 张恩民，译. 北京：法律出版社，2005：151.

刊都应是版权保护的对象。

美术和摄影新闻作品因艺术和技术的原因而增加了获得版权保护的可能性，越是远离新闻性，其获得版权保护的可能性越大。

（四）其他作品版权性分析

口述作品指以口头语言即兴创作的作品，如公众集会上的政治演说、欢迎辞、参会讲话、大会报告、即席讲话、节目主持人的主持辞、通讯报道、远程报告、教士布道、大学讲课等。

《伯尔尼公约》第 2 条之 2 规定，联盟成员有权以立法规定把政治演讲和诉讼过程中发表的言论全部排除于保护之外，有权规定演讲、发言之类的作品进行报刊转载、无线或有线广播以及构成本公约第 11 条之 2 第 1 款所指的公共传播对象的条件，但作者享有将上两款所提作品收编成汇集本的专有权。

英国、美国的版权法规定固定是版权存在的必要条件，拒绝承认口述作品的版权。中国明确规定保护口述作品，但是由于在司法实践中取证困难，操作性有待提高。

新闻口述作品指未经任何物质载体固定的新闻采访对象的以口头语言形式表现系统性谈话、演讲、记者现场口播的新闻等，多指事先没有文字稿或仅有简单文字提纲的即兴创作，以声音或声音加手势的形式传播。通讯报道与广播电视的节目访谈是否应当受到保护经常受到人们的质疑。谈话类等口述作品必须体现作者的技巧、判断和劳动的付出符合原创性的要求，才能成为版权的客体。如果记录口述作品的表达方式具有原创性，记录者也可以拥有该作品记录部分的版权。

手语节目指方便聋哑人士接收的电视节目，文字的表述主要靠手语。手语一般会受地方区域和词汇数量的限制。手语节目与说新闻、唱新闻和演新闻等都是新闻传播形式，属于表演的范畴，只可能成为邻接权保护的客体。一些国家规定残障人士的优惠政策，手语节目的相关权利受到较大限制。

综上所述，文字作品中，记录性新闻作品基本上被排除在版权保护之外；调查性新闻作品的内容也较难受版权保护，可以以邻接权的方式保护新闻调查行为；解释性新闻作品在事实性新闻作品中是版权性最强的部分，最可能成为保护版权的客体；评论性新闻作品可以成为版权保护的对象，但是由于评论的公共性，评论性新闻作品的版权会受到较大限制。汇编作品可以就汇编原创性成果本身享有版权；预测性新闻作品有可能受到版权保护；新闻直播解说词一般不能单独请求版权保护。预告性文字作品、综合时态新闻作品的拥有版权性的可能性较小。在版权法上较少把系列、连续和组合报道看作一个整体作品，常常按照单篇新闻作品分别获得版权。新闻附随作品和新闻专业论文的版权性的认定与一般作品相同。具有原创性的独立成篇的记者或编导创作的新闻伴生作品和新闻标题均可能成为版权保护的对象，如采访侧记、版面设计、电视拍摄计划和网页设计等。而电视节目表、节目提要等在对抗同业竞争时可能受到版权法或其他法律的保护。新闻演绎作品的版权原作部分（如有）和演绎部分分别享有版权。录音、录像原始新闻材料和录音新闻、广播电视新闻的内容不具有版权性，但是录音、录像技术造成的原创性表达使之可以成为版权客体。电视专题片、记录片、新闻记录电影的版权性最强。原创性的新闻美术、摄影技术、艺术因素而获得版权性。新闻美术、新闻摄影作品的版权性由强到弱依次为汇编性、评论性、记录性作品。口述新闻作品的版权性较弱。附随性新闻作品能否成为新闻作品版权的客体是由原作的版权性决定的，与新闻作品的引用无关。

新闻作品版权性的来源有四种情况：一是源自于作者对新闻材料的选择、组织、协调、编排、调查、推测、分类、评价、预测、汇编等智力创作行为。调查性新闻、解释性新闻、新闻通讯、特写、新闻评论、报告文学、编导作品等均属于这类作品。

二是源自于美术、摄影、摄像等创造性技术、技巧。这些技巧本身不具版权性，但是运用这些技巧获得的原创性成果固定在新闻图片、美术编辑、版面设计、版式设计、栏目编排、网页设计作品、新闻摄影作品、广播电视专题（片）、新闻记录电影等新闻作品中，即可获得版权性。

三是源自于对新闻作品的编辑、制作、刊播、转载、转播、公开传播、新闻作品管理等精神、劳动、资金方面的投入，这类新闻作品多为新闻采制、编播、传发过程中的伴生作品，如记者的新闻采访报道（包括广播电视节目）策划书，新闻素材、新闻草稿和新闻标题；广播电视新闻节目编排、提要、串联词、网络新闻标题链接等编导播作品。

四是源自于对新闻创作、制作、刊播、管理活动的经验总结和研究。此类作品包括记者的采访笔记、采访经验总结、新闻专业论文等，版权性很强。

三、新闻作品版权性存在等级差异

根据新闻作品版权性的大小，可以把新闻作品分为 9 个等级（见表 3），第 1 等级的版权性为几乎为 0，第 9 个等级版权性最高，为 9。中间的数值 5 不是版权有无的分界线，只表示相对位置。

第 1 层的新闻作品主要是纯事实消息、新闻摘要和新闻文摘，多被排除在版权法客体之外。

第 2 等级为记录性广播电视新闻作品、新闻现场直播、预告性新闻、解说词、播音员作品等。记录性广播电视新闻作品、新闻现场直播本身谈不上原创性和作者权，但是可能受到广播、电视技术带来的邻接权保护。预告性新闻、解说词，播音员作品等开始加入记者、编导、播出者、解说者的个人选择、评价和风格。

表3 新闻作品版权性等级表

类别 等级	新闻作品
1	记录性新闻（消息、新闻公报）；新闻伴生作品片段（电视节目表、节目提要、解说词）；新闻摘要，新闻文摘
2	新闻现场直播；预告性新闻；新闻直播解说词；新闻标题；口述作品（播音员作品，主持人作品）
3	调查性报道；独立成篇的新闻伴生作品；新闻图表
4	新闻通讯、特许、书评、影评、专栏文章、摄影作品、广播电视新闻专题；预测性新闻；采访素材；编导作品
5	解释性报道；报告文学；系列、连续和组合报道；记录片；新闻连环画，具有原创性的新闻伴生作品；采访笔记；版面设计，版式设计，栏目编排，网页设计；评论性新闻作品；电视专题片、记录片
6	新闻记录电影
7	汇编作品：报纸，期刊，广播电视新闻作品集
8	演绎作品
9	新闻专业论文

注：0表示版权性无或接近于0；9表示版权性最高。等级仅为示意图，数值仅表示新闻作品版权性高低的大致位置，平均值4.5不表示版权有无的分界线。

第3等级的调查性报道、主持人作品的主观性和原创性与第2等级相比稍胜一筹，新闻图表是辅助表达新闻作品的工具，可能体现作者思维的原创性。

第4等级的作品包括新闻通讯、特写、书评、影评及其他专栏文章、摄影作品、广播电视专题、创造性的版面设计和编排组成的整个版面，广播电视新闻栏目、新闻期刊的版式设计等也属于这一类。中国《著作权法》第36条中规定，"出版者有权许可或者禁止他人使用其出版的图书、期刊的版式设计"。深度报道是将报道对象作为一个整体、一个过程来把握和报道，是作者将客观事实逻辑分类、组合后，再进行报道的一种新闻文体。深度报道是作者依据自己的思维活动对事实材料进行重组，形成的作品。作者对这类作品必须做大量的准备工作，发挥个人的创造才能。因此，具备了版权保护所要求的原创性，都在保护范围之内。评论性作品的原创性不容否认，其现实中的版权情况另当别论。

第 5 级的解释性报道、报告文学中，作者已经开始展示自己的原创性；系列、连续和组合报道和新闻连环画由多篇作品有机组合而成，能较为充分地展示新闻主题和表达个性。作品录制者在客观新闻采访的基础上，运用新闻规律和拍摄规律，根据采访报道计划挖掘、选择、剪辑各种新闻事实报道，再经过后期制作、非线性编辑等合成手段制作成可供播放的新闻作品成品，充分体现了录制者的智力创造和成果，具备版权性。记录片则是记者、摄像、编导等多人的合作作品，虽然因为其表现内容的真实性和客观性而在一些原创性要求较高的国家被当作活动图像看待，比如德国，但是，已经可以被认为是类似电影手法摄制的作品，在文字、摄影、编导、制作方面颇显创作者的个性，因此位于第 5 等级。此外，这一等级还包括较容易具有原创性的艺术设计作品，如版面设计，版式设计，栏目编排和网页设计等作品。

第 6 等级的新闻记录电影在摄制技术和水平上已经达到真正的电影水平，其版权性毋庸置疑。

处于第 7 等级汇编作品的版权性已经与作为创作基础的原作品的原创性无关，即使新闻作品本身无版权也没关系，只要汇编本身体现出了原创性和版权性即可。

演绎作品是在新闻作品的基础上已经形成了全新的具有版权性的作品，故而列于第 8 等级。

第 9 等级的新闻专业论文的原创性最高，与新闻作品成品和伴随作品的距离较远，开始向形而上的方向发展，去寻找新闻相关的规律，无论从作品的内容上，还是作品的内在表达和外在表达形式上均体现了作者的智力创作成果，将其置于最高等级，似乎未尝不可。

由于新闻作品的信息属性，新闻作品担负着传播信息和观念的重任，具有监测环境和整合社会的强大力量，是保障公众获知权和言论自由权利的不可替代的工具，版权客体的界定直接影响广大公众的基本利益，新闻传播有着极强的时效性和实用性。加之，新闻产业本身又是国民经济的重要组成部分，与新闻作品的传播程度与新闻体制、国家的产业政策、新闻传播媒介的生态环境密切相关。版权客体和主体的设定实际上是对信息和言论传播的垄断，新闻作品的版权客体和主体的界定涉及作者的权利、传媒产业的利益、国家的经济政策和政治政策，同时还受到广大新闻从业人员和公众的版权意识的影响。世界各国的版权保护理念不尽相同，政治、经济和文化环境千差万别，但是总有一些共同的值得借鉴的新闻作品保护经验值得汲取。尤其是在国际版权公约和协定的规范下，不难找出世界主要国家新闻作品的客体的共同点。

第二节　新闻作品版权的主体和本体

版权的主体又称版权人，是指依法以自己的创作行为享有版权或者依法通过有效途径享有版权的自然人、法人或者其他组织的总称。根据版权主体与作品的关系和版权取得方式，可以分为原始版权主体和派生版权主体。根据版权主体的自然属性，可以分为公民、法人、其他组织和国家。建立版权主体制度的意义在于主体的确认是版权贸易和解决版权纠纷基础和重要依据。

一、新闻作品版权的主体

新闻作品版权主体主要有作者，法人或其他组织，继受者和国家。

（一）作者

1. 作者的概念

版权法意义上的作者的概念可以分为狭义和广义两种。狭义的"作者"的含义指进行文学、艺术、音乐或戏剧作品创作的人。大陆法系多采用此概念。法国版权法第 L. 111 - 1 条规定，智力作品的作者仅仅基于其创作的事实，享有独占的、可对抗一切他人的无形财产权，比如视听作品的作者为剧本作者、改编作者、对白作者、专门为视听作品创作的配词或未配词的乐曲作者和导演。而相应的邻接权的主体则称为录音制作者、录像制作者、视听传播企业。现行《俄罗斯民法典著作权部分》第 1257 条规定，以创造性的劳动创作科学、文学及艺术作品的公民确认为作品的作者。在这些国家中，新闻作品的作者主要有记者（文字、摄影、摄像记者等）、编辑、汇编者、播音员、主持人、编导、导演、解说者、新闻作品演绎者和新闻专业论文的作者，漫画作者、图片作者、舞美设计者、宣传画、连环画作者、口述作品的采访对象，以及新闻记录电影的剧本作者、改编作者、对白作者，专门为视听作品创作的配词或未配词的乐曲作者、导演和自由撰稿人等。

广义的"作者"不仅包括一切文学、艺术、音乐、戏剧或科学作品的创作者，而且也包括表演者、视听作品制作者、法人或其他组织。

普通法系国家使用广义的"作者"的概念，不区分作者权和邻接权，作者既包括创作人，也包括作品制作人或组织人、非作者自然人。英国版权法第 9 条规定，"本编中的'作者'系指创作人"，应当是录音制品的制作者、电影的制片者与总导演、广播制作者、出版物版式设计的出版者、电脑作品的安排者。加拿大版权法将一切从事文学、艺术、音乐、戏剧或录音、录像等的智力劳动创作者都称为作者。

美国版权法规定，版权首先归于作者（第201条a），而就雇佣作品而言，雇主或作品制作委托人被认定为作者（第201条b）。雇主或委托者可能是自然人、法人或其他组织。法人或其他组织包括报社、期刊社、通讯社、广播电台、电视台、网站、手机等。法人或其他组织可以委托自然人代表其意志进行创作，由法人对作品负责，该法人就可视为是作品作者。比如，报刊可以委托社外人士根据其创作意图撰写社论、评论员文章，报刊社则被视为这类作品的作者。法人还可以组织汇编、编纂、整理一些作品，发表时署上法人的名称，该法人也被视为作品作者。报社或期刊社的作品整体上是一种汇编作品，报社或期刊社则被视为作品整体的作者。中国《著作权法》第11条规定，创作作品的公民是作者，还将一定条件下的法人或其他组织视为作者。总之，广义的"作者"除了上述狭义的"作者"之外，还包括表演者、广播电视新闻作品制作者、报社、期刊社、广播电台、电视台、网站、手机等。就新闻作品而言，非作者自然人很少委托他人为其创作，成为作者的机会很少，但在有些国家也不排除非自然人为作者的情况。

2. 新闻作品作者的确认

（1）根据署名、创作事实和法律规定确认作者

根据作者的性质，作者可以分为原始作者和拟制作者两部分。

原始作者是指创作作品的自然人，作者与辅助者的界限就是创作事实。然而，在创作过程中，可能得到别人的帮助，如通过咨询意见、参考资料、提供资金支持、物质帮助或其他辅助的帮助。提供帮助的人不能成为作者。意大利版权法第6条规定，"只有通过智力活动创作出作品的人才能取得著作权。"毕竟，创作过程复杂而繁琐，因此，国际上采用"推定作者"的方法，如无相反证明，在作品上署名的人即为该作品的作者。德国版权法第10条规定，在已出版的著作复制物或造型艺术著作原件上被称为著作人的人（包括假名、艺名公布的名称），在相反的证明提出之前被视为该著作的著作人。如未署名，则推断在著作复制物上署名的编者有权主张著作人的权利。如果没有编者，则推定出版者被授予此项权利。

一般新闻作品成品的作者认定可根据署名确认，不过，有些署名仅仅是专业类型或者不便署名，认定时稍显复杂。以评论作品为例，署名为"本报评论员文章"和"社论"文章的作者认定就不太容易。当需要认定作者身份时往往时过境迁，需要报社相关人员提供雇佣关系证明、创作证明或委托创作证明等。"特约评论员"由于是受到约请的社外人员，认定作者身份的委托创作证明因找不到原委托人而变成悬案。

拟制作者并非作品真正的创作者，而是享有版权意义上的作者地位的法人

或其他组织。中国《著作权法》第 11 条规定了认定拟制作者的条件：由法人或者其他组织主持，代表法人或者其他组织意志创作，并由法人或者其他组织承担责任的作品，法人或者其他组织视为作者。在报纸、期刊等汇编作品之上存在两级版权：一是作为一个整体有报社、期刊社享有的整体版权；二是其中多个具体作品的版权。

（2）采用个案方法和类别方法认定合作作品的作者

个案方法是以具体的个案为出发点并使用创作人原则来判定谁是作者。类别方法则从法律安全的角度出发，并且就某些特定类别按照创作原则（剧本作者、导演、制作人）来确定作者，比如在电影作品这一类别之下则根据创作行为认定剧本作者、导演、制作人等。德国《著作权法》第 2 条、第 6 条规定，电视作品版权的归属问题适用于电影作品的原则。即使在体现独创性的现场直播的情况下，播放企业也不被视为作者，他们可以从电视作品的作者和制作者那里获得电视摄制权及电视播放器。电视记录片的作者有拍摄电影前已经存在的作品（比如使用的已有的音乐作品）的各位作者、电影简略情节说明的作者、情景处理剧本作者、作曲者、电影设计者、绘画者、导演、摄影师、剪接师、音响师、灯光师、制作人以及许许多多在艺术、技术或者其他方面从事辅助性工作的人。他们拥有自己在电视作品中所创作的原创性作品的版权，并且享有电视作品使用之外的版权。

（3）根据创作原则确认采访对象口述作品的作者

采访对象口述作品是指采访对象在采访过程中提供了具有原创性的内容或表达方式、足以构成版权意义上的口述作品。这类作品作者的确认关键在于谈话的内容和方式是否存在版权性。如果采访对象的谈话内容或表达方式构成版权意义上的作品，而采访者仅仅是口述作品的记录者（文字或录音、录像）或话题进行的引导者，那么，记者的谈话就不具有版权性，只有采访对象才是口述作品的作者。有些国家的口述作品只有"固定"下来才能受到版权保护，但是口述者记录（比如录音）还是由他人记录不影响版权性。记者可以就自己的记录行为和智力投入享受邻接权的保护。

如果在采访过程中的口述作品中包含的采访者具有原创性的谈话内容，比如具有原创性的电视、网络访谈类新闻节目，那么这类口述作品中采访对象和参与访谈的采访者的口述内容难以截然分开，也具备创作的合意，构成的口述作品实质上是一种合作作品，其作者为采访对象和采访者。如果该访谈节目的设计具有原创性，栏目设计者也可能是作品的合作作者。

（二）其他版权主体

在严格区分作者权和邻接权的国家，表演者、导演、电影制片者、视听作品制作者、广播电台、电视台、网络、出版社、编辑等被视为邻接权主体。

在版权可以合法转移的国家，新闻作品的非版权人可以依照法律规定转让、赠与、继承以及通过委托等获得他人新闻作品的版权，成为版权的主体，称为"继受版权人"。通常情况下，转移的是经济权利，精神权利不能转移，继承版权人可以代为行使所继承遗作的精神权利。

在特殊情况下，国家也可以成为版权的主体。比如法人或其他组织作品在法人或其他组织终止后没有承受人，作者或享有版权的公民把作品赠与国家，这些作品的版权就归国家所有。如果某媒体依法破产而没有其他组织继承其法人地位，媒体现有的法人作品即归属于国家，国家就成为这些作品的主体。

总之，新闻作品版权主体主要有作者、法人或其他组织、继受者、国家。普通法系和大陆法系对于作者的界定不同。在严格区分作者权和邻接权的大陆法系国家，作者权的主体主要有记者（文字、摄影、摄像记者等）、编辑、汇编者、播音员、主持人、编导、导演、解说者、新闻作品演绎者和新闻专业论文的作者，漫画作者、图片作者、舞美设计者、宣传画、连环画作者、口述作品的采访对象，以及新闻记录电影的剧本作者、改编作者、对白作者，专门为视听作品创作的配词或未配词的乐曲作者和导演、自由撰稿人等；邻接权主体主要有表演者、导演、电影制片者、视听作品制作者、广播电台、电视台、网络、出版社、编辑等。在普通法系国家作者既包括上述创作人，也保护作品制作人或组织人，并且，新闻作品版权的主体多为传播媒介组织。非作者自然人、法人或其他组织也可以成为作者。法人还可以组织汇编、编纂、整理一些作品，发表时署上法人的名称，该法人也被视为作品作者。由于版权可以合法转移存在新闻作品版权的继受主体。在传媒法人组织终止而没有承受人的情况下，国家也可以成为版权的主体。

二、新闻作品版权的本体

版权的本体，即版权的内容，指版权人具体享有的权利。不同国家、不同历史时期，由于受到经济水平、文化传统、价值观念等因素的影响，对版权内容的规定和保护的程度也不尽相同。英国、美国为代表的"版权体系"与法国、德国为代表的"著作权体系"存在明显区别，前者认为版权是一种财产权利，强调作品的经济属性，很长一段时间内没有规定精神权利的内容；后者则认为作品是作者独特人格的延伸，体现了作者的思想、意识、情感等精神状态，作品中的精神权利是首要的内容，是所有经济权利的基础，强调版权的完整性，不可分割和转让。《伯尔尼公约》自1928年罗马文本时宣布对作者的"精神权利"给予保护，规定了后续的其他国际条约也逐步加强精神权利的保护，随着英、美等国加入《伯尔尼公约》，版权法系与著作权法法系的做法趋同，前者开始重视精神权利，后者的代表国家法国也在 1992 年的版权法中规定计算机软件中的一切（包括原属作者的）经济权利均归雇主所有。中国版权法秉承大陆法系的传统，根据自身的特色规定人身权利和财产权利，在精神权利方面甚至更加完备。新闻作品版权的内容分为精神权利和经济权利两部分。由于新闻作品的公共信息属性，其精神权利和经济权利均受到很大限制。

（一）精神权利

精神权利，也称人格权，是指作者对于经自己的智力创造出来的作品所享有的与作者的精神和人格相联系的权利。《伯尔尼公约》等国际法要求成员承认作品归属权（或者表明作者身份权）和维护作品完整权。该公约第 6 条之 2 规定，精神权利不受作者经济权利状况的影响，甚至在经济权利转让之后，作者仍保有要求其作者身份的权利，并有权反对任何有损其声誉的歪曲、割裂或其他更改等损害作品的行为。许多国家，尤其是著作权法系国家授予作者发表权和撤回权。精神权利的基本特点是和作者的个性密切相关，独立于经济权利而存在，通常情况下不可转让。普通法国家倾向于作者死亡后不保护精神权利，大陆法传统的国家通常认为精神权利永恒，作者死后可以被继承或由公共机关进行有效管理和维护。《伯尔尼公约》第 6 条之 2 规定精神权利保护的期限至少与经济权利等同。

一般情况下，新闻作品的精神权利包括署名权、发表权、保护作品完整权和收回权。

1. 作者有署名权和虚假署名抵制权

署名权，又称表明作者身份权，即在作品上署名的权利。在一般情况下，作者享有要求承认自己作者身份的权利，有权决定作品是否标有某种标识以及使用何种标识。作者有权决定是否在自己的作品上以何种方式署名，可以决定以署本名、艺名、笔名的方式发表作品，也可以不署名。其次有不署名权，旨在对抗在不是自己的作品上被署名的行为。不署名时不影响他人公布作品的真正作者身份，使用权人不得在没有约定的情况下私自更改作者的署名。

无论大陆法系还是普通法系国家，新闻作品的署名权都受到一定限制。雇员作者也可以享有署名权，署名的类型、方式以及署名设计的问题在没有约定的情况下，按照交易活动中的习惯确定。❶ 一般情况下，雇员没有权利决定作

---

❶ M. 雷炳德. 著作权法［M］. 张恩民，译. 北京：法律出版社，2005：275.

品是否署名和署名使用的名称。从确定雇佣关系的合同本质来看，拥有职务作品使用权甚至拥有所有版权的雇主对于作品的署名使用取决于雇主自身的产品营销决策，作者无权对抗这种权利。每个职业都有各自的行业署名习惯。在没有明确约定的前提下，报纸或期刊的工作人员不能要求对自己的每一份稿件予以署名。摄影作品等艺术作品的署名不应影响其艺术质量。如果职务作品的修改已经到了作者难以容忍的程度，作者还可以行使自己姓名的署名抵制权。署名的主要作用在于确定作品版权的归属，对抗侵权行为。

德国版权法第 63 条规定，在报刊以及其他以报道时事为主的印刷品或者其他数据载体上复制与发行在公共集会或者本法规定的公开再现发表的有关时事的讲演，以及公开再现这类讲演著作或部分著作时应注明出处。对于涉及日常关心的政治、经济、宗教问题且没有声明保留权利的单篇广播电视评论和报纸和其他只报道时事的新闻纸上发表的单篇文章及其附带的图片，重印至另一张报纸或新闻纸上，或通过广播电视播放的，在注明出处时除了应当提及制作人以外，还应当注明刊登文章的报纸或新闻纸；如果作为出处的还有另一张报纸或新闻纸，或者广播电视播放的，注明出处时除了应当提及著作人外，还应当都注明该评论播放的广播电视企业。法国版权法第 L.132－39 条第 2 款规定，在相关新闻类别报刊中使用记者作品的，必须明确标注记者身份，或根据公司协定的规定标注作品原始发表的新闻报刊的名称。意大利版权法第 40 条规定，如无相反约定，报刊作品的各撰稿人和报刊编辑人员无权要求以习惯方式在报刊上署名。匈牙利作者权法第 21 条第 1 款规定，在新闻记录片中，以及在广播和电视新闻节目中，可以传播与时事有关的作品，其传播程度应与传播的场合相称，在此种使用的情况下，无须指出作者姓名。

英国版权法明确规定，署名权不适用于为了报道时事的目的而制作的作品，如不适用于新闻文章和新闻照片（英国版权法第 79 条第 5 款），也不适用于为了此类目的而公开发行的报纸、杂志、或者类似的期刊或相关出版物（第 79 条第 6 款）；作为此类雇佣新闻作品的原始版权所有人的雇主不得享有署名权（第 79 条第 3 款）。亦即在英国，以报道新闻为目的的雇佣新闻作品的原始版权所有人（雇主）不得署自己的名字，雇员作者亦不享有署名权。英国版权法第 84 条规定了作品虚假署名的情况。任何人均有权利拒绝虚假署名，任何公开发行、展览、公开表演、广播、播放含义虚假署名的作品的行为，以及处分和占有含有虚假署名作品的原件和复制件的行为均属侵权行为。比如，路透社没有权利在其雇员记者创作的以报道新闻的为目的作品上仅署"路透社"的名字；该作品的实际创作者也不享有署名权，不得要求一定署上作者的名字。如果路透社愿意，也可以署实际作者的名字，但是不得虚假署名。

为了报道新闻，在报纸、杂志或其他刊物或广播电视中合理使用他人作品（不包括照片）时，一般使用时均须注明出处，但使用录音、影片、广播电视节目进行的新闻报道无须附加说明（英国版权法第30条）。

中国台湾地区"版权法"规定，主笔撰写的社论，其版权归主笔人所有，社论如不署名，则构成侵犯其著作人格权，契约另有规定的除外。著作人因享有"名目同一性的权利"，编辑不能变更作者投稿时所用的名字。

中国《著作权法》第22条、第23条规定的合理使用的情况，除了应当按照规定支付报酬之外，还须指明作者姓名、作品名称，并且不得侵犯版权人依照本法享有的其他权利。在网络传播环境中，署名权发展为"权利管理信息"的保护，包括注明发表或转载作品的作者或相关权利人的信息。《信息网络传播权保护条例》就保护"权利管理电子信息"作了具体规定。因此新闻作品的组织机构也拥有署名权，当其作品被转载时，拥有要注明出处的权利。但是，现实的新闻作品在转载时没有署名作者、版权人、出处的情况已司空见惯，尤其是网络转载，没有作者署名的情况随处可见，署名权的侵权状况可见一斑，说明媒介工作者署名权利意识有待提高。出现这种状况的部分原因是相关规定不完善，国务院新闻办公室、信息产业部于2000年11月6日联合发布的《关于互联网站从事登载新闻业务管理暂行规定》第12条规定："综合性非新闻单位网站登载中央新闻单位、中央国家机关各部门新闻单位以及省、自治区、直辖市直属新闻单位发布的新闻，应当注明新闻来源和日期。"其中的新闻来源的概念模糊，常被人理解为出版刊发播出单位，而忽视作者的署名。根据版权法的规定，除了法人作品必须署法人名称外，其他的职务作品、非职务作品，包括特殊职务作品，作者可以依法享有署名权。现实情况却是网络转载新闻时往往只标注新闻出版单位和日期，而有意无意地隐去作者姓名。显然，这是违反版权法的行为。

归根结底，新闻单位有权决定只署本单位的名称，或者同时署上参加创作的人的姓名。比如现在许多报刊都署责任编辑、专版专栏编辑的姓名，也有报刊根本不署名，署名与否，主要由报刊社决定。应该说明的是，在可能的情况下，雇主也应考虑作者的人格要求。

2. 发表权掌握在新闻机构手中

发表权是指作者有权决定是否将作品公之于众，于何时、何处以及以何种方式公之于众的权利，包括采用出版发行、广播、上映、口述、演出、展示和网络传播等方式披露作品并使之处于为公众所知的状态。发表是将作品首次公之于众，或授权他人公之于众，有权禁止他人擅自公之于众。发表权最基本的

含义是使作品为公众知晓，即超出私人圈子以外范围发表。❶

　　发表与出版不同。《伯尔尼公约》第 3 条第 3 款对"已出版作品"的解释是得到作者同意后出版的作品，而不论其复制件的制作方式如何，只要从这部作品的性质来看，复制件的发行方式能满足公众的合理需要。戏剧、音乐戏剧或电影作品的表演，音乐作品的演奏，文学作品的公开朗诵，文学或艺术作品的有线传播或广播，美术作品的展出和建筑作品的建造不构成出版。美国《版权法》第 101 条规定：出版是指以销售或者其他转移所有权的形式或者以租赁、出租或出借的形式向公众发行作品的复制品或录音制品。中国《著作权法》第 58 条规定："本法第二条所称的出版，指作品的复制、发行。"可见，出版是指制作和提供能够满足公众合理需求的复制件的行为，包括复制和发行，是发表的一种形式，而发表除了包括报纸刊登之类的出版之外，还包括表演、广播组织的播放、展览会的展览等。发表权作者只能行使一次，指首次公开使用，是实现作品经济权利的基础。

　　职务作品和委托作品的发表权存在两种立法例。一种立法例认为发表权归雇主。如英美法系国家大多数认为雇佣作品的全部版权归雇主所有，发表权毫无疑问应当归雇主所有。日本版权法也持相同观点。另一种立法例认为，职务作品和委托作品的版权应当归属于作者，即使双方存在合同约定也不影响作者的精神权利。法国版权法规定，雇佣合同、服务合同的存在或者智力作品签署上述合同的行为丝毫不影响第 1 款确认的创作智力作品的作者对其作品享有专用权。中国版权法规定，除非另有规定，职务作品的版权归属于作者，发表权也不例外。但是，就新闻作品来看，如果作者已经交付作品，其发表权就完全掌握在新闻传播媒介的手中。如果作者已转让版权的经济权利，通常可以视情况推定作者许可发表作品，比如新闻职务作品由于使用权的转让，默认同意单位行使发表权。发表权有一定的保护期，行使发表权受到其他法律的制约，比如作品发表范围受到出版法、保守秘密法、新闻法等法律规范的制约。

　　3. 保护作品完整权受到很大限制

　　保护作品完整权是指任何人不得违反作者的意思对作品进行篡改、歪曲、丑化或作实质性的变更。保护作品完整权的目的，在于维护作品的纯正性，保护作者的人格利益，使其荣誉和声望不受侵害，禁止任何公民和法人对他人的作品进行篡改、割裂、歪曲、丑化，或作实质性的变更。否则，构成对他人版权的侵害。德国版权法称之为禁止歪曲或侵害权，如果对新闻作品的改编与演绎侵犯了作者的精神权利和作品的完整性，作者可以行使署名抵制权，要求不

---

❶　联合国教科文组织. 版权法导论［M］. 张雨泽，译. 北京：知识产权出版社，2009：61.

署自己的名字。如果署名已是既成事实，作者有权公开与作品保持距离（即退席）。

法国版权法称之为作品的受尊重权。对变更他人作品的行为是否构成他人版权的侵害，则应当视变更的程度和作者的意愿而定，篡改、割裂、歪曲、丑化，以及非经作者同意不得对作品作大篇幅的删除，或作任何实质性的变动。并不排除出版者、编辑人员对作品的无关紧要的改动，如改正笔误、疏漏、标点符号以及明显的谬误，这种谬误应是公认的、无争议的。如报纸杂志出于篇幅所限，将文稿压缩或作出不涉及基本内容和思想观点的删除或改动。中国台湾地区"版权法"称之为禁止丑化权。意大利版权法第41条规定，如无相反约定，报社社长可以依其报纸的性质和宗旨对稿件作必要修改，但是禁止曲解、割裂、改动作品或者其他有损作者尊严或声誉的损毁作品的行为。作者愿意匿名刊载的文章，报社社长有权对文章进行部分删节和压缩。

英国版权法称该权利为"反对对作品进行贬损处理的权利"，但是"该权利不适用于旨在进行时事报道的作品"（英国版权法第81条）。在为时事报道而创作，或者为了时事报道、经作者同意提供的文字、戏剧、音乐或美术作品，在报纸、杂志或类似期刊或其他参考用途的集合作品出版时，都不适用反对作品进行贬损处理的权利。不仅如此，在不改变已出版作品的情况下，对于为时事报道目的而使用的作品在别处的任何后续使用都不适用于此项权利。但是，第82条又规定了特定情形下的权利资格：作品原始版权人为作者或导演的雇主的雇佣作品享有反对对作品进行贬损处理的权利。英国版权法第80条规定，版权作品的作者以及电影作品的导演，有权利制止损害性处理，包括对作品之任何添加、删减、修改或改编，不包括文字或戏剧作品的翻译。新闻作品如果是雇佣作品，作为版权所有人的雇主拥有和行使这项权利，与该作品的实际创作者无关。

中国澳门地区版权法规定，作者已修改的、且版本将不再变动的作品发表或出版或许可他人将之发表或出版，则作者的继受人或第三人均不得复制作品的任一旧有版本。未经作者同意，不得更改作品，即使属无须作者同意仍可合法使用的作品也不例外。如某人获许使用特定作品，则视该人亦获许可在作品内引入改编，而有关改编不得曲解作品原意，且为按许可方式使用作品所必需的改编。如取得被查封作品之著作财产权的竞买人出版该作品，则作者的修订校样及改正作品的权利，以及著作人身权的其他权利均不受影响。

中国台湾地区"版权法"规定，为了依法保护作者的人格权，记者特稿、专栏作品的版权属于记者个人，除非雇用契约明确规定，编辑不能任意修改。

中国《著作权法》第10条第1款第（4）项规定，保持作品完整权，即保护作品不受歪曲、篡改的权利。同时规定的修改权其实是同一问题的两个方面，即作者对作品进行修改或者授权他人对作品进行修改的权利。《著作权法》第34条涉及作品修改时，对图书出版者和报刊社作了不同的规定："图书出版者经作者许可，可以对作品修改、删节"，"报社、期刊社可以对作品作文字性修改、删节。对内容的修改，应当经作者许可"。有学者根据新闻作品的特点，总结了作者应该放弃的新闻作品的修改权：矫正权，删减权，增补权，改变角度权，改变体裁权，改变结构权。❶ 报社在行使这些权利时不能歪曲原意，应该尊重作者风格。但是要在上述修改、删节与尊重作者风格之间掌握适当的度是很难的，改变角度、改变体裁、改变结构已经很难体现原作者的表达方面的原创性了，尊重作者的风格也变得失去了根基。这也许是普通法系不保护包括新闻作品在内的雇佣作品的作者权的原因之一。因此，我们认为，上述修改、删节权应该局限于事实性新闻作品。把事实性通讯改写为消息，仅仅把新闻通讯的事实部分压缩消息，可以说改变了角度、体裁、结构，基本上只保留了作者通过新闻采访获得的新闻内容本身，表达的原创性几乎消弭于无形，通讯作者已经较难行使自己的作者权了，最多能拥有新闻事实发现行为的邻接权。可见，新闻通讯的作者似乎也应该放弃保持作品完整权。

4. 新闻作品的版权人几乎不使用收回权

收回权是指作者将作品的使用权让与他人出版发行以后，在承担受让人损失的前提下有将作品的使用权收回的权利，也称撤回权、买回权、反悔权、信念变更解除权等。如果雇佣作品具有强烈的雇员个人的人格特征或者影响到其继续职业生涯，作者有可能根据版权法行使收回权。此外，行使收回权的原因还可能是作品使用权的受让人不行使权利，有可能是作者观点发生了变化等，但须赔偿相关人的损失（德国版权法第41条）。

法国则认为收回权为作者应有权利的一部分，在首先赔偿受让人因此遭受的损失后可以行使该权利。中国澳门地区版权法规定，对于已发表或出版的作品，其作者可随时收回在市面流通的作品以及终止不论以任何方式对作品进行的经营，前提是基于应予考虑之道德理由及赔偿对第三人造成之损失。中国大陆版权法没有相关规定。无论是一般作品还是新闻作品，行使收回权的成本高昂，新闻作品的版权人（雇主、自由撰稿人）很少使用这一权利。

总之，无论普通法系国家还是大陆法系国家，署名权和发表权在雇佣作品中归根结底掌握在传播媒介手中，署名与否、如何署名应根据行业惯例在合适之处署名作者的发言权很小，几乎只剩下虚假署名抵制权。有些国家可以为新

❶ 郑保卫. 新闻法制学概论［M］. 北京：清华大学出版社，2009：235－236.

闻作品提供一般人格权保护。保护作品完整权同样不适用于旨在进行时事报道的作品，特定情况下的保护作品完整权由作为版权所有人的雇主拥有和行使，与该作品的实际创作者无关。大陆法系为作者保留了一定条件下的作品收回权。自由职业者的新闻作品署名权、发表权、保护作品完整权由合同约定。

（二）经济权利

版权中的经济权利，也称财产权，包括使用权和获得报酬权，即以复制、表演、播放、网络传播、展览、发行、出租、摄制电影、电视、录像或者改编、翻译、注释、编辑等方式使用作品的权利，以及许可他人以上述方式使用作品，并由此获得报酬的权利。经济权利的特点是专有性、可让与性和限制性。

一部作品之所以能够获得财产上的利益，是通过对作品的使用而实现的，经济权利实质上针对作品的使用权，是对作品的利用、收益和处分的权利，这项权利属于版权人专有。版权人不仅自己可以使用作品并可由此获得经济上的利益，而且还可以与他人订立使用许可合同，将作品的使用权一部分或全部在一定期间内授予他人并获得经济上的利益，通过版权贸易实现授权许可使用或有偿转让，也可以无偿授权许可使用或部分无偿转让。有时，创作者的经济权利受到一定程度的限制，世界各国版权法对版权经济权利的提供有生之年加上至少 50 年的保护期限。有些版权例外可以不经创作者授权而使用权利，这时需保障创作者的报酬请求权，比如德国的公共借阅权和法国的追续权等。

经济权利是作者、艺术家、音乐家等创作者依靠其创作的作品进行谋生的基础，大多数情况下，创作者并不亲自行使自己的经济权利，而是把权利转让或委托其他专职人员把作品投向市场。国际条约划定了版权经济权利的最低保障范围，通常包括复制权、发行权、出租出借权和向公众传播权（包括向公众提供权）、改编权等。❶ 由于新闻作品的公共信息属性，与一般作品相比，新闻作品的经济权利受到更多的限制。与新闻作品相关的经济权利主要有复制权、发行权、向公众传播权和演绎权等。

1. 经济权利的内容

（1）复制权为所有经济权利的基础

复制权是指作者准许或禁止对其作品进行复制的权利，是版权中最为核心的权利，对复制的控制是随后广泛的商业利用的法律基础。版权法意义上的复制是指对作品作出能被人感知的"再现"的行为。根据《伯尔尼公约》第 9 条第 1 款的规定，受本公约保护的文学艺术作品的作者，享有批准以任何方式

---

❶ 联合国教科文组织. 版权法导论［M］. 张雨泽，译. 北京：知识产权出版社，2009：67.

和采取任何形式复制这些作品的专有权。复制有广义和狭义之分。广义的复制指对作品加以某些改变，与原作品的表现形式并非完全相同，但却使第三人感觉到是某作品，凡以能使他人感知的方法而再现作品内容的行为都是复制，即任何形式的翻版都是复制，包括通过改作、翻译、汇编、注释、整理等使原作品再现的行为。狭义的复制是指不改变原作品的载体或表现形式的作品的"再现"，比如印刷、复印、照相、录音、录像、拓印、翻拍、翻录、制模翻制和其他能制作成相同的复制品的行为，使作品相对稳定或持久地"固定"在有形物质载体上。根据载体的类型可以分为从平面到平面、从平面到立体、从立体到平面、从立体到立体、从无载体到有载体的复制。其中包括数字环境下的复制，比如，将作品以各种技术手段固定在芯片、光盘、硬盘和软件磁盘等媒介之上，将作品上传至网络服务器，将作品从网络服务器或他人计算机中下载到本地计算机中（但不包括为形成永久性复制件的在线阅读行为），通过网络向计算机用户发送作品。❶ 世界上包括中国在内的多数国家采用狭义的概念。

中国《著作权法》第 10 条规定，复制权是指"以印刷、复印、拓印、录音、录像、翻录、翻拍等方式将作品制作一份或者多份的权利"。新闻作品的复制与一般同类作品的复制方式相同，最典型的新闻作品的复制是报纸、期刊的印刷出版。作品在报刊上发表后，除非版权人声明不得转载、摘编，其他报刊都可以摘要刊载或转载，但应按规定付酬（第 33 条）。出版改编、翻译、注释、整理、汇编已有作品而产生的作品，应当取得改编、翻译、注释、整理、汇编作品的版权人和原作品的版权人许可，并支付报酬（第 35 条）。出版者有权许可或者禁止他人使用其出版的图书、期刊的版式设计，权利的保护期至该版式设计的图书、期刊首次出版后第十年的 12 月 31 日（第 36 条）。

（2）发行权不包括网络传播行为

发行权是指传播受保护作品的有形复制品的权利。版权意义上的"发行"是指以转移作品有形物质载体所有权的方式向不特定的公众提供作品的原件或复制件的行为，包括有偿临时转移作品的占有的出租行为。英国《版权法》规定："发行"是指将先前未投放流通领域的复制件投入流通领域。中国台湾地区"版权法"规定，版权人享有以移转使用权的方式散布其作品的专有权利。中国版权法在把"出租"从"发行"中分离出来，另设"出租权"。

根据"发行"的概念，发行不包括通过网络传播向公众提供作品的行为。

---

❶ 王迁. 知识产权法教程［M］. 北京：中国人民大学出版社，2009：130 - 131.

《世界知识产权组织版权条约》（WCT）和《世界知识产权组织表演和录音制品公约》（WPPT）规定，"发行权"是指作者、表演者和录音制品制作者享有的授权通过销售或其他所有权转让形式向公众提供其作品、录制的表演和录音制品原件或复制件的权利。在其"议定声明"中规定，受"发行权"控制的"原件和复制件"仅指可以投入流通的有形物品。在中国，《关于办理侵犯知识产权刑事案件具体应用法律若干问题的解释》（2004年）将通过信息网络向公众传播他人作品的行为视为"复制发行"，适用刑法的相关规定。发行权适用"一次用尽"或"权利穷竭"原则，版权人的发行权在经过版权人许可或依法复制，首次在国家区域或经济联合体范围内向公众销售或赠与之后，就无权控制该复制件的流通了。美国、英国、德国、日本等国的版权法均作了相似规定。新闻作品的发行主要指报纸、期刊和记录电影拷贝的出售行为。

（3）向公众传播权

向公众传播是指以不转移作品有形载体所有权或占有权方式向公众传播作品，使公众了解或感知的行为，比如表演、放映、广播和展览和信息网络传播等。向公众传播权是指将作品在作者家庭成员和经常交往的朋友圈子之外表演或演出的权利。这项权利适用于现场音乐会、剧院舞台演出和在电影院里播放电影、酒吧和商店里的现场演出或播放录制的背景音乐。向公众传播权包括表演权、放映权、广播权、信息网络传播权等。新闻作品最常见的向公众传播权是广播和信息网络传播权。

广播电台、电视台播放他人未发表的作品，应当取得版权人许可，并支付报酬（我国《著作权法》第43条）。除非另有约定，播放他人已发表的作品（包括已出版的录用作品），可以不经版权人许可，但应当支付报酬，具体办法由国务院规定（中国《著作权法》第44条）。电视台播放他人的电影作品和类似视听作品，应当取得制片者或者录像制作者许可，并支付报酬；播放他人的录像制品，还应当取得版权人许可，并支付报酬（我国《著作权法》第46条）。

信息网络传播权是指以有线或者无线方式向公众提供作品、表演或者录音录像制品，使公众可以在其个人选定的时间和地点获得作品、表演或者录音录像制品的权利。除非另有规定，版权人、表演者、录音录像制作者享有的信息网络传播权受版权法和本条例保护。除法律、行政法规另有规定的外，任何组织或者个人将他人的作品、表演、录音录像制品通过信息网络向公众提供，应当取得权利人许可，并支付报酬（《信息网络传播权保护条例》第2条）。

（4）演绎权

演绎权控制的是在保留原有作品基本表达的情况下，在原作品基础上创作新作品并加以后续利用的行为，包括翻译、改编、摄制电影等。演绎行为与对作为灵感源泉的思想的自由使用不同，演绎作品的作者就包含自己原创性的派生作品享有自己的版权。

2. 新闻作品的经济权利的特点

（1）绝大多数新闻作品的经济权利的时效性很强

新闻作品的时效性要求基本以新闻媒介的刊播周期为准，日报的刊播周期为 1 天，周报的刊播周期为 1 周，广播、电视基本做到了滚动播出、及时更新。美国对于新闻或新闻事实，如要转载或传播，除非双方有协议，否则也必须给原始获得新闻者 20 小时的优先传播权。❶ 意大利版权法第 101 条规定，"在新闻公报发布 16 小时内，或在通讯社授权发布的报刊发行前，转载或广播通讯社发布的新闻公报"视为违法行为。中国澳门地区版权法第 164 条规定，非经刊载该作品的报章或期刊拥有人许可，自刊载作品面市日起 3 个月内不得独立出版。如果遭受侵权，不能等到侵权案审结，否则侵权事实一直持续，因此在英国、美国等往往请求颁发临时禁令，责令对方停止侵害。

（2）新闻作品的经济权利受到公共利益的限制

由于新闻作品承担着传递信息的社会功能，世界各国的版权法纷纷根据现实需要，保护的天平更倾向于公众利益，作出了众多的版权限制，单纯事实新闻被排除在版权保护之外，设置了较多的合理使用的条款，转载方面的法定许可范围。与一般作品相比，经济权利大大削弱。

新闻作品经济权利的主体以新闻媒体为主。由于雇佣作品的雇主被视为作者，创作作品的执行者拿到雇主工资的同时，失去了的绝大部分经济权利，完全由新闻传播媒介掌控。新闻作品的版权人多为新闻作品创作者的雇主——新闻作品的刊播媒介组织。新闻作品的版权更多的是涉及媒介组织以及后续使用者之间的经济利益的博弈。

新闻作品数量庞大、分布广泛，更容易遭受侵权，维权难度很大。并且，占绝大多数的职务新闻作品的原始版权在很多情况下属于或让与新闻媒介，新闻媒介为了自身的经济利益往往转而寻求反不正当竞争法的保护。在中国，由于新闻媒介的政治定位、经济属性、市场地位的影响，在新闻版权意识欠缺的大环境下，维权需要付出高昂的时间和精力成本和经济成本，而版权收益相对较少，即使胜诉，获得的稿费赔偿往往不能抵消维权的成本付出，媒介组织或新闻作品创作者等版权人常常放弃正当权利的保护。

---

❶ 李祖明，知识产权法案例研究［M］. 杭州：浙江大学出版社，2002：9.

（3）新闻作品的汇编权对于作者来说具有特别的意义

新闻作品的汇编首先体现在新闻作品的二次使用上。新闻作品的二次使用是指新闻媒体在刊载新闻作品后，对所刊载的新闻作品是否还有再次使用的权利。随着大众传播技术的发展，自由撰稿人向发行人出售辅助性或附加性权利的行为变得更加复杂与严肃。对撰稿人、摄影师与发行人双方而言，CD－ROM 与大型在线数据库的发展增加了产品的价值。6 位曾向《纽约时报》《新闻日报》《体育画报》和其他刊物出售作品的自由撰稿人提起了诉讼，因为上述刊物把本刊的内容卖给了经营 Lexis Nexis 数据库的米德公司（Mead Corp.）与制造《纽约时报》光盘版的大学国际缩微制品公司（University Microfilms）。他们认为自己至少应该得到作品的使用费。美国地区法院认为，美国版权法保护集合作品（报纸、杂志等）的所有人不需获得投稿者的允许、便复制与发行该集合作品"修订"版的权利。当一位自由撰稿人把一篇文章出售给报纸时，事实上把该文因被收入 CD－ROM 或数据库而再次出售的权利给予了该报发行人。❶ 两年后，美国第二巡回区上诉法院不同意此论，认为数据库与 CD－ROM 不是最初刊物的修订版，最高法院维持了上诉法院的判决。

其次是新闻作品作为史料具有汇编价值。今天的新闻就是明天的历史。有些具有文献价值的新闻报道，通过汇集会发挥意想不到的作用，带来可观的经济效益，当然，前提是版权人拥有汇编权，能够依法对抗窃取行为。新闻媒体可以利用自身的编辑优势，汇编有市场价值的信息，出售给需要的机构或个人。国外早已出现类似的剪报公司，将各种报纸上相关信息集纳编辑，每周出一期《国内外纺织信息》，刊登政府相关政策、新产品和国外最新纺织品行情等，如今该剪报公司已有省内外固定客户约 3000 个。公司根据客户的特殊需要，还编印了针对性很强的《专供信息》，颇受客户欢迎。❷ 当然，这种将他人享有版权的文章进行营利性编辑、出版、发行，应当获得版权人的授权，并支付相应的报酬。新华社编撰的《中国媒体投资报告·2001》标价不菲，中文版 1 万元人民币，英文版标价 1 万美元，依然热销，被同仁、投资机构和国外同类咨询公司认为是投资中国媒体的指南。❸ 在媒体技术飞速发展的大背景下，网络、手机以及其他电子阅读终端为新闻作品的延伸增值提供了极大的发展空间，甚至某个文字输入法、某一款应用软件都在做新闻资讯的文章，尽享

---

❶ Tasini v. The New York Times，972F. Supp. 804（1997）.

❷ 汪敏华. 有一类群体这样吃"媒体饭"［N/OL］. 解放日报，2004－11－20［2012－04－13］. http：old. jfdaily. com/gb/node2/node142/node144/userobject1 ai699284. html.

❸ 汪敏华. 有一类群体这样吃"媒体饭"［N/OL］. 解放日报，2004－11－20［2012－04－13］. http：old. jfdaily. com/gb/node2/node142/node144/userobject1 ai699284. html.

免费新闻大餐。为新闻作品的采制编播付出巨大成本的新闻作品创作者和新闻媒体组织岂能坐视自己的智力成果被无限制的盗用？

法国版权法规定，记者作品的排他性使用权有条件地转让给雇主。不同新闻报刊转载时必须以支付报酬为对价。超出法律规定时期的、在新闻报刊内使用作品的报酬，依据公司协定或其他集体协定，以版权报酬或工资的形式支付。初始新闻报刊或相关新闻类别报刊以外的使用权利的转让，必须由作者签署单独协定或集体协定中明确表示同意，并支付相应的报酬。相关新闻类别报刊在记者权利转让时，不得损害记者的精神权利。超出版权法界定的新闻报刊以外的记者作品使用者的版权报酬并无工资属性，不应以工资代替支付报酬。明确规定作者拥有其新闻报刊作品的结集出版权。

第三节　新闻作品的版权归属

一部作品的版权最初属于创作作品的自然人——作者。版权所有权是可以转移的，无论是通过死后遗产继承还是通过合同达成协议。当有第三方介入时，对作者身份的定义在各国版权法上则有不同的规定。

普通法国家的法律，规定了较为宽泛的标准，允许把最初的版权所有权授予其他人而不是实际的创作人。作品首创之后，版权可以属于法人团体或法律实体，它们因法律拟制而成为作者。

在大陆法系国家，根据智力创作是取得版权的唯一源泉的理念，认为作者是一切作品的原始版权人，只有人类或自然人才能够成为文化艺术作品的原始版权所有者，法人因为没有创作作品的能力而不能称为作者。法人只有通过合同才能获得作者的权利。

"版权第一所有人"也称"原始所有人"，源自英文"Initial Owners""Original Owners"或"First Owners"，其基本含义是，当一件文学、戏剧、音乐或戏剧作品创作完成时，依据相应国家法律的规定首先取得和享有版权的第一所有人。至于谁能成为版权第一所有人，《伯尔尼公约》和《世界版权公约》均未就版权的原始归属问题作出明确规定，而是交由各国自行规定。

根据新闻作品的性质，新闻作品可以分为雇佣作品、委托作品、合作作品、集合作品和汇编作品、演绎作品和自由职业者作品。

一、雇佣新闻作品的版权归属

公民为完成法人或者其他组织工作任务所创作的作品是雇佣作品，包括植物作品和委托作品两类。绝大多数新闻作品，尤其是广播电视新闻作品属于雇佣作品，因此，世界各国对于作者身份的规定，尤其是对雇佣作品的作者的认定，直接影响新闻作品的主体和版权归属状况。

（一）雇佣新闻作品版权归属的法律规定

综观世界主要国家和地区的版权法律关于雇佣作品版权归属的规定，大体上存在以下 3 种类型❶：

1. 版权归作者所有

在任何情况下版权第一所有人只能是作者，而不能是作者之外的其他任何人，代表是法国、德国、葡萄牙和中国澳门地区。

（1）法国

法国版权法第 L. 112 - 1 条规定，保护作者对其一切智力作品的权利，而不论其类别、表达方式、价值或用途，版权法第 3 款规定，"雇佣合同、服务合同的存在或者智力作品的作者签订上述作品的行为丝毫不影响作者享有的第 1 款确认的权利"，不允许当事人通过合同约定改变版权属于作者的原则，委托作品的版权只能属于受托人。

持续或偶尔参与新闻制作的职业记者或同类人员，为完成新闻报刊而实现的作品，如果雇佣合同无相反约定，且无论作品出版与否，该新闻作品的使用权排他性地转让给雇主（第 L. 132 - 36 条）。不同新闻报刊转载时须支付报酬为对价。记者作品在上述界定的新闻报刊内，在不同媒介上使用，仅以相应的工资为对价。除此之外的时期的新闻报刊内使用作品的报酬，依据公司协定或其他集体协定，版权报酬或工资的形式支付。在相关新闻类别报刊中使用记者作品的，必须明确标注记者身份，或根据公司协定的规定标注作品原始发表的新闻报刊的名称（第 L. 132 - 39 条第 2 款）。

新闻报刊之外的使用者使用所有记者作品均必须支付相应的报酬。初始新闻报刊或相关新闻类别报刊以外的使用权利的转让，必须由作者签署单独协定或集体协定中明确表示同意，并支付相应的报酬，不得损害记者的精神权利（第 L. 132 - 40 条）。超出版权法界定的新闻报刊以外的记者作品使用者的版权报酬不应以工资代替支付报酬。与新闻企业订有雇佣或劳务合同的作者，对各种通讯社发表在报纸或期刊上的智力作品的报酬也可以一次付清（第 L. 132 - 6 条第 3 款）。法国版权法版权法第 L. 121 - 8 条明确规定了新闻报刊作品作者的结集出版权。

（2）德国

德国版权法实行创作人原则，作品归作者本人所有，现行版权法不再承认

---

❶ 吴汉东，曹新明，等. 西方诸国著作权制度研究［M］. 北京：中国政法大学出版社，1998：68.

法人的版权人地位，因为法人不可能从事创作工作。如果某人根据服务合同、委托合同、承揽合同的约定付出创作性劳动，仍然适用创作人原则。雇员在雇佣劳动关系存续期间创作的作品，作者自动获得该作品的原始作者权，雇主仅获得作品附着物的所有权，比如美术新闻作品的原件、摄影作品的照片。但是，不能限制作者必要的作品附着物原价或复制品，以便雇员有可能在不侵犯雇主利益的情况下复制件或者演绎该作品。

德国版权法的哲学依据是一元论，作者权不可能转让，对于拥有版权的雇佣新闻作品，雇员依照合同授权新闻传播媒体使用。德国版权法第43条对于雇员需要许可的使用权的类型与范围作出了规定。如无其他约定，默认推定按照合同的目的来确定雇佣新闻作品使用权的许可范围。在规定不明的情况下，企业经营范围还决定作品的使用类型、使用权的性质（普通许可还是排他性许可），使用权在地域、时间以及内容上的限制，以及决定相应使用权的再度转让权或者决定使用权人是否有权颁发子许可证等。企业经营范围是由雇员所从事的工作所涉及的具体经营范围，而不是该新闻媒体所有经营范围。

雇佣作品的发表权不再属于作者，而是随着使用权的许可转归雇主所有，作者手中只剩下虚假署名抵制权和演绎权。作者有权利援引人格权保护而拒绝在非自己创作的作品上署名。对于职务作品，如无明确约定，署名决定权归属于雇主，新闻媒介有权利决定是否署名、如何署名，但是无权错误地署名，否则会侵犯作者的人格权。由于作者根据合同许可的是作品使用权，雇主媒体经营范围之外的其他权利仍在作者手中，比如报纸新闻作品的作者手中则有展览权、朗读、表演和放映权、播放权、音像制品再现权、广播电视播放再现权、演绎和改编权、汇编权、著作物接触权、出租权、出借权、后续权和撤回权等。

无论是雇佣作品还是自由作品，对新闻作品的修改与续写的权利的最终决定权掌握着承担作品创作的经济风险的雇主手中。

（3）中国澳门地区

由于葡萄牙版权立法的影响，中国澳门地区版权法第9节专门规定了报章及其他定期刊物作品的归属与使用。报章及其他定期刊物推定为集体作品，其版权归属该等刊物的所有人。其版权对载于报章及刊物内之作品的版权不构成影响，但另有规定者除外。该集体作品的作者权归属于该等刊物之所有人（第162条第1款）。报章及其他定期刊物的作者权，对载于报章及刊物内之作品之作者权不构成影响，但因劳动合同而作成之作品、独立合作人之作品除外（第162条第2款）。因履行劳动合同而创作的新闻作品，如标明作者身份，则其著作财产权推定归作者。非经刊载该作品的报章或期刊拥有人许可，自刊载作品面市日起 3 个月内不得独立出版（第 164 条）。除另有约定外，由独立合作人创作且在报章或定期刊物上刊载的作品，即使并未表明作者身份，其著作财产权仍属作者所有，且作者可以或许可他人将作品进行独立复制或将其复制成同类型刊物。对载有上述作品的报刊所有人，得自由复制曾刊载有关作品之各期报章或定期刊物，但不影响独立创作人的相关权利（第 165 条）。

如无书面的相反约定，获补助作品的版权归作者所有。以任何方式为某作品之准备、完成、发表或出版提供全部或部分津贴或资助之人，不因此对该作品取得任何版权，但另有书面约定者除外（第 11 条）。对于具有文化价值的仍未归入公产范围的作品，如其真实性或完整性受到威胁，而作品人权继受人无正当理由却不对作品加以保护，则本地区可自行透过适当途径对有关作品加以保护。对于已归入公产范围的具有文化价值的作品，其完整性及其作者身份之保护由本地区负责。

2. 如无相反约定，版权归雇主所有

在一般情况下，作品版权第一所有人为作者，但是对作者依雇佣合同、委托合同或劳务合同所创作的作品，版权可以属于归雇主，雇主可以是自然人，也可以是法人、公司、团体或其他组织，如美国、英国。

（1）美国

根据美国版权法第 201 条（b）规定，雇佣作品（work made for hire），只要没有相反的协议，通常业务范围内的作品版权自动归属于雇主。"雇佣作品是雇员在职责范围内创作的作品；专门定做或委托而做的作品"，包括职务作品和委托作品，但是并未给出具体的认定条件。即使是委托定做的作品，如果被委托人被认定为是委托人的雇主，其版权在没有协议约定的情况下也归雇主。美国版权法只规定了视觉艺术作品作者的署名权及保护作品完整权（第 106 条之 2）。

典型的新闻雇佣作品包括报社的现职记者撰写的报道、电视台的摄像记者拍摄的录像和杂志的全职美编创作的图表。作品的创作者是领薪水的正式雇员，他们在工作范围内创作的作品的版权属于雇主。但是，在许多情况下，两种雇佣作品的界限不是很明确。比如当自由职业撰稿人或艺术家接受委托进行创作时，其作品的类别一直是一个模糊不清的法律问题。根据版权法和美国最高法院的裁定，当作品的创作者是一个独立的合同主体的时候，该作品就不是职务作品，创作者就可以被推定为独立创作者享有版权。然而，如果签订的合同表述为"职务作品"，该创造性作品的所有版权则归属于雇主，而不仅仅是想当然的初次刊播权。

（2）英国

英国新闻机构和从业人员是所有者和雇员的关系，从 1956 年版权法开始，规定新闻出版业的报纸、杂志和类似刊物的作品为雇佣作品的版权归雇主。在新闻报纸和期刊方面，英国和爱尔兰也限制了使用这一原则的范围，雇主只有在报纸和期刊上使用作品的权利，其他权利仍属于作者。英国 1988 年版权法规定，受雇期间完成的所有文学、戏剧、音乐或艺术作品的第一版权人是雇主，除非雇佣合同有相反约定。除非另有规定，当文字、戏剧、音乐、艺术作品或电影是雇员在雇佣过程中完成的，其原始版权归属于雇主，女王版权、议会版权或特定国际机构的版权除外。

3. 部分归雇主，部分归作者

（1）澳大利亚

在澳大利亚，作品的作者通常就是作品的第一版权所有人。但是，如果没有相反的约定，作者在受雇于报刊业主期间，根据服务合同或师徒合同而创作的文学、戏剧或艺术作品，凡在报刊上刊载或转载、广播的，由业主享有版权。但在其他情况下，由作者享有版权，❶ 但是雇主拥有报刊发表权和广播权，仅能在报刊或广播中发表上述作品，不能享有其他版权，除此以外的一切权利均归记者，例如图书出版权即为记者的权利之一。❷ 同时，记者和业主也可通过协议来变更上述条款。❸ 新西兰版权法也规定：作者根据雇佣合同或学徒合同在受雇于报纸杂志的业主期间所创作的文学、戏剧或艺术作品，凡涉及在报刊上刊载或转载的，其版权归该业主所有，但是其他方面的版权仍归作者所有。❹

（2）巴西

巴西版权法第 36 条规定："为履行职责或者根据雇佣合同或劳务合同而创作的智力作品，除非双方当事人另有约定，版权按国家版权委员会规定的方式属于双方当事人共有。"

（3）中国

中国不使用"雇佣作品"这个概念，与之相似的是职务作品和委托作品。中国《著作权法》第 16 条规定，由法人或其他组织为公民提供完成创作专门提供的资金、设备或者资料等必要的物质技术条件并承担责任的职务作品，以

---

❶ 蒋茂凝. 国际版权贸易法律制度的理论建构［M］. 长沙：湖南人民出版社，2005：171.

❷ 中国出版工作者协会，中国出版发行科学研究所. 中国出版年鉴 1988［M］. 北京：中国书籍出版社，1989：144.

❸ 吴汉东，曹新明，等. 西方诸国著作权制度研究［M］. 北京：中国政法大学出版社，1998：323.

❹ 蒋茂凝. 国际版权贸易法律制度的理论建构［M］. 长沙：湖南人民出版社，2005：174.

及法律、行政法规规定或者合同约定版权由法人或者其他组织享有的职务作品，作者只享有其创作作品的署名权，其他权利归属于法人，法人给予作者奖励。根据此规定，新闻作品的汇编权、演绎权、转载权等权利均应归作者所在的新闻媒体所有，作者对自己的作品没有汇编权似乎有悖常理。其余情况的版权由作者享有，但法人或者非法人单位有权在作品完成两年内，在其业务范围内优先使用。在两年期限内，未经单位同意，作者不得许可第三人以与单位使用的相同方式使用该作品（详见中国新闻版权现状部分）。

　　中国《著作权法》第 17 条规定，委托作品的版权归属由委托人和受托人通过合同约定。合同未作明确约定或者没有订立合同的，版权属于受托人。约稿一般情况下是一种委托行为，受托人对自己的作品享有版权，新闻单位应依照约定确定使用权，并给付相应的报酬。有一种观点认为，约请社会作者为本报本刊撰写社论、编辑部文章或评论员文章的，这类文章一般应以报刊社为版权人。❶ 这种观点有待商榷。如果社论、编辑部文章、或评论员文章系职务作品，其作者与新闻媒体存在雇佣关系，由报刊社承担相应的经济风险和社会风险，尽管报刊社没有提供物质技术条件，但是报刊社的必要的指示和监督是必不可少的，根据版权法关于职务作品的相关规定，应以报刊社为版权人。但是，如果被委托人是社会作者，应该理解为与报刊社没有雇佣关系的社外人员，根据中国《著作权法》第 17 条规定，如无相反约定，其版权应归属于受托人，委托人可以根据约定取得适当的使用权。

　　总之，法国、德国等大陆法系国家，通常情况下规定雇佣新闻作品的版权属于作者，作为雇主的媒体通过合同约定新闻作品的使用权。英国、美国等普通法系国家，则规定雇佣作品的版权归属于雇主，除了视觉艺术作品作者拥有署名权和保护作品完整权之外，新闻作品的其他版权与作者无关。

　　（二）雇佣新闻作品的认定和版权归属

　　1. 雇佣新闻作品的认定

　　雇佣作品的认定之前，需要看是否存在双方签订的合同或约定，如果存在约定，则从约定；如果没有合同或约定，则需要同时考虑以下三个条件：

　　其一，作者与法人或者非法人单位必须存在雇佣关系。新闻作品雇佣作品的作者必须是新闻单位在编，或借调，或应聘的新闻从业人员。签订雇佣合同时，单位依照自身的经营范围和作者的工作条件约定工作任务和劳动报酬，提供必要的劳动条件和约定的劳动报酬，有权对作者的工作进行指导和监督；作者根据单位要求接受和完成单位在劳动合同范围内安排的工作任务。正式在编

---

❶　魏永征. 新闻传播法教程［M］. 北京：中国人民大学出版社，2010：265.

的新闻从业者的作品属性比较容易确认，然而，新闻单位的工作人员除了在编的记者、编辑，还有见习、实习的人员以及临时招聘人员等各类为单位工作或服务的人员。在没有正式合同约定的作品属性的情况下，后一部分人员，尤其是临时招聘的人员的作品属于职务作品还是委托作品有时较难认定，直接影响其作品的版权归属。比如美国版权法规定，职务作品的版权归雇主，而委托作品的版权则归作者。关键是看被委托人是正式在新闻机构的薪水册里注册，还是独立的自由撰稿人或艺术家。1989 年的创造性非暴力团体诉里德案❶的主审法院为雇佣作品的认定提供了操作性较强的方法和解释：雇佣作品是指由雇员创作的，雇佣方随时可以保持控制权的，在作品创作中实际发挥作用的作品，雇佣相当于普通法上的代理人，雇员仅指"正式的、授薪的"雇员。❷ 美国最高法院进一步总结了相关经验：判断作品是否属于雇佣作品，应考虑雇佣方在控制作品完成的方式和手段上的权利：

> 所需的技能、器械工具的来源、工作的地点、双方雇佣关系的长度、雇佣方是否有权向受雇方分配其他的项目、受雇方在决定何时工作以及工作多长时间上面的灵活度、付款的方式、受雇方在雇佣助理及支付助理工资中的角色、该作品是否为雇佣方通常业务的一部分、雇佣方是否在做买卖、雇员福利条款和受雇方的税收情况等。❸

其二，雇佣作品必须是该单位业务范围内，并且符合雇佣作者目的的任务。劳动合同的存在还决定了报社对记者的工作指示权。雇佣作者写出的供单位使用的作品，必须是新闻媒体经营范围内的新闻作品，比如记者所在版面、栏目或频道必需的作品。如果报纸记者创作出一首不宜在报纸发表的音乐作品，即使是在工作时间、工作地点创作的，也不能是雇佣作品。因为，该作品与雇佣单位的业务无关。如果记者、编辑的稿件不符合雇主新闻单位的传播目的而未能在自己的单位发表，作者自行向其他媒体投稿，即使稿件内容与自己岗位职责相关，也不是雇佣作品。比如，广播电视台的记者利用工作中的空闲时间创作了一首流行歌曲，或者某位报社的编辑在工作时间、在影响工作的情况下写了自己的诗集，这些歌曲、诗集分别属于新闻媒体雇主的业务范围内，但是不符合雇主雇佣记者的目的。作者创作作品不是为了履行工作职务，而是仅仅借履行工作职责的机会而创作的（参见联邦法院判例，GRUR 杂志，

---

❶ Community for Creative Non–Violence v. Reid, 490 U. S. 730 (1989).

❷ 刘澎. 美国知识产权要案精编 [M]. 北京：京华出版社，2006：227.

❸ 约翰·D. 泽莱兹尼. 传播法判例：自由、限制与现代媒介（第四版）[M]. 王秀丽，译. 北京：北京大学出版社，2007：177.

1972：714 页：Im Rhythmus der Jahrhunderte 案）。❶ 尽管记者或编辑与广播电视台或报社之间存在雇佣关系，但是，电视台和报社签订合同雇佣记者或编辑不是为了使用雇员的歌曲或诗集，所付的经济报酬就不能包含雇佣目的之外的作品。如果电视台或报社需要使用这类作品，需要付给记者或编辑工资之外的相应报酬，当然，需要扣除电视台或报社为之提供的时间或工作便利所付出的成本。

当记者与报社签订雇佣合同时，如果没有其他合同规定，他会认为报社应该只有在与报社新闻报道有关时才会使用自己的作品。报社和记者的雇佣关系决定了报社只能在自己做经营的纸质报纸上使用记者的新闻作品，不能擅自把作品卖给其他新闻网站。如果报社因扩大经营范围而开办了报纸的电子版或网络版，记者应承担的报道义务也相应调整，对于因业务扩大而使用记者作品的情况，此前已经创作出来的作品就不能被看作默认可以在被更改后的经营范围内进行使用。记者只能要求一定的额外报酬。

其三，职务作品必须是执行工作任务而完成的。在作者的工作范围内的任务，不能是该单位的所有工作任务，超越这个范围就不是职务作品了。工作任务是由记者与报社签订的劳动合同约定工作性质认定的。如果记者是在完成劳动合同约定的创作作品的义务，那么，他完成任务的行为则不存在时间和地点的限制，即在工作时间还是休息时间、他在工作场所还是私人场所完成在法律上没有区别。比如报社社会版的记者，在上班时间内写出了该报副刊需要的稿件，则属于非职务范围。❷ 唯一的时间限制只有雇佣劳动关系存续的时间，只要存在雇佣关系，完成义务范围内的新闻作品就不受任何限制。并且，记者采访工作的方式也不可能在固定的工作场所进行，新闻写作也不一定在编辑部进行，按时交稿即可。新闻线索就是报道命令，也不可能限定记者的工作时间和地点。社会版记者在外采访，在家中利用业余时间写作而成的采访稿也属于雇佣作品。对于报社来说，如果新闻作品是由隶属于报社的记者在报社编辑部的领导下创作完成的，那么报社无须特殊的约定就可以拥有该记者创作的新闻作品的使用权，因为这是在雇佣劳动关系的前提下，记者依照合同法用自己的劳动成果去交换报社付出的工资及其他经济报酬，是记者应尽的工作义务。

2. 雇佣新闻作品的版权归属

雇佣作品的版权归属往往优先考虑法人或其他组织的利益和使用。毕竟法人或其他组织承担着新闻作品创作、经营的经济风险和其他风险，为了特定的经营目标雇佣从业人员进行创作，为其雇佣提供了劳动场所、劳动工具、工

---

❶　M. 雷炳德. 著作权法 [M]. 张恩民，译. 北京：法律出版社，2005：411.
❷　萧雄淋. 著作权法论 [M]. 台北：五南图书出版股份有限公司，2003：83.

资、福利条款等多项工作便利和劳动报酬，雇员有完成其职责范围内的创作作品的义务。雇佣作品的版权归属规定应以不影响雇主的正常使用为原则，在平衡雇主与雇员利益关系的基础上，依照各自的付出，确定版权的归属或版权让渡规则，确定版权是使用范围和许可范围。

对于雇佣作品，如无明确约定，署名决定权归属于雇主，新闻媒介有权利决定是否署名、如何署名，但是无权错误地署名，否则会侵犯作者的人格权。随着使用权的许可根据合同转归雇主所有，雇佣作品的发表权不再属于作者，雇主媒体经营范围之外的等其他权利仍在作者手中，比如署名抵制权，作者有权援引人格权保护而拒绝在非自己创作的作品上署名，有权对已经公开发表的、自己不认可的、已被署名的作品宣布"退席"而保持距离。就报纸上刊载的雇佣新闻作品而言，作者手中应该拥有展览权、朗读、表演和放映权、播放权、音像制品再现权、广播电视播放再现权、汇编权、著作物接触权、出租权、出借权、后续权和撤回权等。雇佣新闻作品的修改与续写的权利最终决定权掌握在承担作品创作的经济风险的雇主手中。在雇佣劳动关系存续期间，不管是雇员本人还是那些得到了其授权的第三人都不允许对雇主构成竞争。同时，使用权许可不能随雇佣关系的终止而终止，而是到作品保护期期满为止。

二、合作新闻作品的版权归属

合作作品是由多人共同创作的并不可能单独使用各自的创作部分作品，创作特点是除了具备版权所要求的作品特征之外，还要有共同创作的合意和共同创作的行为。新闻作品中合作作品以广播电视新闻作品、电视专题片、电影记录片等视听作品为主。根据中国《著作权法》，视听作品的版权由制片者享有，但编剧、导演、歌曲的词曲作者和摄影者都享有对自己创作部分的署名权，并且有权按照与制片者签订的合同获得报酬。不同作者可以单独使用属于自己的那部分作品（如剧本、音乐）的版权。

认定合作作品时首先要区分合作作品的权利人和相关人。仅仅提供某些思想、建议、组织或制作、联络劳动投入的人或者起促进、推动作用的人，以及对作品进行校对、打印、编辑和提出修改意见的人不能被认定为合作作者。

同理，对新闻作品做出辅助甚至重要贡献的新闻源、编辑和审稿者不能作为合作作者。新闻源提供的新闻材料有时会构成新闻的骨干材料或核心材料，但是这些材料往往是没有版权的客观事实或新闻线索，或者现成的已有作品。提供的事实仅仅是为创作提供帮助，提供的已有作品只能算作引用材料，均不属于创作的范围。编辑承担着稿件的选稿、审稿、校稿、编排等工作，但是这些都是编辑的职务行为，不能形成具有原创性的作品，不能作为合作者。以前曾经出现过新闻报道文字编辑人员要求取得版权的案例，其实是误解了合作作者的含义和规定。《成长启示录——中学生作文比赛获奖作品选》一书的编辑牟宁曾与中学生知识报社发生署名权纠纷，诉至法院。法院认为，该书是由中学生知识报社主持编写，代表报社的意志进行编辑创作，并由报社承担责任的作品，报社是该书的版权人，有决定署名的权利，牟宁的请求没有法律根据，判决驳回牟宁的诉求。❶

　　审稿者的活动包括新闻单位内部总编辑、责任编辑等审改本单位记者或外单位作者的新闻作品，党政机关领导人审改新闻单位送审的社论、评论员文章和某些重要新闻作品，被报道单位的领导审改本单位的新闻作品等，他们在定稿前对新闻作品提出意见进行修改，往往纠正可能存在的错误，加强作品的思想深度或表现力度，有时还要在政治上或在事实方面对作品承担责任等。❷ 但是，上述行为均为起到辅助作用的行为，不能视为参与创作。中国《著作权法实施条例》第3条规定，"著作权法所称创作，是指直接产生文学、艺术和科学作品的智力活动。为他人创作进行组织工作，提供咨询意见、物质条件，或者进行其他辅助工作，均不视为创作"，不能据此获得版权。不过，上述行为可能受到邻接权保护。

　　对作品创作起发起、推动作用的人也不能成为合作作品的作者。比如某报社委托特约记者采写报道时，提出了一些愿望说明、报道思想，甚至选定主题，其中也不乏独创性，但是如果在作品中没有得到直接的表达，只是作为作品采写的背景而存在，报社就不能被认定为合作新闻作品的作者。该作品可以被认定为委托作品，依照版权法对委托作品的相关规定确定版权归属。

　　采访对象的口述作品也不能称为合作作品。采访对象口述作品的版权归属于采访对象，记者的记录或摄像不能算作参与创作，谈不上合作作品，摄录行为只可能获得邻接权保护。

　　新闻作品中被引用的已有作品的作者不应视为合作人。这类作品属于结合作品。合作作品是通过多名作者具有共同创作合意而产生的一部作品，只有一个版权客体，但是版权主体却是多个，作品的版权归所有合作作者共同共有，本着诚信原则需要协商一致，共同行使发表权和经济权利。无论是普通法系还是大陆法系，对于合作作品的版权归属的规定大致相同。英国版权法规定，除非另有规定，合作作品的版权归全体合作人共有，如果某一作者的作品具有独立意义可单独享有版权。法国版权法规定，合作作品，即由数名自然人参加创作的作品，是合作人的共有财产。该著作权由合作人根据共同协议行使。在合

❶ 魏永征. 新闻传播法教程 [M]. 北京：中国人民大学出版社，2010：270.
❷ 魏永征. 新闻传播法教程 [M]. 北京：中国人民大学出版社，2010：254.

作人不能达成一致时，由民事司法机关裁定。中国《著作权法》第 13 条第 1 款规定："两人以上合作创作的作品，著作权由合作者共同享有。没有参加创作的人，不能成为合作作者。"

合作作品中不同作者参与其中所付出的量是否等同，在法律上没有差别，关键在于各参与者都有合作意愿，共同参与创作，并且在作品中表达出自己的原创性智力成果。世界主要国家对于合作作品的规定基本一致，均为合作者共同享有。

三、结合新闻作品和汇编新闻作品的版权归属

与合作作品不同，结合作品是两个或者多个可以独立利用的作品在征得各自作者同意的条件下结合在一起的作品。在这种情况下，并不产生共同版权，各位作者继续保留在各自作品上的版权。比如，报纸文字新闻配发的与文章内容无关的标题照片，美化、装饰版面的美术编辑作品、新闻网页设计中的不同元素作品、新闻记录片中引用的已有作品等。这些作品的版权分别归属于各自的作者。中国版权法有把文字和图片的结合作品视为美术作品保护的案例。

汇编作品是指汇编若干作品、作品的片段或者不构成作品的数据或者其他材料，对其内容的选择或者编排体现独创性的作品。对于汇编作品，如果编者在选择、分类或者编排方面体现独创性即可取得整个汇编作品的版权，其中所收录的作品之间一般情况下不存在合作意愿。比如报纸版面，报纸专栏、专版、专页，期刊栏目设计、广播电视栏目设计、网页设计；整张报纸、整体新闻期刊；新闻摘要、新闻文摘、系列新闻照片、新闻美术作品集、新闻摄影作品集等。这些汇编作品是在报刊编辑部主持下，代表编辑部意志进行编辑，根据某个主题汇编而成。汇编作品的版权归属于汇编者，但不得侵犯原作品的版权。整份报刊由报刊社承担责任，以报刊社的名义向社会发行，所以报纸、期刊作为整体的汇编作品的著作权，不属于具体执行汇编行为的编辑，而是归报社、期刊社所有。因为这时的汇编作品同时还是雇佣作品，首先应该按照雇佣作品判断版权归属。与报社、期刊社存在雇佣关系的编辑作品因各国法律对于雇佣作品的具体规定不同而不同。普通法系的英国、美国，这类作品的版权归属于报刊社。并且，即使版权归属于报刊社，报刊社也只能就其整体汇编的原创性要求版权，不得侵犯其中每篇原创作品作者的版权。而大陆法系的法国、德国，则归属于编辑，但是期刊社经营范围内的、编辑工作职责范围内的作品使用权归属于期刊社。在通常情况下，作品交由新闻媒介发表，作者授予新闻媒体的作品使用权只是媒介"一次使用"的权利，其他权利仍然归属于作者。新闻单位如要再次使用已发表过的作品，除合理使用外，都应该再次征得作者

许可并支付报酬。2000 年的《第三只眼睛透视京城》案即为明证。涉案图书出版社在未征得作者许可、未支付作者报酬的情况下，将《北京晚报》《北京法制报》等京城报社的 32 位记者在《北京纪事》杂志上刊载的 42 篇新闻作品汇编成书。有 3 篇作品被擅自使用的《北京晚报》记者周家望说："为了采写这些文章没少费劲，几乎跑遍全城，没想到被人全文'拿'走，不但稿费分文全无，招呼不打一个，甚至连名字也不署。"❶ 因此，32 位作者联合提起诉讼，被诉出版社拿出杂志出版社的"委托书"作为抗辩理由，误把杂志社当做版权人，造成侵权。

四、自由职业者新闻作品的版权归属

自由投稿的新闻记者、撰稿人或摄影师拥有报道或图片的版权通过合同约定把某种版权权利卖给发行人。资历尚浅的撰稿人与摄影师经常没有多少选择，只能遵守图书或杂志发行人的规定。并且，新闻作品的时效性很强，是经不起久压的。作品销路好的作者的选择余地稍大。《撰稿人市场》（*The Writer's Market*）列出了自由撰稿人权利：所有权利、首次刊载权、北美首次刊载权、同步刊载权（与其他刊物同时印刷发行）、一次刊载权（不一定是首次刊载）。❷ 这些权利的价格依次递减。

与记者、编辑等新闻作品的职务创作者相比，自由撰稿人独自承担着新闻创作和作品经营的所有经济风险和其他风险，压力巨大。自由撰稿人获得的报酬应该与其付出相称，至少能在版权回报方面得到正常的生存保障和适度报酬，才可能激励有创作才能的人加入自由撰稿人的行列。

向报刊社投稿的自由撰稿人作品的版权归属，通常以合同约定的方式确定，无约定的按照版权法的规定确定归属。

中国台湾地区著作人将其著作投稿于杂志社，除其与杂志社有特别约定外，该著作的著作权仍归著作人享有。中国台湾地区"版权法"第 37 条规定，著作权人授权他人利用其著作，其约定不明部分，推定为未授权。❸ 第 41 条规定：报刊社广播电台、电视台的外来投稿的权利：如无约定，作者对于报纸、杂志或授权公开播送的投稿，推定仅授权刊载或播送一次，对作品版权人的其他权利不产生影响。

---

❶ 今晚报. 第三只眼睛透视京城惹祸［N/OL］. 2000 – 09 – 07［2012 – 04 – 13］. http//www. people. com. cn/GB/channel6/32/20000907/223103. html

❷ 唐·R. 彭伯. 大众传媒法［M］. 张金玺，张刚，译. 北京：中国人民大学出版社，2005：509.

❸ 章忠信. 著作权法逐条释义［M］. 台北：五南图书出版股份有限公司，2007.

中国《著作权法》第 33 条第 2 款规定，投稿作品刊登后，除著作权人声明不得转载、摘编的外，其他报刊可以转载或者作为文摘、资料刊登，但应当按照规定向著作权人支付报酬。新闻作品的汇编权和演绎权归属于作者，如期刊社要汇编刊载于本杂志上的文章，或者把某作者的著作改编成剧本，必须取得该作者的同意。如无特殊约定，向报社、期刊社投稿的自由撰稿人分别在 15 日和 30 日内不得一稿两投。

有些期刊征文时声称："所发刊载的文章均属于该刊所有，非经该刊同意，不得将全部或部分内容转载或使用于任何形式的媒体。"这种做法不能约束外来投稿作品的版权人。如果报刊、广播、网络等刊载单位想约束作者一稿两投，仅仅刊载"不得一稿两投"的片面声明是不够的，声明不能算作同作者之间的合同。无论是中国台湾地区"版权法"还是大陆版权法，均不禁止一稿多投，出版单位自行规定因一稿多投而拒付稿酬的做法是没有法律依据的。如果刊载单位想到达禁止"一稿两投"的目的，需要与作者签订书面约定限制作者的行为。同理，报刊、广播、网站等刊载单位的"本刊内容不得转载"的声明，也不能约束作者本人的使用，比如作者如要结集出版自己的作品或字形整理成册影印贩卖，均无须经原刊载的报社、杂志社同意。因为作者是其投稿的版权人，有权利禁止任何未经授权的单位刊载。

本 章 小 结

距离新闻性越远，新闻作品的版权性越大。新闻作品包含的新闻信息、新闻事实、纯新闻和新闻摘要不能成为新闻版权的客体，这些新闻作品主要是新闻内容的最简叙述或者摘要，属于公共领域。新闻作品版权的客体不是固定不变的，随着新闻作品制作技术和传播技术的飞速发展，不断有新的版权客体形态出现。比如网络新闻标题的超链接，已经进入版权客体的行列。

绝大多数新闻作品经济权利的时效性很强，受到公共利益的限制，新闻作品的经济权利的主体以新闻媒体为主，新闻作品更容易遭受侵权，维权难度很大，汇编权对于新闻作品的作者来说具有特别的重要的经济意义。

雇佣作品的版权归属往往优先考虑法人或其他组织的利益和使用。英国、美国等普通法系国家，规定雇佣作品的版权归属于雇主，除了视觉艺术作品作者拥有署名权和保护作品完整权之外，新闻作品与作者的权利无关。法国、德国等大陆法系国家，规定雇佣新闻作品的版权属于作者，作为雇主的媒体通过合同约定新闻作品的使用权。无论是普通法系还是大陆法系，对于广播电视新闻作品、电视专题片、电影记录片等合作作品的版权归属的规定大致相同，由所有合作作者共同共有，本着诚信原则协商一致，共同行使发表权和经济权利。汇编作品的版权归属于汇编者，但不得侵犯原作品的版权。如果汇编作品同时还是雇佣作品，首先应该按照雇佣作品判断版权归属。与报社、期刊社等新闻传播媒介存在雇佣关系的编辑作品因各国法律对于雇佣作品的具体规定不同而不同。在通常情况下，作品交由新闻媒介发表，作者授予新闻媒体的作品使用权只是媒介"一次使用"的权利，其他权利仍然归属于作者。自由撰稿人的新闻作品的版权归属，通常依照合同约定，如无约定则根据版权法确定。

第六章　新闻作品版权的边界

　　版权设立的宗旨是保护人类为创造智力成果而投入的大量的智力劳动，激发作者的创作潜能，协调作品的作者、传播者和使用者的利益，合理平衡版权保护和社会自由获得知识和信息的需要之间的矛盾，保证人类的文明和进步。由于社会利益的复杂性，版权有无的划界成了令人头痛的问题。一方面需要保护智力成果，另一方面，又不能人为地过于限制社会公众正常享受智力成果。作为历史长河中的一名创造者，常常是"站在巨人的肩膀上"前进的，是智慧链条上的一个环节，完全凭空创造智慧成果的人不能说绝无仅有，也是凤毛麟角。由于知识的无体性，无论多么富有创造性的智慧成果，一经创造出来，为世人所知，如不对其进行版权保护，就会毫无保留地、快速进入公共领域，最终都会化作人类的共同财富而为整个社会共享。这也是美国版权法规定版权不延及思想、程序、方法、系统、运算方式、概念、原理或发现的根本原因。人为设置版权保护障碍肯定会增加保护成本和人们的获取成本。即使是为了促进作者的创作而加以保护，也是有时间限制的。版权只能在权利保护和权利限制的平衡点上做小幅摆动，幅度过大会招致利益相关者的严厉批评和抱怨。于是，版权的划界变成了一个棘手的、又不得不面对的问题。

　　版权制度是一个极具概括性和抽象性的制度体系。所谓版权的边界，是指版权的效力范围的最远处，超出这个范围，版权的专有权利就无效了。同时，版权的边界还是作品使用者权利的起点。这样，边界并非一个静止的、确定性的界线，而是一个同时具有刚性和弹性的、不太规则的环形地带。刚性是法律制度的确定性、尺度性和严肃性的需要，而弹性则是难以计数的版权司法实践的需要。版权边界的划定与版权的立法初衷密切相关。版权是一种经过国家法律制度确认的专有权，专属于版权人所有。设置专有权利的目的并非是创作者对作品的出版和使用进行绝对垄断，也不是单纯为了奖励作者的创作活动，而是通过赋予作者有限的垄断权保障其从作品的使用中获得合理的经济收入，以鼓励和激励更多的人投身于原创性劳动之中，促使更多高质量的作品得以产生和传播。因此，为了满足社会对知识和信息的正常需要，为了公共利益，各国版权法规定，在一定条件下允许他人不经许可使用，甚至无偿使用，因此，有必要在版权有限的保护期内，进一步划定合理使用的范围，形成了较为系统的合理使用制度和法定许可制度。

第一节　新闻作品的合理使用

　　由于新闻作品是新闻信息自由和言论自由的重要载体，版权的限制制度对于新闻作品尤为重要。版权与言论自由权被形象地比喻为"一枚硬币的正反面"，前者注重权利，后者注重自由。言论自由是世界政治生活中至关重要的内容，从法国《人权和公民权利宣言》到美国的宪法修正案，再到中国的宪法，无不保护言论出版自由。言论自由离不开作品的大众传播，而从版权意识的萌芽到以版权法和世界版权条约为代表的版权制度的成熟的整个发展历程，无一不是限制智力创造的成果广泛传播的历史。随着传播技术的飞速发展，权利的保障和限制之间的难题不断涌现，如何在版权人权利和涉及公共利益的言论自由之间寻找合适的平衡点，是世界各国版权保护孜孜以求的目标。对平衡点的把握集中体现在版权合理使用和法定许可制度上，普通法系称之为合理使用制度，大陆法系则称为版权的限制制度。

　　《伯尔尼公约》第9条第2款规定：本联盟成员法律有权允许在某些特殊情况下复制上述作品，只要这种复制不致损害作品的正常使用也不致无故危害作者的合作利益。TRIPs协议和《世界知识产权组织版权条约》使用了基本相同的措辞规定了成员可以在特殊情况下对"专有权利"作出限制和例外，确定了"三步检验标准"或称"三步检验法"：特殊情况下，不得与作品的正常利用相冲突，不得无理损害权利人合法权益。中国已经加入上述3个国际条约，承诺履行条约规定的"三步检验标准"的义务，并由《著作权法实施条例》（2002年）稍加变通转化为中国国内立法，规定"依照著作权法有关规定，使用可以不经著作权人许可的已经发表的作品的，不得影响该作品的正常使用，也不得不合理地损害著作权人的合法利益"，把合理使用的作品的范围限制在已经发表的作品上。就新闻作品而言，针对所有一般作品的合理使用均适合新闻作品，并且还有专门针对新闻作品特点的特殊规定。

一、《伯尔尼公约》中的合理使用

　　《伯尔尼公约》规定了4种合理使用：引用、为教学目的以说明方式使用、新闻报道中的使用和临时录制。

　　（一）引用

　　所引用的作品必须是已合法向公众发表的作品，特别注明包括以摘要形式摘引报纸期刊的文章，只要符合公平惯例且引用量未超出正当目的所需要的范围，同时必须标明出处，若有原出处有作者姓名，则须同时说明（《伯尔尼公约》第 10 条）。

根据这一规定，被引用的对象必须是合法地提供给受众的，侵犯版权或违反其他法律的被应用对象不在此范围；被引用的报纸期刊文章几乎可以囊括所有的文字新闻作品，并且只能是以摘要形式引用，不可全文照搬。同时，还有人针对引用对象仅包括文字新闻作品提出质疑，连负责修订公约的委员会都认为特别提及的报刊摘要有点"模棱两可"。❶《伯尔尼公约指南》认为，"这种引用使用不限于文字作品，可以来自于书籍、报纸、评论、电影、录音制品或广播电视节目"。❷ 这也暗合了美国不保护原始状态的新闻（raw news）、不保护新闻事件、新闻事实等内容，只保护表达形式的做法。

引用者指任何以摘要形式摘引报纸期刊文章的主体，当然包括新闻从业人员和新闻媒体，前提是必须"符合公平惯例"和在"正当目的所需范围内"两个较为抽象的标准。尽管 1967 年的《伯尔尼公约》斯德哥尔摩会议上一些国家提出在公约中就加入量的衡量办法，但是最终未能达成一致意见，只留下两个较为抽象的"符合公平惯例标准"和"正当的引用目的"标准。《伯尔尼公约指南》认为是否满足这两个抽象标准应由各国法院裁量。"公平惯例"属于普通法系中依据个案具体裁定的概念，可以在《伯尔尼公约》第 9 条第 2 款规定中找到一个可以适用的标准，"不致损害作品的正常使用也不致无故危害作者的合法利益"。"正当引用目的"仍然应该根据《伯尔尼公约》的有关文件确定，比如"科学研究、批评、提供信息或教育目的""以说明或者提供证据的方式说明史学与其他学术文章中的某一观点的目的""司法、政治和娱乐目的"以及"艺术效果目的"❸ 等。

（二）为教学以说明方式使用

《伯尔尼公约》第 10 条第 2 款规定，通过出版物、无线电广播或录音录像使用文学艺术作品作为教学解说，使用的对象包括文字、广播、录音录像；使用条件是上述"引用"的前提条件，"符合公平惯例"和在"正当目的所需范围内"两个标准，必须说明作品的来源，若有原作者，则须标明其姓名；再加上"由本联盟成员法律以及成员之间现已签订或将要签订的特别协议加以规定"。根据《伯尔尼公约指南》的解释，这里的"教学"包括教育机构、市

---

❶　王清. 著作权限制制度比较研究 [M]. 北京：人民出版社，2007：174.

❷　WIPO, *Guide to the Berne Convention for the Protection of Literary and Artistic Works* (*Paris Act*, 1971), Geneva, 1978, Para. 10. 2.

❸　王清. 著作权限制制度比较研究 [M]. 北京：人民出版社，2007：174.

立与国立学校和私立学校的教学活动。❶ 超出此范畴的教学应被排除。即使在当时的教育发展水平下，这一解释也是太过狭窄，比如，这种解释明显排除了成人教育。❷

（三）新闻报道中的使用

《伯尔尼公约》在第 2 条第 8 款规定了对新闻作品的限制，"本公约所提供的保护不适用于每日新闻或单纯报刊信息性质的各种事实"（详见《伯尔尼公约》部分），其他新闻作品不在此列。

合理使用包括两条：

1. 时事性文章

除非保留权利，允许通过报刊、广播或对公众有线传播复制发表、刊播在报纸、期刊、广播上的讨论经济、政治或宗教的时事性文章，均应明确说明出处，相关法律责任由提供保护的国家的法律确定（《伯尔尼公约》第 10 条之 2 第 1 款）。由于世界各国政治、经济、宗教信仰各异，此类的时事性文章与国家的时政关系密切，为了绕开敏感的政治主权问题，避免涉嫌干涉各国内政，特意放宽了时政性时事文章的转载，前提是尊重作者和首次刊发者的基本精神权利，如有违背，各国自行决定承担法律后果的条件。

如果在合理使用"关于经济、政治或宗教方面的时事性文章与广播作品"时未依照规定注明出处，不影响合理使用的成立，应承担的法律责任"由请求保护国法律确定"，比如支付损害赔偿金或罚款等。但是，如果在公约第 10 条规定的引用中不注明出处，则会被认定为侵权，应该承担侵权的法律后果，因为"同时注明出处"是引用的构成要件，而对于合理使用则不是，仅为附属义务，对于违反该义务的，由提供保护的国家的法律确定。

2. 默示翻译权

《伯尔尼公约》第 8 条赋予作者的翻译权实际上是一种特殊的复制权，未经许可，以一种文字复制以另一种文字表达的"关于经济、政治或宗教方面的时事性文章与广播作品"将构成侵犯翻译权的行为而非合理使用行为。❸ 根据公约第 8 条的规定保护外国媒体的"关于经济、政治或宗教方面的时事性文章与广播作品"，实质上就等于保护这类作品的翻译权。然而，根据第 10 条之 2 第 1 款的规定，使用国内的同类作品则属于合理使用，不需要获得版权人许可，也不需支付报酬，于是就出现了同类作品内外有别的情况，只保护外国的

---

❶　WIPO, *Guide to the Berne Convention for the Protection of Literary and Artistic Works* (*Paris Act*, 1971), Geneva, 1978, Para. 10. 10.

❷　王清. 著作权限制制度比较研究 [M]. 北京：人民出版社，2007：175.

❸　王清. 著作权限制制度比较研究 [M]. 北京：人民出版社，2007：176.

同类新闻作品，而国内的同类新闻作品则是合理使用，违背了《伯尔尼公约》的国民待遇原则。因此，有人认为，公约第 10 条之 2 第 1 款规定的合理使用的规则应该适用于翻译权，属于第 9 条第 2 款的规定的特殊情况下复制作品，应该适用合理使用的规则。斯德哥尔摩修订会议的有关报告也明确记载了各成员在此问题上的一致意见，即公约对复制权的限制与例外规定同样适用于第 8 条，里基森教授将之称为对翻译权的"默示例外"（Implied Exceptions）❶。同理，这种"默示例外"同样应该适用于公约第 2 条第 8 款规定的每日新闻或单纯报刊信息性质的各种事实，（第 10 条、第 10 条之 2 第 2 款）。换言之，只要国家法律规定国内同类作品为合理使用的对象，那么，外国媒体的"每日新闻或单纯报刊信息性质的各种事实"、以摘要形式摘引外国报纸期刊的文章；对在时事事件过程中出现或公开的外国的文学和艺术作品，可以复制或以摄影或电影手段或通过无线电或有线广播向公众作时事新闻报道，均属于合理使用，后者应该享受与国内同类作品相同的国民待遇。

3. 允许附随性使用

本联盟成员法律也有权规定新闻报道对于其他版权作品的附随性使用的条件。新闻事件报道过程中出现或公开的文学和艺术作品，在报道正当需要的范围内，可予以复制或者以摄影或电影手段或通过无线电或有线广播向公众作新闻报道（《伯尔尼公约》第 10 条之 2 第 2 款）。附随性使用的版权作品中，也包括享有版权的新闻作品，使用的条件应该有严格限制，仅仅局限于不复制或以其他方式再现就无法正常完成新闻报道的情形，并且不得构成对原新闻作品的竞争性使用（详见《伯尔尼公约》部分论述）。

（四）临时录制

临时录制是指广播机构使用自己的设备并为供自己播送之用而进行短期录制的行为。《伯尔尼公约》第 11 条之 2 第 3 款规定，本联盟成员法律有权为临时录制制定规章，批准将具有的特殊文献性质临时录制品交付官方档案馆保存。广播组织在获得作者的广播权授权后，可以对作品进行临时录制。这种临时录制必须是正常的广播活动无法避免的活动，否则就不能正常进行节目广播。临时录制时必须使用广播组织自己的设备，而不能聘请外部机构进行录制，录制的目的只能用于自己的广播电视节目，不能将其出借、出租或销售给其他广播组织，也不能用于广播组织之间的节目交换。德国版权法第 44 条 a 规定，"本法允许临时复制行为，指暂时的或者同时发生的，表现为一种技术过程中不可缺少的实质部分的，并且不具备独立的经济意义的行为，其唯一的

---

❶　Sam Richetson, WIPO Study, p. 18.

目的是实现通过中间人是第三人在网络上互相传播或者合法利用著作或者其他受保护的客体。"

　　由于临时录制品在广播节目播出后的合理时间内应该予以销毁，不同国家规定了各自的销毁期限。英国版权法规定的销毁时间为首次使用于广播后的28 天；美国版权法：6 个月内；加拿大版权法：30 天之内；德国版权法：一个月；突尼斯示范法规定的是自制作录制品之时起的 6 个月。

　　总之，无论哪一种合理使用，均需要所在国家法律的确认，经得起"三步检验法"的检验。

二、主要国家或地区的合理使用

　　在《伯尔尼公约》的总体规定下，各成员制定了各自的合理使用规范，在数量上差别较大，详略各异。大致可以分为一般合理使用和其他合理使用两类：一般合理使用强调对作品的部分内容的合理使用；其他合理使用是指教育机构、图书馆和档案馆、广播组织、部分国家机关等对作品整体的合理使用。这些适用于所有版权作品的合理使用，新闻作品自然也不例外。对于合理使用，各国版权立法采取了不同的模式，主要有"因素主义"和"规则主义"两种。

　　"因素主义"模式以美国为代表，把合理使用行为的构成概括为若干要素，在判断某一行为对某一作品的使用是否构成合理使用时，采用原则性的因素（如使用的目的、性质、作品性质等）构成来加以认定。❶

　　美国 1976 年版权法第 107 条确定合理使用的范围提供了四项事实依据确定对一部作品的使用是否合理，必须符合下列合理使用的标准：

　　1）该使用的目的与特性，包括该使用是否具有商业性质，或是为了非营利的教学目的；

　　2）该版权作品的性质；

　　3）所使用的部分的质与量与版权作品作为一个整体的关系；

　　4）该使用对版权作品之潜在市场或价值所产生的影响。

　　"合理使用"制度旨在保护作者因其作品获得报酬的权利，另一方面，维护因尽可能广泛地传播思想与信息而产生的公共利益，保持二者之间的平衡。美国最高法院 1879 年在"贝克诉塞尔登案"（Baker v. Selden）的判决中指出：在不导致盗用图书罪的情况下，如果有用的知识不能被使用，那么上述目的便无法实现。❷ 法院在判断"合理使用"时考虑的首要因素是使用性质。如果使

❶　蒋志培. 著作权新型疑难案件审判实务［M］. 北京：法律出版社，2007：220.

❷　Baker v. Selden，101 U. S. 99（1879）.

用是非商业化或非营利的，使用绝版作品、研究性文献、信息类作品（包括新闻作品）、已出版的作品，被判断为合理使用的可能性大。相反，轻易能够在书店中买到的作品、一次性的消费品、创作类作品、未出版的作品，则很可能被认定为不属于合理使用。在使用的数量方面占全部作品的相对数量比绝对数量更重要，如果使用的是最核心、最重要的实质部分，即使是数量很少，也可能构成侵权。法官判定是否为合理使用最看重的因素是市场因素，因为版权在美国实际上是保护无形的财产权。

　　除了美国上述 4 个因素之外，澳大利亚和新西兰的版权法还增加了"以通常的商业价格在合理时间内获得该作品或者改编作品的可能性"因素。不过，澳大利亚与美国版权法的 5 个因素是非穷竭性的，而新西兰则是穷竭性的。❶美国国会于 1992 年又增加一款：作品未发表的事实本身不能阻止对作品的"合理使用"，把合理使用的范围扩大到了未发表的作品中。因素主义确定法官利用衡平原则发挥自由裁量的作用，在遵循先例原则的前提下，主动创制法律。美国版权法第 107 条规定，为了批评、评论、新闻报道、教学（包括用于课堂的多件复制品）、学术或研究之目的而使用版权作品的，包括制作复制品、录音制品或以该条规定的其他方法使用作品，系合理使用，考虑上述因素判断是否属于合理使用。在司法判例中，美国不保护新闻作品的内容，只保护具有原创性的表达方式。

　　"规则主义"模式则呈严格的封闭状态，只限于法律规定中的使用目的和使用条件，有利于在个案中具体适用法律，需要以法典的完美规定为前提。绝大多数国家都有规定了新闻报道的合理使用。中国版权法对"合理使用"的规定就是典型的"规则主义"，规定了包括新闻作品在内的 12 种合理使用的情形。

　　法国版权法第 L.211-3 规定，在能充分识别出处的情况下，版权受益人不得禁止报刊摘要；作为新闻报道，对政治、行政、司法或学术大会及政治性公共集会和官方庆典上面向公众发表的讲话，进行播放甚至全文播放；不违反有关规定的滑稽模仿、讽刺模仿及漫画，具有过渡或附带性质的临时复制等。

　　德国版权法第 47~50 条规定了关于新闻作品的合理使用。无限制允许复制、传播和公开再现对现实的综合报道和通过新闻媒介或电台发表的每日新闻，其他法律规定赋予的保护不受影响；无限制允许将数篇评论文章或文章做简短的摘要并以概貌的形式复制、传播或公开再现（第 49 条）。允许在报纸、期刊，以及其他以报道时事为主的印刷品或者其他数据载体上复制与发行在公

❶ Copyright Law Review Committee, *Simplify the Copyright Law*, para. 3.05, http://sgeagoo/web. ag. gov. au/clr.

共集会或者本法规定的公开再现发表的有关时事的讲演，以及公开再现这类讲演（第48条）。允许为通过广播电视，或类似的技术手段和以报道事实为主的报纸与期刊、其他印刷品，或其他数据载体，以及在电影中制作有关时事的报道，在此目的的需要范围内，复制、发行与公开再现报道过程中可被感知的著作（第50条），但应注明出处（第63条）。学校可以合理使用广播电视播放的著作。

俄罗斯联邦民法典（著作权部分，2006年）第1274条规定了新闻作品的合理使用。下列作品可以不征得版权人同意，不支付报酬，但必须指明作者及资料出处，则许可：以原文或译文形式为科学、辩论、评论或新闻之用而摘录已经正当发表的作品，篇幅与摘录目的相同，其中包括以报刊概述的形式转载报纸和期刊文章的段落（第1274条第1款之1）；报刊转载、无线电或电缆播放报纸或期刊正当发表的有关当前经济、政治、社会和宗教问题的文章或者无线电播放的此类性质的作品，其前提是作者或者其权利人为特意禁止的转载或播放（第1274条第1款之3）；报刊转载、无线电或者电缆公开发表的演说、宣言、报告及其他类似作品，篇幅与新闻报道目的相符，同时保留作者在文集中发表这些作品的权利（第1274条第1款之4）；通过摄影、摄制电影、无线电或电缆播放，在时事综述中复制或播放在这些事件中所见所闻的作品，而令其为公众周知，复制或播放作品的篇幅与新闻报道的目的相同（第1274条第1款之5）。图书馆和档案馆根据教学或科学需要，对正当发表于文集、报纸和其他定期出版物中的个别文章和小篇幅作品，书面作品的短小段落（带插图或不带插图）进行非营利性影印复制，可以不征得版权人许可和不支付报酬，但须注明作者姓名及资料出处（第1275条第1款之2）。

英国、澳大利亚、新西兰、加拿大等国将使用目的严格限定在研究或者私人学习、批评或者评论、新闻报道等5个目的。

中国澳门地区版权法第61条规定了自由使用的条件：为了提供信息，由大众传播媒介以摘录或摘要方式复制公开进行之演说、简短演说及专题研讨（a款）；定期选辑、汇编定期刊物之内容摘要（b款）；只要为达到时事报道之目的，将以任何方式固定、复制及公开传播的作品之若干部分加插在时事报道内（c款）；如果未明确保留复制权，对时事文章，以及对讨论经济、政治或宗教之文章进行复制（i款）。自由使用的同时，应尽可能指出作者之身份及作品名称（第62条）。上述a款和i款中演说、简短演说及专题研讨和时事文章，以及对讨论经济、政治或宗教之文章的汇编权仅归作者享有（第62条）。

中国台湾地区"版权法"第44～65条对合理使用的判断标准采用的是

"因素主义"叠加"规则主义"模式。第44～63条规定了合理使用的具体情形,第65条第2项规定了判断合理使用的4个标准(与美国合理使用4因素相同)。中国台湾地区现行"版权法"第49条规定:以广播、摄影、录影、新闻纸、网路或其他方法为时事报道者,在报道之必要范围之内,得利用其报导过程中所接触之著作。根据1992年"旧法行政院"原草案说明,该条所称"所接触之著作"系指报道过程中,感官所得知觉存在之著作。A报纸报道火山喷发时,采用B报纸过去或本次所拍摄的火山喷发的照片刊登使用,则不属于A报纸报道该事件过程中所接触之著作。❶ 第52条规定:为报道、评论、教学、研究或其他正当目的之必要,在合理范围内,得引用公开发表之著作。

三、中国的"合理使用"

在中国,"合理使用"的概念与美国等国家的概念不尽相同。中国的"合理使用"是指在法律规定的条件下,不必征得版权人的同意,不必向其支付报酬,基于正当目的而使用他人版权作品的合法行为。❷ 根据这一定义,合理使用必须遵循以下原则:其一,合理使用必须有法律依据;其二,合理使用无须征得版权人同意,无须支付报酬;其三,合理使用必须出于正当目的,主要是为了个人学习研究和出于信息传播、教育、科学等社会公共利益的需要,并非以营利为目的;其四,合理使用是一种能够产生法律效果的合法事实行为。除非另有规定,中国版权法(包括《信息网络传播保护条例》等其他版权法体系的法规、条例)中规定的所有针对一般作品的合理使用均适用于新闻作品。版权法中涉及新闻作品的特殊规定有:在下列情况下使用作品,可以不经版权人许可,不向其支付报酬,但应当指明作者姓名、作品名称,并且不得侵犯版权人依照本法享有的其他权利:为报道时事新闻,在报纸、期刊、广播电台、电视台等媒体中不可避免地再现或者引用已经发表的作品(第22条第1款第(3)项)。其中,"不可避免地再现或引用"未免失之笼统,有的学者建议像法国等其他国家那样细化为:"在报道的必要范围内利用其报道过程中所接触的已经发表的作品。"❸ 报纸、期刊、广播电台、电视台等媒体刊登或者播放其他报纸、期刊、广播电台、电视台等媒体已经发表的关于政治、经济、宗教问题的时事性文章,但作者声明不许刊登、播放的除外(第22条第1款第(4)项);报纸、期刊、广播电台、电视台等媒体刊登或者播放在公众集

❶ 萧雄淋. 著作权法论 [M]. 台北:五南图书出版股份有限公司,2003:198-199.
❷ 吴汉东. 著作权合理使用制度研究 [M]. 北京:中国人民大学出版社,2005:145.
❸ 吴汉东. 著作权合理使用制度研究 [M]. 北京:中国人民大学出版社,2005:331.

会上发表的讲话，但作者声明不许刊登、播放的除外（第 22 条第 1 款第（5）项）。

《信息网络传播权保护条例》第 6 条和第 7 条规定了网络环境中的合理使用规则。第 6 条第（2）项照搬了中国《著作权法》第 22 条第 1 款第（3）项，为了报道时事新闻不可避免地再现或者引用已经发表的作品属于合理使用。第 6 条第（7）项与中国《著作权法》中的第 22 条第 1 款第（4）项相对应，只不过缩小了合理使用的范围，由"已经发表的关于政治、经济、宗教问题的时事性文章"改为"已经发表的关于政治、经济问题的时事性文章"，去掉了"宗教问题"的内容，取消了作者保留权利的限制。第 6 条第（8）项与中国《著作权法》第 22 条第 1 款第（5）项对应，同样取消了作者保留权利的限制，改为"向公众提供在公众集会上发表的讲话"。

新闻作品版权侵权的认定首先应该像所有版权作品一样排除合理使用的情况。新闻作品的特殊之处在于新闻报道行为本身即是合理使用的主体，同时也是合理使用的客体。作为合理使用的主体，它有很大的自由合理使用所有版权作品，包括其他作者或新闻机构等竞争对手的新闻作品；作为合理使用的客体，它也是所有合理使用主体的自由使用的对象，包括其竞争对手合理使用的对象。这种与商业竞争密切相关的合理使用，使得合理使用成为盗用行为滋生的温床，新闻作品侵权乱象丛生。尽管美国版权法是保护新闻作品的"表达"方式的，由于"表达"和"新闻事实"之间的界限模糊，聪明的"盗用者"很容易拿来竞争对手的新闻报道转换表达的形式，做掐头去尾的改写，游走于侵权的边缘，加大了司法难度。

第二节 新闻作品版权的法定许可

法定许可是指根据法律规定，可以不经版权人许可而在一定条件下使用享有版权的作品，但应该向其支付报酬的法律制度。使用时必须注明作者姓名、作品名称或者出处，并不得侵犯版权人依法享有的其他权利。法定许可可以克服版权人不愿授权的障碍，简化授权使用手续，促进作品及时传播。法定许可更多适用于表演者、录音制作者、广播组织者等传播者的邻接权主体，是一种有偿使用作品的制度。与合理使用的相同之处是：都无须取得版权人的许可；都必须注明作者姓名、作品名称，并不得侵犯版权人依法享有的其他权利。不同之处在于是否支付报酬，是否受到作者意愿的限制，是否具有商业性质。法定许可需要付酬，不须经版权人同意，一般在使用上具有营利性目的；而合理使用在不须支付报酬，但版权人保留权利的不许使用，以非营利为目的。此外，法定许可一般限于已发表作品，有些国家（如美国）的合理使用包括未发表的作品。

对作者权利，《伯尔尼公约》允许各成员自行设定法定许可使用的限制条款。自 1908 年柏林文本时增加了允许法定许可使用的规定，目前多国批准的 1971 年文本关于法定许可的使用规范涉及前述第 9 条第 2 款的复制权、第 11 条之 2 的广播权和音乐作品录制权。关于复制权的"三步检验法"中"不得不合理地损害作者的合法利益"为各成员对于复制权的法定许可提供了公约依据。公约规定广播权的法定许可不得损害作者的精神权利和获得公平报酬的权利，不得损害录音制品的公平报酬。

尽管法定许可制度已为世界许多国家和地区采用，但是在政治、经济、文化和科技水平等方面存在差异，对于法定许可范围的规定也不尽相同。起源于录音制品复制、表演的法定许可已现拓展到文字作品、电影电视、录像作品等形式，涉及的权利也有复制权、表演权延伸到汇编权、发行权、放映权、公共借阅权等权利。一般来说普通法系的规定较详细，偏重于面向大众的、技术性较强的使用方式，如电视的二次播放、无线广播、卫星广播等；大陆法系国家则主要重视文化教育方面的法定许可。[1] 报酬支付方式常由法定机关（如美国版权局）负责收转，报酬争议由"版权裁判庭"或其他法定机关（如日本的文部大臣、中国台湾地区的"经济部"等）裁决，或者诉诸法院（如德国、瑞士、法国等）。

一、德国

德国版权法第 49 条规定了报纸文章和广播电视评论的版权限制。无限制允许复制、传播和公开再现对现实的综合报道和通过新闻媒介或电台发表的每日新闻；其他法律规定赋予的保护不受影响（第 49 条第 2 款）。综合报道和每日新闻仅指文字作品及其附带的图片，不包括图片新闻报道。此类新闻作品还处在竞争法等其他法律保护之下，如果恶意窃取他人成果、损害他人秘密，可能被认定为侵权，并且被侵权人的不是刊播相关新闻的报纸或者广播电视台，而是那些汇编新闻的企业。德国倾向于对新闻进行短期的保护，在某个时间段内对新闻的复印与再现行为应当向新闻汇编企业支付适当的报酬。[2]

对于涉及日常关心的政治、经济、宗教问题（die politische, wirtschaftliche oder religise Tagesfragen betreffen）且没有声明保留权利的单篇广播电视评论和报纸和其他只报道时事的新闻纸上发表的单篇文章及其附带的图片，版权法允

---

❶ 王清. 著作权限制制度比较研究［M］. 北京：人民出版社，2007：271.

❷ M. 雷炳德. 著作权法［M］. 张恩民，译. 北京：法律出版社，2005：419.

许在其他类似报纸、新闻纸上复制与传播或公开再现，但应付给著作人适当报酬，将数篇评论文章或文章做简短的摘要并以概貌的形式复制、传播或公开再现的除外。本获酬要求只能通过版权集体管理组织主张（第49条第1款）。同时，应当在注明制作人和刊登文章的报纸或新闻纸；如果作为出处的还有另一张报纸或新闻纸，或者广播电视播放的，注明出处时除了应当提及著作人外，还应当都注明该评论播放的广播电视企业（第63条）。

刊载媒体包括报纸、广播电视、电子出版物刊载媒体，不包括杂志。自由刊载的内容包括关于日常关心的政治、经济、宗教问题的报纸文章或广播电视评论及电子出版物的同类内容，不包括限定范围之外的内容，比如科学技术或娱乐性质的内容仍享有完整的版权保护，不得自由转载。刊载条件是作者没有发表声明禁止转载，就无须获得作者许可，但是法律同时规定了作者的报酬请求权，相关文章的新闻提要或多篇评论的摘要除外。作者的报酬请求权不得事先放弃，并且只能通过特定版权集体管理组织主张权利。使用相关文章或评论时必须注明作者姓名和原始刊播媒介。在使用方式方面，对于相关文章或评论的修改仅限于翻译或制作摘要的情况。

德国版权法第50条规定："本法允许，为通过广播电视，或类似的技术手段和以报道事实为主的报纸与期刊、其他印刷品，或其他数据载体，以及在电影中制作有关时事的报道，在此目的的需要范围内，复制、发行与公开再现报导过程中可被感知的著作。"

在新闻报道过程中，可能不可避免地让受众感觉到某些拥有版权的作品，法律允许新闻报道在一定范围内再现版权作品，而无须获得作者的许可。

德国关于此类新闻作品的法定许可在有些国家属于合理使用的范畴，比如中国，说明了国内法对于新闻作品的立法态度和经济基础不同。如果根据作品的性质，预料作品将会通过录制广播节目、转录现有录制品的方式进行复制而用于个人使用，则该作者有权向这些复制设备和录音、录像载体的制造商或进口商索取公平的报酬（第54条）。

二、日本

日本版权法第39条有关时事问题评论的转载中规定，如无声明禁止公开发表，其他报纸或杂志可以转载、无线广播、有线广播，刊登在报纸或杂志上的政治的、经济的或社会的时事问题评论（学术性质除外）。此处的"论说"，日本新闻协会认为原则上指"社论"或者看作"社论"的"论说记事"。● 这些本来完全应当受版权保护的有关时事问题的论说，为了实现把各种意见广泛传达给读者的报道公共目的，被特别认定可以转载。但是，有关署名的时事评论、解说记事没有成为转载的对象，那么不论署名与否，都要从利用范围内排除各社的"短评栏"。● 也就是说，只有社论性质的"论说记事"才属于自由转载范围，一般的时事评论、解说记事、短评等新闻评论不能成为转载的对象，与其他的新闻报道一样，复制与转载应该征得新闻社的同意。日本版权法第 41 条规定，通过照相、电影、放送等其他方式报道时事事件时，为使人们看到或听到该事件的构成，或发展过程的著作物，只要在报道目的正当的范围内，均可以复制或随着该事件报道的进程使用。

三、西班牙

西班牙版权法第 33 条第 1 款规定了法定许可：大众传播媒体有关时事问题的论文和文章，其他大众传播媒体可以复制、发行和向公众传播，但要说明来源和作者姓名，且文中无保留版权的声明。与德国的相关法定许可相比，西班牙的范围较宽，不仅包括时事问题的文章，而且包括论文，支付报酬和出名出处的要求与其他法定许可相同。

四、中国

除非另有规定，包括新闻作品在内的所有作品在报社、期刊社发表后，除非版权人声明保留权利，其他报刊可以转载、摘编，但应按规定支付报酬（我国《著作权法》第 33 条第 2 款）。该条法定许可是对文字作品（及其附属图片）"复制权"的限制，目的在于为报刊转载、摘编提供方便。因为报刊刊载周期短，时效性要求相对较高，如果转载、摘编需要征得版权人许可，报刊转载基本无法正常按期出版。当然，法定许可使用的新闻作品不应包含无版权的新闻作品，以及排除合理使用规定的属于政治、经济、宗教问题的时事性文章等作品。并且，转载的新闻传播媒介只能是报刊之间相互转载，不能适用于图书、广播电视或网络大众传播媒介。图书、广播电视、网络没有权利享受法定许可转载或作文文摘、资料刊播报刊文章。

最高人民法院于 2000 年颁布、并于 2004 年修订的《关于审理涉及计算机网络著作权纠纷案件适用法律若干问题的解释》第 3 条曾规定，已在报刊上刊登或网络上传播的作品，除版权人自己或委托报刊社、网络服务提供者声明不得转载、摘编的以外，只要按规定向版权人支付报酬、注明出处，就不按侵权

●● 日本新闻协会. 日本的新闻法律制度 [M]. 甄西，译. 北京：中共中央党校出版社，1995：21.

论处。这一规定实际上把报刊转载法定许可延伸到了网络领域，报刊与网络之间的法定许可相互转载，无须取得版权人的许可。网络转载随处可见，但是真正向版权人付费的凤毛麟角，实际上把网络与报刊之间的相互转载适用于合理使用。由于报刊首次刊登的新闻作品经过新闻出版人员采写、编辑、把关而质量很高，而网络由于没有新闻采访权，初次登载的原创作品质量参差不齐，实质上网络媒介在尽享免费的新闻作品大餐。国外相关立法很少规定网站可以不经作者许可而转载其作品。因此，2006 年 7 月 1 日起施行的《信息网络传播保护条例》删除了此条规定。但是，网络随意刊载、侵犯作者及其他版权人精神权利和财产权利的现象仍然比比皆是。

2002 年 9 月 15 日起施行的《著作权法实施条例》第 32 条规定，法定许可的报刊转载或者作为文摘、资料刊登，以及制作录音制品，应当自使用之日起 2 个月内向版权人支付报酬。国家版权局曾于 1993 年指定"中国著作权使用报酬收转中心"负责作者稿酬的收转工作，2004 年又改由"中国版权保护中心"管理的法人单位"中华版权代理总公司"负责。收费的数量标准是《出版文字作品报酬规定》（1999 年），报刊刊登、转载、摘编作品，如无约定，应按每千字不低于 50 元／千字的标准付酬。版权人或其地址不确定的，应在 1 个月内寄至中国版权保护中心收转稿酬。"中华版权代理总公司"其实在代行版权集体管理组织的职能，但是毕竟不是法律确认的版权集体管理组织，无法获得作者的授权，转载报刊拒付稿费的时候不能行使正常的追索权利和请求司法救济的权利。2008 年成立的中国文字著作权协会正在逐步负责文字作品版权集体管理的工作。

除非版权人声明禁止，使用他人合法的音乐作品制作录音制品的，可以不经版权人许可，但应付酬（我国《著作权法》第 40 条第 3 款）。根据此条法定许可的规定，制作录音制品只能使用他人合法录制的音乐作品，首个音乐录音制品制作者仍须取得版权人的许可，并且仅限于录音，不包括制作录像制品。

播放作品和录音制品的法定许可。除非另有约定，电台、电视台播放已发表作品（包括录音制品），可以不经许可，但应付酬（我国《著作权法》第 43 条第 2 款，第 44 条）。法定许可使用的只能是就已经发表的作品或已经出版的录音制品，未发表作品、录像制品不属法定许可的范围。根据中国《著作权法》第 46 条的规定，电影作品和其他视听作品无论发表与否，都不属法定许可的范围。如前所述，法定许可的录音、录像制品规定的付酬标准或办法实际上未出台，付酬规定一直处于一纸空文状态。

本章小结

版权的边界是创作者、传播者、使用者、国家等多方利益综合博弈的结果。普通法系奉行实用主义理念，主要考虑个人隐私、信息获取、表达自由等；大陆法系虽然以保护创作者权益为核心，但是也同样为了公共利益而限制作者的权利，两大法系的目的均为实现作品创作和利用之间、版权人的利益与公共利益之间的平衡。

鉴于新闻作品的特殊性，国际公约和世界各国专门规定了针对新闻作品版权的合理使用和法定许可，划定了新闻作品版权的大致边界。

新闻作品版权的边界首先体现在无版权的新闻作品上。这一边界决定版权的存在与否，有些国家在版权法中明文规定，有些则在司法实践中形成了判例习惯。无新闻版权的新闻作品有：每日新闻或单纯报刊信息性质的各种事实；未经加工的原始状态的新闻素材、新闻作品的内容不受版权保护，有些国家（比如德国）对于涉及日常关心的政治、经济、宗教问题的单篇广播电视评论和只报道时事的报纸上发表的单篇文章及其附带的图片，允许在其他类似报纸、新闻纸上复制与传播或公开再现以新闻摘要形式传播。合理引用新闻作品加以评论、附随性使用其他作品包括新闻作品均属于合理使用的范畴。

其次，新闻作品版权的边界划在有条件合理使用和法定许可使用的新闻作品上。这一边界是一条不太规则的环形带，具有一定的模糊性，具体的边界只能在具体的个案中划定。除非保留权利，允许通过报刊、广播或对公众有线传播复制发表、刊播在报纸、期刊、广播上的讨论经济、政治或宗教的时事性文章，均应明确说明出处，应承担的相关法律责任因国家法律不同而存在差异。对于上述作品的翻译权的限制被认为属于默示权利，即允许翻译报纸、期刊、广播上的讨论经济、政治或宗教的时事性文章以备复制、发表和刊播。在应对新闻作品的不正当竞争方面，版权法还是应该有所作为，为独家新闻的传播提供十几小时、几十小时到几十天的独家刊播权。新闻作品的网络、手机等媒体的转载、转播界线亟待划定。毋庸置疑，这条线的走向直接决定新闻产业和网络、手机等传播渠道产业的兴衰。

结　　语

新闻作品版权的有无、强弱与一个国家的政治、法律制度和经济、文化环境密切相关，国家政治、经济、法律制度不同，新闻作品的整体版权保护状况各异。一般情况下，世界主要国家和《伯尔尼公约》均承认新闻作品的版权，只是把纯新闻和各种包括信息和事实排除在保护之外。在公平、正义的法的精神的指引下，考虑自身的保护意图、保护效果和执法成本，像保护一般作品那样，给予新闻作品公正的保护；同时考虑新闻作品的特殊性，限制新闻作品的权利的同时，也赋予新闻作品采制、刊发编播方面的版权豁免权，保持新闻业的正常运转和公平竞争。由于美国坚持版权诉讼的注册制度，新闻作品的数量庞大，更新快，来不及注册以提起版权诉讼。对于新闻作品版权的保护只能主要依靠反盗用和反不正当竞争法，把新闻作品当成一般的产品加以保护，基本上只保护新闻作品的经济权利，作者的精神权利只剩下反盗用了。无论是两大法系的代表国家还是中国大陆，中国香港地区、澳门地区和台湾地区，每个国家和地区均根据自己的实际国情来保护新闻作品的版权。

中国版权立法的进程也不过一百年的时间，版权立法取得了突飞猛进的成绩。虽然中国新闻事业和新闻产业自身的发展历史也不太长，但是关于新闻作品版权的法律规定已经在国际公约的推动下，朝着公平、公正的方向发展。中国关于新闻作品的版权立法中尚存在种种不太顺畅之处，保护状况也难尽如人意，有些问题尚未找到完美的解决方案。但是，这是一个国家法制发展过程中难以避免的问题。世界各国的新闻版权保护的司法实践表明，对于新闻作品版权的保护仅仅依靠版权法是远远不够的，还需建立和完善以版权法为核心的新闻作品版权保护体系，为不能享受版权保护的新闻作品提供其他法律保护。较完备的版权保护体系也不是短时间就能建成的，这是一个耗时漫长的巨大工程。并且，新闻作品版权的保护问题不仅仅局限于法律，还与国家的政治制度、经济制度、新闻体制和产业环境紧密相连。除了正式制度之外，意识形态、价值观、伦理规范、道德、习惯等非正式制度都在时刻影响着新闻从业者及相关人员的版权守法意识。新闻版权保护任重而道远，然而，除了不知疲倦地奋勇前行，我们别无选择。

参 考 文 献

一、中文部分

[1] 阿姆斯特朗，等. 澳大利亚传媒法 [M]. 黄列，译. 北京：法律出版社，2003.

[2] 埃德温·埃默里. 美国新闻史：大众传播媒介解释史 [M]. 展江，殷文主，译. 北京：中国人民大学出版社，2001.

[3] 艾丰. 新闻写作方法论 [M]. 北京：人民日报出版社，1994.

[4] 韦恩·奥弗贝克. 媒介法原理 [M]. 周庆山，等，译. 北京：北京大学出版社，2011.

[5] 本书汇编组. 中国百年著作权法律集成 [G]. 北京：中国人民大学出版社，2010.

[6] 博登海默. 法理学——法律哲学与法律方法 [M]. 北京：中国政法大学出版社，1999.

[7] 陈辉萍，等. 美国版权法 [M]. 北京：中国民主法制出版社，2007.

[8] 陈婧. 新闻作品的著作权问题研究 [D]. 北京：中国政法大学，2008.

[9] 陈奇恩. 正确理解著作权法不适用于时事新闻 [J]. 新闻记者，1997（1）.

[10] 陈维. 论著作权法上的独创性 [D]. 重庆：西南政法大学，2008.

[11] 程德安. 新闻作品剽窃与不正当竞争 [J]. 新闻大学，1998（夏卷）.

[12] 程德安. 媒介知识产权 [M]. 重庆：西南师范大学出版社，2005.

[13] 曹三明，何山. 中国著作权手册 [M]. 成都：四川教育出版社，1993.

[14] 曹瑞林. 怎样依法保护自己的劳动——论新闻作品版权的几个问题 [J]. 中国记者，2007（4）.

[15] 曹瑞林. 新闻法制前沿问题探索 [M]. 北京：中国检察出版社，2006.

[16] 曹瑞林. 时事新闻不适用著作权法质疑 [J]. 新闻记者，1997（1）.

[17] 曹瑞林. 谁享有新闻作品转载的许可权 [J]. 中国记者，2000（5）.

[18] 崔明伍. 新闻作品剽窃的规制 [J]. 安徽农业大学学报：社会科学版，2005（4）.

[19] 段安平. 对"时事新闻"不使用著作权法的"检讨" [J]. 今传媒，2009（7）.

[20] 段佳. 新闻作品著作权保护的限制 [N]. 中国新闻出版报，2001 - 4 - 17（4）.

[21] 董斌，郑原. 新闻作品版权的国际保护 [J]. 新闻知识，2006（9）.

[22] 窦锋昌. 新闻业务中有关著作权的三个问题 [J]. 新闻战线，2005（5）.

[23] 杜荣进. 中外新闻采写借鉴集成 [M]. 杭州：浙江教育出版社，1997.

[24] 费安玲. 著作权法教程 [M]. 北京：知识产权出版社，2003.

[25] 冯春鸣. 网络新闻版权：地方媒体竞争中的盲区 [J]. 新闻实践，2010（4）.

［26］冯健. 中国新闻实用大辞典［M］. 北京：新华出版社，1996.

［27］傅昆成. 美国大众传播法［M］. 台北：台湾 123 资讯有限公司，1991.

［28］甘险峰. 新闻图片与报纸编辑［M］. 福州：福建人民出版社，2008.

［29］顾理平. 新闻法学［M］. 北京：中国广播电视出版社，2005.

［30］顾理平. 试论新闻作品著作权主体的权利［J］. 当代传播，1999（6）.

［31］顾理平. 新闻侵权与法律责任［M］. 北京：中国广播电视出版社，2001.

［32］国家版权局办公室. 中国著作权实用全书［M］. 沈阳：辽宁人民出版，1996.

［33］胡康生. 著作权法释义［M］. 北京：北京师范学院出版社，1990.

［34］黄星星. 网络新闻的著作权保护［J］. 青年记者，2007（11）.

［35］韩赤风，等. 中外著作权法经典案例［M］. 北京：知识产权出版社，2010.

［36］唐纳德·M. 吉尔摩，等. 美国大众传播法：判例评析［M］. 梁宁，译. 北京：清华
大学出版社，2002.

［37］季锋. 网络媒体新闻作品著作权问题研究［D］. 南京：南京师范大学，2007.

［38］江淮超. 试论新闻作品著作权的享有［J］. 宁夏社会科学，2004（4）.

［39］柯冬林，等. 新闻著作权的侵害与保护［J］. 新闻前哨，2006（8）.

［40］柯冬英，麻剑辉. 新闻作品著作权问题研究［J］. 行政与法，2002（9）.

［41］孔洪刚. 平的世界与数字化的边界——浅论新媒介传播环境下的新闻版权保护［J］.
编辑学刊，2011（2）.

［42］孔希希. 中国报刊转载、摘编法定许可制度研究［D］. 北京：中国政法大学，2008.

［43］赖洪川. 把握著作权法保护新闻作品［J］. 新闻与写作，2005（5）.

［44］M. 雷炳德. 著作权法［M］. 张恩民，译. 北京：法律出版社，2004.

［45］M. 雷炳德. 作为语言作品的新闻［J］. ZUM，2000：1－5.

［46］李靖，汤华. 著作权的保护：新闻作品不该例外［J］. 瞭望，1997（10）.

［47］李明德. 美国知识产权法［M］. 北京：法律出版社，2003.

［48］李明德，许超. 著作权法［M］. 北京：法律出版社，2009.

［49］李明山. 中国版权保护政策研究［M］. 开封：河南大学出版社，2009.

［50］李明山. 中国近代版权史［M］. 开封：河南大学出版社，2003.

［51］李明山. 中国当代版权史［M］. 北京：知识产权出版社，2007.

［52］黎妮晓宇. 博客转载新闻作品的著作权问题研究［J］. 咸宁学院学报，2009（1）.

［53］德利娅·利普西克. 著作权与邻接权［M］. 北京：中国对外翻译出版社，2000.

［54］李仙. 报刊转载法定许可制度反思与批判［D］. 武汉：华中科技大学，2007.

［55］李响. 美国版权法：原则、案例及材料［M］. 北京：中国政法大学出版社，2004.

［56］李雨峰. 思想/表达二分法的检讨［J］. 北大法律评论，2007（8）.

［57］李雨峰. 枪口下的法律：中国版权史研究［M］. 北京：知识产权出版社，2006.

［58］李祖明. 时事新闻的法律保护问题［J］. 知识产权，2003（5）.

［59］李祖明. 知识产权法案例研究［M］. 杭州：浙江大学出版社，2002.

［60］联合国教科文组织. 版权法导论［M］. 张雨泽，译. 郭寿康，校. 北京：知识产权
出版社，2009.

[61] 联合国教科文组织. 版权基本知识［M］. 北京：中国对外翻译出版公司，1984.

[62] 林国民. 中华人民共和国著作权法释义［M］. 济南：济南出版社，1990.

[63] 林金康，忻志伟. 时事新闻的使用和保护［J］. 当代传播，2004（3）.

[64] 世界知识产权组织. 保护文学和艺术作品伯尔尼公约（1971 年巴黎文本）指南（附英文文本）［M］. 刘波林，译. 北京：中国人民大学出版社，2002.

[65] 刘春田. 知识产权法［M］. 北京：高等教育出版社，2003.

[66] 刘春田. 著作权法讲话［M］. 北京：法律出版社，1991.

[67] 刘海燕，袁海英. 著作权法不保护时事新闻的原因及意义［J］. 新闻爱好者，2010（8·上）。

[68] 刘洪秋. 论时事新闻稿件的著作权保护［J］. 东北财经大学学报，2004（6）.

[69] 刘建明. 当代新闻学原理［M］. 北京：清华大学出版社，2003.

[70] 刘澎. 美国知识产权要案精编［M］. 北京：京华出版社，2006.

[71] 刘一丁. 中国新闻漫画［M］. 北京：中国青年出版社，2004.

[72] 刘宇. 关于职务摄影作品著作权的归属［J］. 中国记者，1996（11）.

[73] 刘政传. 时事新闻报道法律保护问题研究［D］. 南昌：南昌大学，2008.

[74] 龙文懋. 知识产权法哲学初论［M］. 北京：人民出版社，2003.

[75] 卢海君. 版权客体论［M］. 北京：知识产权出版社，2011.

[76] 卢海君. 论事实作品的版权保护［J］. 政治与法律，2008（8）.

[77] 罗明通. 著作权法论·第二卷［M］. 台北：群彦图书股份有限公司，2005.

[78] 罗卓群. 新闻编辑中署名权问题的思考［J］. 湖南大众传媒职业技术学院学报，2004（1）.

[79] 马特维耶夫. 国际著作权公约［M］. 李奇，译. 天津：南开大学出版社，1987.

[80] 麦尔文·曼切尔. 新闻报道与写作［M］. 北京：中国广播电视出版社，1981.

[81] 南长森. 新闻思维与主体统筹［M］. 北京：中国社会科学出版社，2002.

[82] 牛静. 浅谈时事新闻著作权的法律保护［J］. 新闻记者，2009（8）.

[83] 牛静. 视频分享网站传播新闻作品的版权问题［J］. 中国出版，2010（8·下）.

[84] 欧阳宏生. 广播电视学导论［M］. 成都：四川大学出版社，2007.

[85] 帕夫利克. 新闻业与新媒介［M］. 张军芳，译. 北京：新华出版社，2005.

[86] 唐·R. 彭伯. 大众传媒法［M］. 张金玺，张刚，译. 北京：中国人民大学出版社，2005.

[87] 秦志希. 论新闻事实的确立与意见的生成［J］. 新闻大学，1997.

[88] 邱沛篁，等. 新闻传播百科全书［M］. 成都：四川人民出版社，1998.

[89] 任玥. 中国新闻漫画研究［D］. 北京：中央民族大学，2009.

[90] 日本新闻协会. 日本的新闻法律制度［M］. 甄西，译. 北京：中共中央党校出版社，1995.

[91]《十二国著作权法》翻译组. 十二国著作权法［M］. 北京：清华大学出版社，2011.

[92] 沈仁干. 著作权法概论［M］. 北京：商务印书馆，2003.

[93] 沈仁干. 郑成思版权文集. 第一卷［M］. 北京：中国人民大学出版社，2008.

［94］ 世界知识产权组织. 世界各国版权法概论［M］. 江伟珊，连先，译. 北京：中国政法大学出版社，1990.

［95］ 世界知识产权组织. 著作权与邻接权法律术语汇编［G］. 刘波林，译. 北京：北京大学出版社，2007.

［96］ 施文高. 比较著作权法制［M］. 台北：三民书局，1993.

［97］ 施文高. 国际著作权法制析论·下［M］. 台北：三民书局，1985.

［98］ 史际春. 香港知识产权法［M］. 郑州：河南人民出版社，1997.

［99］ 萨莉·斯皮尔伯利. 媒体法［M］. 周文，译. 武汉：武汉大学出版社，2004.

［100］ 石月平. 广播电视新闻作品著作权之我见［J］. 声屏世界，2011（1）.

［101］ 宋素红，罗斌. 新闻作品著作权的保护原则［J］. 中国出版，2004（11）.

［102］ 孙怀君. 新闻作品法律保护问题研究［D］. 重庆：西南政法大学，2009.

［103］ 孙金龙. 时事新闻保护问题研究［D］. 重庆：西南政法大学，2011.

［104］ 孙新强. 美国版权法（附英文文本）［M］. 于改之，译. 北京：中国人民大学出版社，2002.

［105］ 孙月沐. 传播：辐射与限制——关于新闻作品著作权的几则"正名"［J］. 中国记者，1996（9）.

［106］ 塔奇曼. 做新闻［M］. 麻争旗，刘笑盈，徐扬，译. 北京：华夏出版社，2008.

［107］ 田灿. 关于新闻作品的版权限制制度研究［D］. 长沙：湖南师范大学，2006.

［108］ 王静一. 时事新闻使用中的著作权问题［J］. 河北广播，2006（6）.

［109］ 王军. 传媒法规与伦理［M］. 北京：中国传媒大学出版社，2009.

［110］ 王利明. 新闻侵权法律辞典［M］. 长春：吉林人民出版社，1994.

［111］ 王靓. 美国对新闻报道著作权的保护［J］. 中国记者，2002（11）.

［112］ 王迁. 知识产权法教程［M］. 北京：中国人民大学出版社，2009.

［113］ 王清. 著作权限制制度比较研究［M］. 北京：人民出版社，2007.

［114］ 王婷. 网络新闻的著作权保护［M］. 重庆：西南政法大学出版社，2008.

［115］ 王伟亮. 中国报刊（网站）间转载、摘编之著作权问题研究［D］. 济南：山东大学，2003.

［116］ 魏然. 论新闻作品的审美特性［D］. 济南：山东大学，2005.

［117］ 魏永征. 新闻传播法教程［M］. 北京：中国人民大学出版社，2010.

［118］ 魏永征. 时事新闻为何不使用著作权法——一说新闻媒介与著作权［J］. 新闻三昧，2000（9）.

［119］ 闻硕. 网络新闻侵权初探［D］. 北京：中央民族大学，2007.

［120］ 吴汉东. 知识产权法新论［M］. 武汉：湖北人民出版社，1995.

［121］ 吴汉东. "著作权"、"版权"用语探疑［J］. 现代法学，1989（6）.

［122］ 吴汉东. 著作权合理使用制度研究［M］. 北京：中国人民大学出版社，2005.

［123］ 吴瑛，胡滨斌. 移动终端传播中的媒体著作权保护策略［J］. 中国广播电视学刊，2006（4）.

［124］ 向淑君. 浅谈新闻作品著作权问题的三个认识误区［J］. 湖北民族学院学报：哲学

社会科学版，2001（1）.

［125］项树润. 关于目前网络新闻作品原创性的研究［D］. 济南：山东大学，2007.

［126］萧雄淋. 新著作权法逐条释义［M］. 台北：五南图书出版股份有限公司，1996.

［127］萧雄淋. 著作权法论［M］. 台北：五南图书出版股份有限公司，2003.

［128］谢晖. 新闻文本学［M］. 北京：中国传媒大学出版社，2007.

［129］徐东沂. 时事新闻著作权保护问题研究［D］. 北京：清华大学，2005.

［130］许嘉璐. 中外版权法规汇编［G］. 北京：北京师范大学出版社，1993.

［131］阎庚. 时事新闻作品应该纳入著作权法调整范畴［J］. 电子知识产权，2006（7）.

［132］杨保军. 谈谈独家新闻·上［J］. 新闻与写作，2003（3）.

［133］杨保军. 新闻事实论［M］. 北京：新华出版社，2001.

［134］杨金琪. 最新知识产权案例精粹与处理指南［M］. 北京：法律出版社，1996.

［135］杨立川. 论中国当前新闻媒介的不正当竞争现象［J］. 西北大学学报：哲学社会科学版，2000（4）.

［136］俞旻骁. 对新闻著作权的再思考［J］. 新闻爱好者，1998（1）.

［137］于玉林，吉全贵. 现代无形资产专题研究［M］. 天津：天津人民出版社，2007.

［138］约翰·D. 泽莱兹尼. 传播法判例：自由、限制与现代媒介［M］. 王秀丽，译. 北京：北京大学出版社，2007.

［139］翟建雄. 美国图书馆复制权问题研究［M］. 北京：知识产权出版社，2010.

［140］张大昕. 著作权法与新闻作品的权利保护［J］. 记者观察，2002（3）.

［141］张杰，康澄. 结构文艺符号学［M］. 北京：外语教学与研究出版社，2004.

［142］张力燕，崔丽. 论新闻稿件作品的著作权保护［J］. 辽宁警专学报，2003（2）.

［143］张鲁民，陈锦川. 著作权审判实务与案例［M］. 北京：中国方正出版社，2001.

［144］张诗蒂. 新闻市场的规范与法治［M］. 北京：中国检察出版社，2001.

［145］张诗蒂. 新闻法新探［M］. 成都：四川大学出版社，2008.

［146］张晓艳. 手机出版传播特征引发的著作权思考［M］. 武汉：华中师范大学，2009.

［147］张烨华. 免费新闻大餐？——网络传播中的版权管理难题［J］. 新闻传播，2001（1）.

［148］张征. 新闻发现论纲［M］. 北京：中国人民大学出版社，2006.

［149］章忠信. 著作权法逐条释义［M］. 台北：五南图书出版股份有限公司，2009.

［150］赵宇楠. 新闻作品网络转载版权难题探究［J］. 中国知识产权报，2009-7-31（10）.

［151］赵双阁，李扬. 论新闻作品著作权法律保护的价值选择［J］. 当代传播，2009（2）.

［152］赵毅衡. 符号性原理与推演［M］. 南京：南京大学出版社，2011.

［153］郑保卫. 新闻法制学概论［M］. 北京：清华大学出版社，2009.

［154］郑成思. 版权法［M］. 北京：中国人民大学出版社，2009.

［155］郑成思. 版权国际公约概论［M］. 北京：中国展望出版社，1986.

［156］钟心廉. 新闻作品著作权初探［J］. 知识产权，1997（6）.

［157］中外版权法规汇编编写组. 中外版权法规汇编［G］. 北京：北京师范大学出版社，1993.

［158］周安平，黄小栩. 论当前中国新闻著作权认识上的几个误区［J］. 新闻界，2006（2）.

［159］周林，李明山. 中国版权史研究文献［M］. 北京：中国方正出版社，1999.

［160］周详，曾小武. 浅析新闻作品的版权保护［J］. 中国版权，2004（4）.

［161］周一杨. 浅谈时事新闻的著作权保护［J］. 中国市场，2007（1）.

［162］朱理. 著作权的边界信息社会著作权的限制与例外研究［M］. 北京：北京大学出版社，2011.

［163］朱与墨. 传媒产业化催生时事新闻著作权［J］. 经济与社会发展，2006（9）.

二、外文部分

［1］Dnicola, C. Robert. *Copyright in Collections of Facts*：*A theory for the Protection of Nonfiction Literary Works*, 81Colum L Rev. 516, 525（1981）

［2］Durham, L. Alan. *Speaking of the world*：*Fact*, *Opinion and the Originality Standard of Copyright*, 33 Ariz St. L. J. 791（Fall, 2001）

［3］Gorman, Robert A. *Copyright Protection for the Collection and Representation of Facts*. 76 Harvard Law Review. 1569（1962 – 1963）

［4］Kramer, David H. "Who Can Use Yesterday's News? Video Monitoring and the Fair Use Doctrine." The George town Law Journal 81（1993）

［5］Neumann-Duesberg, Horst（1949）：*Presseberichterstattung*, *Presseurheberrecht und Nachrichtenschutz*. Münster（Westf.）：Aschendorff.（StaatsbibliothekzuBerlin, Signatur：1Per61 – 16. Umfang：VI, 82S. ; Ausleihstatus：BenutzungnurimLesesaal.）

［6］Pember, Don. R. *Mass Media Law*, 13E, the McGraw-Hill Companies, Inc. 2003

［7］Rehbinder, *Nachrichtenals Sprachwerke*, ZUM, 20001 – 5.

［8］Ricketson, Sam：*The Berne Convention For The Protection of Literary and Artistic Works*：1886 – 1986. Certre For Commercial Law Studies Queen Mary College, London, 1988.

［9］Rindfleisch, Peter：*Der Schutz von Rundfunk – und Pressenachrichten. Hamburg*, *Rechtswiss. F.*, Diss. v. 29. Juli 1965（StaatsbibliothekzuBerlin, Signatur：Hsn63218. Umfang：XIII, 89S. 8"）

［10］WIPO. *GUIDE to the BERNE CONVENTION for the Protection of Literary and Artistic Works*（Paris Act, 1971）GENEVA, WIPOPUBLICATION, 1978

［11］WIPO：*Introduction to Intellectua lProperty – Theory and Practice*, by Kluwer Law International, 1977 edit, Holand.

［12］Zelezny D. John. *Communications Law*：*Liberties*, *Restraints*, *& the Modern Media*, 4thE. Thomson Learning, 2004.

三、网络资源

［1］版权许可中心：http：//www. copyright. com.

［2］《伯尔尼公约》英文版：http：//www. wipo. int/treaties/en/ip/berne/trtdocs_ wo001. html.

［3］《伯尔尼公约》俄文版：http：//www. wipo. int/treaties/ru/ip/berne/berne. html.

［4］德国著作权法德文版：http：//www. juris. dehttp：//www. gesetze－im－internet. de/bundesrecht/urhg/gesamt. pdf.

［5］俄罗斯著作权法俄文版：http：//www. gk－rf. ru/statia1259；http：//sgeagoo/web. ag. gov. au/clr.

［6］国际公约：http：//www. copyinfo. com.

［7］国内法规：http：//www. lawbase. com. cn.

［8］美国版权办公室，国会图书馆：http：//loc. gov/copyright.

［9］世界知识产权组织：http：//www. wipo. int/.

［10］英国版权法英文版：http：//www. legislation. gov. uk/ukpga/1988/48/contents.

［11］中国保护知识产权网：http：//www. ipr. gov. cn/index. shtml.

后　记

　　光阴荏苒，步入四川大学的怀抱已三年有余。追忆求学之初，独自携四岁幼女穿梭于校园，奔忙于教室、讲堂、讲座之间，在家人的期待和师长的鞭策、引领之下，在学术的海洋中孜孜以求，奋力追赶学术前沿。而今，终于盼来了收获的喜悦，感慨万千。

　　攻读博士学位最大的收获是经历了思想的洗礼和历练。在坍塌的心灵废墟面前，惶惶然无助之时，幸遇诸位大师级教授搀扶着我艰难行进。我的导师蔡尚伟教授，任课教师欧阳宏生教授、蒋晓丽教授、张小元教授、赵毅衡教授等多位师长的课堂给了我无数的学术滋养。由于在职攻读博士学位，我加倍珍惜在校学习的宝贵时光，熬夜的灯光漂白了四壁和面庞。

　　非常感谢我的导师蔡尚伟教授，"要做世界唯一"的谆谆教导给了我挑战新闻作品版权的勇气和信心。碰到困难而夜不能寐时，导师的指点迷津让我拨云见日，引导我在圣哲先贤处寻找思维线索，在新闻司法实践中寻找理论依据。从论文选题到框架；从法理基础到新闻哲学，我走的每一步都离不开导师的精心培育。邱沛篁教授、张立伟教授等为我的选题提出了宝贵的意见和建议。在论文撰写的过程中，我还有幸得到邱沛篁教授、赵毅衡教授、冯宪光教授、徐新建教授等多位师长的悉心指导。对于精心评阅论文的郑保卫教授、罗以澄教授、孟建教授、丁柏铨教授和陈培爱教授表示衷心的感谢！此外，我的学友庄廷江博士、叶非博士、刘锐博士等为我提供了极为珍贵的帮助。在此对于所有指导、帮助、关爱、关心我成长、进步的师长、同学表示最诚挚的谢意！

　　在我的求学之路上，家人的鼎力支持是我坚强的后盾。尤其是我的先生，在我承受困难重压之时，给了我极大的鼓励和慰藉；在稍许懈怠之时给我及时的敦促和鼓励。年迈的父母为我分担了全部家务，让我全身心致力于学术研究。年幼的女儿也为我的困难和失意洒下了同情的泪珠，尽管她还不太懂。愧为人女、愧为人妻、愧为人母的情怀已然转化为我奋然前行的动力，永远激励我面对人生中一切可能的艰难和险阻。

翟真

2012 年冬于川大校园